Max Scheler

Vom Umsturz der Werte

Verlag
der
Wissenschaften

Max Scheler

Vom Umsturz der Werte

ISBN/EAN: 9783957004741

Auflage: 1

Erscheinungsjahr: 2015

Erscheinungsort: Norderstedt, Deutschland

Hergestellt in Europa, USA, Kanada, Australien, Japan
Verlag der Wissenschaften in Hansebooks GmbH, Norderstedt

Cover: Nicolas Poussin "La Mort de Germanicus"

VOM UMSTURZ DER WERTE

DER ABHANDLUNGEN UND AUFSÄTZE
ZWEITE DURCHGESEHENE AUFLAGE

VON

MAX SCHELER

ERSTER BAND

1919

DER NEUE GEIST · VERLAG · LEIPZIG

MEINER LIEBEN FRAU MÄRIT

VORREDE.

Die nachfolgenden Abhandlungen und Aufsätze, die ich auf vielfach geäußerten Wunsch von Freunden, Schülern und Mitforschern in zwei Bänden vereinigt der Öffentlichkeit übergebe, sind zwischen den Jahren 1912 und Frühling 1914 geschrieben worden. Sie entstammen also sämtlich der Zeit vor dem Kriege. Ihre Kernbestandteile sind an verschiedenen Orten, einige in wissenschaftlichen Zeitschriften, einige in Organen, die sich an eine weitere Öffentlichkeit wenden, in genannter Zeitspanne erschienen. Dies macht erklärlich, daß sie teils in strenger geschürztem, teils in loserem Gewande von Methode und Stil einen zusammenhängenden Gedankenkreis dem Leser vermitteln wollen, und daß sie zum Teil zeitlose Probleme in rein theoretischer Einstellung, zum Teil aktuelle Fragen in der Richtung einer Neuformung unseres Lebens behandeln. Alle Aufsätze sind gegenüber der Form ihres erstmaligen Erscheinens erweitert, einige in erheblichem Maße. Der Abschnitt: »Zur Phänomenologie und Soziologie des Ressentiment« ist neu geschrieben.

Bei aller Verschiedenartigkeit der Themen, die behandelt werden, ist nicht nur die Art und Form der Inangriffnahme der Sachen und die Methode des Vorgehens, sondern auch der inhaltliche systematische Anschauungs- und Gedankenkreis, der überall den Hintergrund der gefundenen Resultate bildet, ein streng einheitliches Ganzes.

Bloßer Essay- oder gar moderner Aperçuphilosophie zu dienen, lag mir so ferne wie nur möglich.

Nur dies bedeutet die isolierende Form, in der hier jedes Problem gestellt erscheint, daß alle Systemeinheit und alle Architektonik des Gedankens aus der Tiefe jedes behandelten Sachgebietes neu zu entquellen habe, keinem Gebiete also konstruktiv und von oben her aufgepreßt werden dürfe. An diesem vorschwebenden Ideale ermißt sich wahre Einheit von Gedanke, Welt und Person eines Schriftstellers.

Die von Edmund Husserl zuerst scharf formulierte »phänomenologische Einstellung«, vermöge der alle unsere Welt- und Grundbegriffe auf ihre letzten und wesensmäßigen Erlebnisgrundlagen zurückgeführt werden, beherrscht der Hauptsache nach auch diese Aufsätze.

Um diese Einstellung und Methode in der Reinheit ihres Gefüges genauer kennen zu lernen, verweise ich den Leser auf das »Jahrbuch für Philosophie und phänomenologische Forschung«, herausgegeben von Edmund Husserl in Gemeinschaft mit Moritz Geiger, Alexander Pfänder, Adolf Reinach, Max Scheler, Band 1, Teil 1 und 2, 1913, Halle, Niemeyer, und den im Erscheinen begriffenen Band 11 (1915).

In der im Jahrbuch befindlichen (siehe Band 1, Teil 2 und Band 11), der Grundlegung der Ethik gewidmeten Abhandlung des Verfassers: »Der Formalismus in der Ethik und die materiale Wertethik« sind ebensowohl die methodischen Grundsätze einer phänomenologischen Philosophie, als die positive Rangordnung der Werte eindringend erörtert, welche den in den Aufsätzen häufig stillschweigend vorausgesetzten Standort für die Kritik unserer

Zeit und ihres Ethos, und für die Wegweisungen ins Rechte bilden, welche diese Aufsätze in sich enthalten.

Inwiefern das gewaltige Ereignis in der moralischen Welt, das der nun die Gedanken der Zeit beschattende und zum Teil neuformende Krieg bildet, die europäischen Daseinsformen in eben dieselbe Richtung der Entfaltung machtvoll hineinzureißen scheint, welche der Geist dieser Aufsätze vor dem Kriege zu erteilen sich bemühte, ist im Buche: ›Der Genius des Krieges und der Deutsche Krieg‹ (Leipzig, 1915) vom Verfasser kürzlich entwickelt worden.

Berlin, Januar 1915.

MAX SCHELER.

VORREDE ZUR ZWEITEN AUFLAGE.

Der von einigen Kritikern und Lesern der ersten Auflage dieser Bände gerügte Mangel eines Buchtitels, der den Gedankeninhalt und Geist der ›Abhandlungen und Aufsätze‹ andeutete, ist in dieser zweiten Auflage des Werkes getilgt worden. Es erscheint nun mit dem Obertitel ›Vom Umsturz der Werte‹. Der Verfasser hatte diesen Titel auf die Anregung des Verlages, den bezeichneten Mangel zu heben, schon ein Jahr vor dem Ausgang des Weltkrieges für die stark verzögerte Drucklegung der zweiten Auflage gewählt. Er darf hoffen, daß der ›Umsturz der Werte‹ nicht etwa gar bezogen werde auf Faktum und Ausgang dieses Krieges und die sich daran schließenden Revolutionen. Wenn diese gewaltigen Ereignisse für die Art und Struktur der europäischen Wertschätzungen — nicht nur für die Verteilung der Lebensgüter unter Völkern, Nationen, Staaten gemäß der alten Wertschätzungen — überhaupt etwas Wesentliches bedeuten (eine Frage, für deren Beantwortung es bislang nur Vermutungen gibt), so könnte es nur die weithin sichtbare äußere geschicht-liche Auswirkung des im Titel dieses Buches gemeinten ›Umsturzes‹ sein — eines Umsturzes, der nicht in Form von Ereignis und Tat, sondern in Form eines lautlosen Prozesses die Weltanschauung und das Ethos des bürgerlich-kapitalistischen Zeitalters in immer reinerer Ausprägung aus einer vom Geiste der christlichen Religion und Kirche geleiteten Lebens- und Weltordnung hervorgehen ließ. Die genannten Weltereignisse mit den gigantischen Gewalt-explosionen der kumulirten schleichenden Seelengifte, deren seelische Bildungsweise und Wirksamkeit auf die Wertschätzungen des modernen Menschen vor allem die zweite Abhandlung des ersten Bandes ›Das Ressentiment im Aufbau der Moralen‹ und die soziologischen Aufsätze des zweiten Bandes zu ergründen unternahmen, können im Sinnzusammenhang jener inneren geschichtlichen Bewegung der Wertschätzungsformen (die immer und überall die wahrhafte Seele aller äußeren Ereignis- und Begebenheitsgeschichte zu sein pflegen), aber auch gleichzeitig mit der höchsten Auswirkung des bürgerlichen Geistes sein: die erhabene Peripetie, in der eine Wiederaufrichtung der durch den bürgerlich-kapitalistischen Geist umgestürzten ewigen Ordnung des Menschenherzens vorzubereiten sich anschickt.

Von den in der welthistorischen Lage selbst gelegenen Tendenzen und Chancen für solche Peripetie, ferner über die Normen und Ideale, nach denen frei wollende Personen sie etwa durchsetzen und unter Widerstand gegen die noch sehr mächtigen Gegentendenzen gegen solche Peripetie sie zu verwirklichen vermögen, sollen eine Reihe Abhandlungen einen Begriff vermitteln, die von den ›Gesetzen der geschichtlich soziologischen Dynamik und der ökonomischen Geschichtsauffassung‹, ferner von ›Wesen und Zukunft des europäischen Kapitalismus‹ und von den ›Grundsätzen und Aufgaben eines christlichen Sozialismus‹ handeln. Sie befinden sich unter der Feder des Verfassers und werden die vorzugsweise Kultur- und Moralkritik, die diese Blätter enthalten, fruchtbar machen zur Gewinnung einer zusammenhängenden Geschichtsphilosophie des bürgerlichen Zeitalters und einer normativen Ideologie über die Art und Weise seiner Bestattung, resp. über die Art der freitätigen Aufrichtung einer positiven Lebensordnung, durch die der hier geschilderte ›Umsturz‹ beseitigt wird.

Für Leser, die in den einheitlichen Ideenzusammenhang des Verfassers über das einzelne Werk hinaus einzudringen Neigung besitzen, sei zu dem in der Vorrede zur ersten Auflage Gesagten hinzugesetzt, daß in dem eben in zweiter Auflage erschienenen Büchlein ›Über die Ursachen des Deutschenhasses‹ (Der Neue Geist-Verlag, Leipzig) die Beziehung gekennzeichnet ist, welche die Erscheinung des Welthasses gegen das deutsche Volk zu den in diesem Werke aufgewiesenen Umbildungen der europäischen Wertschätzungen innerhalb der bürgerlichen Epoche besitzt. Über vielfache Ursachen der bisher erwiesenen Ohnmacht des christlichen Geistes und der christlichen Kirchen gegen den Prozeß des Umsturzes der Werte handeln mehrere Aufsätze des Buches ›Krieg und Aufbau‹, besonders der Aufsatz ›Zur soziologischen Neuorientierung der deutschen Katholiken nach dem Kriege‹. Ich darf hoffen, daß der deutsche Zusammenbruch das Gehör für die hierauf bezüglichen Ausführungen beider Bücher gesteigert hat. Der religionsphilosophische Gehalt der Aufsätze 1, 2 und 4 des ersten Bandes findet Erweiterung, Vertiefung und Zusammenhang mit dem Problem der Begründung der Religion und der Fragen der christlichen Soziallehre durch Hinzuziehung des im Druck befindlichen ersten Bandes des ›Ewigen im Menschen‹ und der zwei folgenden, demnächst in den Druck gehenden Bände des gleichen Werkes.

Die Aufnahme der ersten Auflage dieser Aufsätze war freundlicher, ihre Einwirkung auf Forscher sehr verschiedener Geisteswissenschaften erheblicher als der Verfasser bei seiner seelischen Fernstellung zu den Mächten dieser Zeit und der äußeren Ungunst der Dinge für die Aufnahme von Gedanken hoffen durfte. Nur der unter dem Joch von Schultraditionen (mehr wie jede andere Wissenschaft) einhertrabende Gaul der deutschen akademischen Philosophie zeigte — mit geringen Ausnahmen — wenig Ablenkung aus seinen bewährten Bahnen. Mit herzlicher Freude durfte den Verfasser erfüllen besonders die Aufnahme, welche dies Buch auch bei ausgezeichneten Vertretern der evangelischen Welt — trotz wohlverständlicher Reserven — gefunden hat. Die Idee und das Gefühl des Verfassers für diejenige christliche Gemeinbürgerschaft, die trotz dogmatischer Differenzen möglich, und in dieser Zeit doppelt notwendig ist, sind auch hierdurch befestigt worden.

Die Änderungen, die in dieser zweiten Auflage vollzogen wurden, sind keine solchen des Textsinnes. Sie bestehen in erweiternden oder klärenden Zusätzen, in Abstellung einiger Versehen und Druckfehler, besonders aber in stilistischen Verbesserungen und Vereinfachungen, die — wie ich hoffe — das Verständnis des Textes erleichtern und fördern werden.

Die erhebliche Verspätung dieser zweiten Auflage war in den gegenwärtigen Schwierigkeiten der Drucklegung gegründet.

Köln, im Februar 1919.

MAX SCHELER.

ZUR REHABILITIERUNG DER TUGEND.

Das Wort Tugend ist durch die pathetischen und rühr-
seligen Apostrophen, welche die Bürger des 18. Jahrhunderts als Dichter, Philosophen und Prediger an sie richteten, so mißliebig geworden, daß wir uns eines Lächelns
kaum erwehren können, wenn wir es hören oder lesen.
Es genügt unserem Zeitalter der Arbeit und des Erfolges,
von ›Tüchtigkeit‹ zu reden. Dazu sind die Tugenden
unserer Zeit so ausgesprochen häßlich, vom Menschen
so losgelöst, so sehr zu Regeln der selbständigen lebendigen Ungeheuer geworden, die wir das ›Geschäft‹ oder
die ·›Unternehmung‹ nennen, daß Menschen von Geschmack die Tugend höchstens wortlos pflegen, eifrig
darauf bedacht, solches wenigstens nicht in die Erscheinung treten zu lassen[1]. Falsches Pathos, mit dem eine
Sache angebiedert wird, läßt sie auf die Dauer nicht un-
beschmutzt.

Warum sollte die Tugend hiervon eine Ausnahme machen? Und doch war diese alte, keifende, zahnlose Jungfer
zu anderen Zeiten, zum Beispiel in der Blüte des Mittelalters
und bei den Hellenen und Römern vor der Kaiserzeit, ein
höchst anmutiges, anlockendes und charmevolles Wesen.
Während man heute bei dem Worte an eine peinliche
Kraftanstrengung im Verhalten von irgend Etwas denkt,
was nicht für andere Leute ist, sprach man in jenen Zeiten

---

[1] Vgl. den folgenden Aufsatz über den Bourgeois. Bd. II.

gern vom »Glanze« der Tugend, vom »Schmucke«, den
sie gewähre, und verglich sie mit den köstlichsten Edel-
steinen. Das christliche Symbol des Heiligenscheines läßt
sie aus der Tiefe der Person selbsttätig herausstrahlen
und bringt die Idee, daß die Güte und Schönheit der Tugend nicht im Handeln für Andere, sondern an erster Stelle
in dem hochgearteten Sein und Wesen der Seele selbst
beruhe, und für die Anderen höchstens beiläufig als Beispiel von Bedeutung sei, zur Sichtbarkeit. Als Beispiel,
das sie sich »nehmen« können, nicht als eines, das »man
gibt«. Die Tugend ist uns vor allem darum so unleidlich
geworden, weil wir sie nicht mehr als ein dauernd lebendiges, glückseliges Könnens- und Machtbewußtsein
zum Wollen und Tun eines in sich selbst, und gleichzeitig
für unsere Individualität, allein Rechten und Guten verstehen, als ein Machtbewußtsein, das frei aus unserem
Sein selbst hervorquillt, sondern bloß als eine dunkle un-
erlebbare »Disposition« und Anlage, nach irgendwelchen
vorgeschriebenen Regeln zu handeln[1]. Und sie ist so reizlos
geworden, weil nicht nur ihre Erwerbung, sondern auch
sie selbst uns als das Schwere gilt, während doch nur der
Mangel an Tugend oder das Laster das Gute schwer und
schweißig macht; ihr Besitz aber jeglicher guten Handlung
die frei herausflatternde Erscheinung eines lieblichen Vo-
gels verleiht. Sie ist es geworden, weil wir sie durch ein
fortgesetztes Tun unserer Pflicht für angewöhnbar halten,
während sie doch das äußerste Gegenteil aller Gewohnheit
ist und erst das Maß ihres, ihr innewendigen Adels es

---

[1] Die Scholastiker rechnen daher die Tugend zu dem, was sie habitus nennen (= qualitas difficile mobilis secundum quam res bene vel male se habet
in ordine ad suam naturam, Thomas) und scheiden den »habitus« scharf
von der »dispositio«.

ist, was überhaupt ›verpflichten‹ kann, und was die Rangstufe und Qualität und die Fülle unserer möglichen Pflichten von sich aus bestimmt. Heute redet man von der Tugend so, als hätte sie für den Tugendhaften selbst gar keine Bedeutung, und bestehe nur für die Menge der andern, die mit diesem Wortbegriff einen schnellen, abkürzenden Rechnungsüberschlag machen, wie sich wohl derjenige, dem sie sie zubilligen oder bestreiten, gegen sie selbst aller Wahrscheinlichkeit nach benehmen werde. Die noch nicht häßliche Tugend war im Unterschiede von Tüchtigkeiten und Fertigkeiten — die immer Tüchtigkeiten und Fertigkeiten ›zu Etwas‹, das heißt einer schon definierten Leistung sind — eine Qualität der Person selbst, — nicht da ›für‹ vorbestimmte Handlungen und Werke, noch gar für die Nutznießung anderer, sondern ein freier Schmuck ihres Trägers, etwa wie die Feder auf dem Hut; und völlig unaufwiegbar durch alle jene Willensakte und Handlungen, die sich mit innerer Notwendigkeit aus ihr entluden, in denen sie überfloß. Mochte man auch annehmen, daß vor das, was man tun müsse, auf daß mit jedem Schritte leichter und schneller dieses machtvolle Licht im Innern aufleuchte, die ›Götter den Schweiß gesetzt‹ hätten, so war doch nicht etwa die Tugend das, was ›gewollt‹ und ›erworben‹ sein sollte; sie selbst galt vielmehr als das nicht erstrebte ›surplus‹, als das freie Geschenk der Gnade, für dessen feierlichen Empfang alle Bemühungen und Anstrengungen des Willens nur die notwendige Bereitschaft zur Aufnahme erzeugen sollten. Vor jenen, die ihr außer Atem nachlaufen, verbirgt sich die Tugend noch schnellfüßiger und geschmeidiger als ihre gemeinere Schwester, das Glück. Wenn die Griechen die

Tugend so reizvoll fanden, daß sie in Worten wie: εὖ ζῆν, εὐγενής, καλλογαθία usw. sie so eng mit der unverantwortlichen Schönheit in Eins spannten, so lag dies daran, daß sie die Tugend nicht wie die Philosophen des modernen Bürgertums, z. B. Kant, zu einer bloßen Wirkung pflichtmäßigen Wollens oder der Disposition für solches Wollen herabsetzten, — als könne dieses den Menschen je mit Tugend adeln. Es war für sie umgekehrt noch kein leeres Wort, daß es· der innewendige Adel der Tugend sei, der allererst ›verpflichte‹. Sie ist es, die Ausdehnung und Fülle der Verantwortlichkeit für mögliche Handlungeh bestimmt; aber für ihren Besitz oder Nichtbesitz trug niemand Verantwortung. Ihre innere Fülle drängte nach immer weiterer Ausdehnung der Verantwortung, so daß derjenige, der sie in heiligmäßiger Steigerung besaß, sich für alles, was überhaupt in der Welt geschah, leise mitverantwortlich fühlte. Und als ein spezifischer Mangel an Tugend galt es, die Verantwortlichkeit möglichst abzustoßen, nur auf das eigene Tun und in ihm wieder auf einen möglichst engen Kreis dessen, was man ›nicht als befohlen nachweisen kann‹, zu begrenzen. Das aber besagt nicht, daß sie gleich einer Naturanlage als angeboren angesehen wurde, wie sie die bloßen Reaktionäre aller Zeiten bezeichneten, denen Sokrates widersprach. Jene ›Anlagen‹ sind nur solche zu gewissen Tüchtigkeiten, sind familienhaft, stammhaft, volklich: Tugend hingegen ist als ein lebendiges Machtbewußtsein zum Guten ganz persönlich und individuell. Diese erlebte Macht selbst galt als besser als dasjenige, ›wozu‹ sie Macht war, und als dynamisch größer als die Summe der Anstrengungen zum Tun jedes einzelnen Guten. Mit dem Tugendwachstum werden jene Anstrengungen geringer und verlieren eben damit die Häßlichkeit, die in jeder Anstrengung liegt. Das Gute wird schön, indem es leicht wird. Das sogenannte Sittengesetz und die Pflicht sind hingegen nur unpersönliche Surrogate für mangelnde Tugenden. Pflichten sind übertragbar, Tugenden sind es nicht. Darum müssen wir uns die Güte Gottes als völlig anomisch vorstellen und alles seinem absolut unbeirrbaren sittlichen Takte überlassen denken, der ohne Regel nur von Fall zu Fall urteilt.

Es wird Zeit, daß wir aufhören, nur die Opponenten jener faden Bürger des 18. Jahrhunderts zu sein und darum die Tugend lächerlich zu machen. Wer verfolgt, der folgt. Es ist schließlich eine innerbourgeoise Angelegenheit, daß der eine Teil der Bourgeois die Tugend zu einem alten Weibe machte, um sie dann anzuhimmeln, und daß der andere Teil einen besseren Geschmack zeigte. Was kümmern uns die Bourgeois und ihre sonderbaren Meinungen, mit denen sie zeitweilig den Gang der Weltgeschichte unterbrachen? Suchen wir auch für die Tugend wieder den welthistorischen Horizont!

Die Demut.

Von den neuen Haltungen des Gemüts, welche die Erscheinung Christi hervorgebracht und mit dem Glanze göttlicher Glorie umkleidet hat, ist die Demut diejenige, die — recht gesehen und verstanden — sowohl gegenüber der antiken als der modern-bürgerlichen Tugendhaltung die tiefste Paradoxie und die stärkste Antithese verkörpert. Die Demut ist die zarteste, die verborgenste und die schönste der christlichen Tugenden.

Die Demut (humilitas) ist ein stetiges inneres Pulsen von geistiger Dienstbereitschaft im Kerne unserer Existenz, von Dienstbereitschaft gegen alle Dinge, die guten und die bösen, die schönen und häßlichen, die lebendigen und toten. Sie ist die innere seelische Nachzeichnung der einen großen Bewegung des Christlich-Göttlichen, in der es sich freiwillig seiner Hoheit und Majestät begibt, zum Menschen kommt, um jedermanns und aller Kreatur freier und seliger Knecht zu werden. Indem wir diese Bewegung mitvollziehen und all unser Selbst, all seinen möglichen Wert und seine Achtbarkeit und Würdigkeit, die der Stolze fest umklammert, loslassend, uns selbst wahrhaft ›verlieren‹, uns ›dahingeben‹ — angstlos, was hierbei mit uns geschehe — aber dunkel vertrauend, es könne der Mitvollzug jener göttlichen Bewegung als einer ›göttlichen‹ auch uns nur zum Heile dienen, — sind wir ›demütig‹. Auf das echte ›Loslassen‹ unseres Selbst und seines Wertes, auf das Wagnis, sich ernstlich in die fürchterliche Leere hinauszuschwingen, die jenseits aller Ichbezüglichkeiten, der bewußten und halbbewußten gähnt, — eben darauf kommt es an! Wagt es, euch dankbar darüber zu verwundern, daß ihr nicht nicht seid, daß überhaupt Etwas ist — und nicht lieber Nichts ist! Wagt es, zu verzichten auf alle eure inneren vermeintlichen ›Rechte‹, auf eure ›Würdigkeiten‹, auf eure ›Verdienste‹, auf aller Menschen Achtung, — am meisten aber auf eure ›Selbstachtung‹ —, auf jeglichen Anspruch, irgendeiner Art von Glück ›würdig‹ zu sein und es anders als nur geschenkt aufzufassen: So erst seid ihr demütig!

Die äußerste Antithese enthält die ›Demut‹ gegen die vernunft- und sittenstolze Haltung des römischen Stoikers, gegen die Methode, so zu handeln, daß man seine Selbstachtung, daß man die ›Souveränität‹ und ›Würdigkeit‹ seines Selbst bewahre und nicht verliere. Darum auch gegen die Moralisten des 18. Jahrhunderts, die nicht ohne feines Kongenialitäts- oder Konkommunitätsgefühl die Lebenshaltung der spätrömischen Bourgeoisphilosophie wieder aufnahmen — insbesondere gegen Kants ›Autonomie der Pflicht‹. ›Wir wollen, mein lieber Lucilius, dem Glücke selbst die Würdigkeit vorziehen es zu besitzen‹, läßt Addison seinen ›Stoiker‹ sagen. Auch einen Grundgedanken der Ethik Kants gibt dieser Satz wieder. Eben dieser Satz ist nach christlichem Gefühl nicht halbrichtig, nicht falsch — er ist teuflisch. Jedes Glück, das niedrigste noch, die kleinste Lust, die deine Nerven berührt, wie die tiefste Seligkeit, die sich in dir ausbreitend dich und alle Dinge in das Licht Gottes führt, nimm dankbar an und bilde dir nie ein, auch nur den kleinsten Teil zu ›verdienen‹, lautet das Gebot der Demut. Gibt es reinere Liebe, als dem Andern die Seligkeit des Liebens, ja selbst den Dingen, die uns auch nur zufällig zupaß kommen, den Anschein einer gewissen Güte zu gönnen — auch da noch, wo die Welt einen sogenannten ›Anspruch der Gerechtigkeit‹ für den Dienst statuiert, den uns jener nur aus Liebe leistet, oder den die Dinge uns zufällig versehen, wie der Stuhl, der dasteht, wenn wir uns setzen wollen, oder der Sonnenschein, wenn wir keinen Regenschirm haben? Und verdient es nicht auch noch Dank, daß die Welt einen Gerechten enthält, wenn er zufällig ›gerecht‹ gegen uns handelt? Es ist nicht richtig, daß christliches Ethos jeglichen Stolz, jegliches Streben nach Achtung, nach Verdienst, nach Würde verdamme.

2*

Es ist natürlich, stolz zu sein auf seinen Reichtum und Besitz. Es ist natürlich, stolz zu sein auf seine Schönheit, auf die Schönheit und Wohlgeratenheit seines Weibes und seiner Kinder. Es ist natürlich, stolz zu sein auf seinen Namen und seine Herkunft. Eben diese Arten des Stolzes, welche der Stoizismus verdammt, sind sinnvoll und vernünftig. Diese Güter sind irdisch genug, um den Stolz auf sie noch zu vertragen. Es gibt nur einen Stolz, der teuflisch ist: Das ist der Stolz auf den eigenen moralischen als den höchsten Wert, der Sittenstolz oder das Laster des Engels, der fiel — und den die Pharisäer ewig nachahmen werden. Der Stolz der ersten Art, den die Stoiker als bloße nichtige Eitelkeit asketisch verurteilen, ist selbst noch auf einer Art Liebe zu den Dingen aufgebaut, ›auf‹ die man stolz ist. Man blickt hier auch noch im ›Stolz hin auf diese sich dehnenden Ländereien, auf diese zuvorkommenden Gruß- und Gunstbezeigungen der Vorübergehenden, auf diese Uniform, die man trägt als auf Dinge, die noch, außer unserem Stolzsein auf sie, einen gewissen Eigenwert haben. Der Stolz der zweiten Art, den die Stoiker so vermessen gegen den Stolz der ersten ausspielen, — er allein ist jener, der nach christlichem Gefühl die Superbia und den Ursprung des Teufels ausmacht. Indem er unheilbar verarmt und die Welt und uns selbst uns dunkel macht, indem er das auf sich stolze Subjekt immer neu über alle Dinge und Werte hinaufspringen macht, bis es mit seiner vollendeten ›Souveränität‹ auf Alles — bis auf seine eben jetzt erreichte völlige Leere und Nichtigkeit — herabblickt; indem er sukzessiv uns loslöst von allen Gütern und Werten, die der erste ›Stolz‹ noch in sich ruhen und bestehen läßt und das, ›worauf‹

wir eben noch stolz waren, schon im selben Augenblick als eine »einschränkende« Bedingung für den absoluten Stolz, den Stolz auf unser nacktes und entleertes Ich, empfinden läßt, — beschreibt seine Bewegung genau die Richtung, die in das hineinführt, was die Christen mit Recht die »Hölle« nannten. Die eigentliche Hölle, das ist der Nichtbesitz der Liebe. Und diesem Vakuum der Liebe zu bewegt sich der, das Ich immer enger und enger einkreisende, das Wertbewußtsein immer stärker und stärker auf den bloßen Punkt des Ich einspannende Stolz entgegen. Vor lauter Streben nach »Selbstachtung« und »Unabhängigkeit« wird das innere Bild, das der Stolze von sich selbst hat, dessen Inhalt er auch nur schätzt, weil er es ist, der es hat und schätzt, zum immer trüberen Medium, das ihn schließlich dauernd vom Selbstwissen und Selbsterkennen absperrt; wird die »Unabhängigkeit« zu einem Durchschneiden aller Lebensfäden, die den also Stolzen mit Gott, Universum und Mensch verbinden. »So sprach der Stolz zu meinem Gedächtnis: dies kannst Du nicht getan haben; da gab das Gedächtnis nach; also habe ich es nicht getan« (Nietzsche). Immer einsamer macht der Stolz, immer mehr zu dem, was Leibniz das Atom schalt: Zu einem déserteur du monde. —

Gleicht dieser Sitten- und Selbststolze nicht einem Menschen, der sich in einer Einöde selbst langsam erwürgt? —

Der Stolze ist selbst dazu zu stolz, um auf das Bild, das andere von ihm haben, um auf seine Figur und Rolle in der Sozietät irgendeinen Wert zu legen. Er ist zu stolz um eitel zu sein. Aber die Eitelkeit ist nur lächerlich, sie ist nicht teuflisch. Sie ist lächerlich, weil der Eitle gleichzeitig sich unbewußt dem Urteil derer unterwirft, die er durch seine zur Schau getragenen Vorzüge zu übertreffen sucht. So wird der Eitle unbewußt das Opfer einer geheimen Sympathie zur Menschheit, indem er bewußt sich aus ihr hervorzuheben und ihre Aufmerksamkeit auf sich zu lenken sucht. Das ist es, was ein frohes Lachen verdient, daß er nicht merkt, er diene, wo er zu herrschen sucht; er verfalle dem Gemeinen, wo er ungemein zu sein den Anspruch macht. Der Eitle ist nur oberflächlich und seine Scham ist nicht groß genug, der Tendenz zu steuern, die er nach dem Genuß seines Spiegelbildes trägt. Aber die in der Eitelkeit enthaltene Sympathie — so irre sie gehen mag — gibt ihr noch den Reiz einer verlaufenen Art von Liebe. Das fehlt dem Stolz, der Tiefe hat wie alles Böse. Kommt die Scham der Tendenz des Sichzurschaustellens unter geheimer Adoption der fremden Wertmaßstäbe, die der Stolze a priori verachtet zuvor — die Scham, die gerade den gesehenen Vorzug zu verbergen trachtet, — so nennen wir dies ›Bescheidenheit‹. Diese Tugend ist ebenso flach wie das Laster flach ist, das sie verneint. Denn sie ist nur ein Wettlauf zwischen Eitelkeit und Scham, bei dem die Scham siegt. Sie bewegt sich ganz in der Sphäre des Sozialen, und schon darum sollte man sie mit der Demut, die auf die — Welt zielt, nicht verwechseln.

Der Stolze: das ist ein Mensch, der durch fortwährendes ›Herabblicken‹ sich suggeriert, er stehe auf einem Turme. Jedes faktische Sinken seiner Person überkompensiert er mit einem Blick in eine noch tiefere Tiefe — so daß er sich steigen sehen muß, wo er tatsächlich sinkt. Er merkt nicht, daß ihn die Tiefe, die er stets neu ins Auge faßt, eben dadurch langsam an sich zieht, daß er sie stets

— um sich hoch zu dünken — anblickt. Also ›fällt‹ langsam — in seine eigene Blickrichtung gezogen — der Engel.
Diese Blickrichtung ist berechtigt, soweit es sich nur um
besitzbare Werte und Güter, um Ämter und Würden handelt und sich die Haltung im sozialen Vergleich bewegt.
Dann ist die Haltung nur Hochmut, welche Demut des
Seins nicht ausschließt. So waren die typischen Herren
und Ritter des Frühmittelalters, so auch die größten Päpste,
äußerst hochmütig und demütig zugleich. Diese Mischung
ist ein besonderer Reiz des Tugendwesens jener Zeit. Nur
etwas schließt die Demut aus: Den Seinsstolz, der auf
die Substanz des eigenen Wertes zielt! Dieser eben allein
ist das Teuflische, das zur Hölle leitet. Die Demut aber
ist die Tugend, die, indem sie den Demütigen tiefer und
tiefer sich nieder- und herabsinken läßt — vor sich selbst
— und durch sein Selbst hindurch vor allen Dingen,
geradewegs in den Himmel hinein führt. Denn Demut ist
nichts anderes als der resolute Blick auf die Linien unseres
Selbst, die es zum Idealischen seines individuellen Wesens
hinzusteuern scheinen, und deren Schnittpunkt im Unsichtbaren liegt — in Gott. Sie ist ein fortwährendes Sichsehen
›in Gott‹ und ›durch das Auge‹ Gottes, ein wahrhaftes
›Wandeln unter dem Auge des Herrn‹. Die großen
Damen der Provence, welche die Minnegerichtshöfe leite-
ten, stellten unter ihren Artikeln auch den Satz auf: ›Das
Bild des Geliebten ist immer gegenwärtig.‹ Man braucht
sich darauf nicht zu ›besinnen‹, ja nicht mal sich seiner
›erinnern‹. Im Gegenteil: Man muß künstlich wegsehen,
damit das stets Anwesende und Regsame sich ein wenig
verdunkele. Ebenso aber ist für den wahrhaft Demütigen
dauernd das ›Bild‹ gegenwärtig, welches er die auf ihn

abzielende Bewegung der Liebe Gottes von seiner eigenen Individualität in jedem Momente neu vorzeichnen und
gleichsam vor sich hertragen fühlt. Wie könnte er anders
als in jedem seiner empirischen Lebensmomente sich als
ganz dunkel und klein wissen vor dem Glanze und der
Größe dieses Bildes? Indem er in der Sphäre seines Bewußtseins tiefer und tiefer, im Eindringen in dies göttliche
Bild, hinabsinkt und sich erniedrigt sieht, reißt ihn faktisch das schöne Bild zu Gott empor und steigt er leise in
der Substanz seines Wesens empor in den Himmel.

Die Demut ist ein Modus der Liebe, die sonnenmächtig
allein das starre Eis zerbricht, das der schmerzensreiche
Stolz um das immer leerere Ich gürtet. Nichts Holdseligeres, als wenn die Liebe in stolze Herzen leise die Demut
hineinzaubert und das Herz sich öffnen und dahinströmen
macht! Der stolzeste Mann und die stolzeste Frau werden
noch ein wenig demütig und dienstbereit an alle Dinge,
wenn sie lieben. Eben als die duftigste Blüte der christlichen Liebe ist die Demut die christliche Tugend katexochen und in ihrer reinsten Prägung ist sie nur der zarte
Schattenriß, den die Bewegung der heiligen, gottbezogenen Liebe auf die Seele zurückwirft. Und das ist allein
diese Liebe zur Welt und Gott und den Dingen aus Gott
heraus, und ›die Liebe in Gott‹ (das ›Amare deum et
mundum in deo‹ der Scholastiker), diese schöne Selbsterniedrigung, die den angeborenen Star unseres Geistes
sticht und das volle Licht aller nur möglichen Werte in uns
hereinfluten macht. Der Stolze, dessen Auge auf seinem
Wert — wie·gebannt — hängt, lebt notwendig in Nacht
und Finsternis. Seine Wertewelt verdunkelt sich von Minute
zu. Minute; denn jeder erblickte Wert ist ihm wie Dieb-

stahl und Raub an seinem Selbstwert. Also wird er Teufel und Verneiner! Im Gefängnis seines Stolzes eingeschlossen, wachsen und wachsen die Wände, die ihm das Tageslicht der Welt absperren. Seht ihr das ich-gierige, eifersüchtige Auge, wenn er die Brauen runzelt? Demut hingegen öffnet das Geistesauge für alle Werte der Welt. Sie erst, die davon ausgeht, daß Nichts verdient sei und Alles Geschenk und Wunder, macht Alles gewinnen! Sie macht es noch fühlbar, wie herrlich der Raum ist, in dem sich die Körper ausbreiten können, wie sie nur wünschen, ohne doch auseinander zu fallen; und wieviel wunderbarer und dankenswerter es ist, daß es Raum, Zeit, Licht und Luft, Meer und Blumen gibt, ja sogar, — wie immer neu sie froh entdeckt — Fuß und Hand und Auge als all jene Dinge, deren Wert wir nur zu fassen fähig zu sein pflegen, wenn sie selten sind und die anderen sie nicht haben! Sei demütig und sofort wirst du ein Reicher und Mächtiger werden! Indem du nichts mehr ›verdienst‹, wird dir alles geschenkt! Denn die Demut ist die Tugend der Reichen, wie der Stolz jene der Armen. Aller Stolz ist ›Bettelstolz‹! Ist faktisch allüberall in der Welt eine Spur der Gnade für das Gefühl und eine Spur des Wunders für den Verstand — wie sollte der Stolze, der sich ja eben ›nichts schenken lassen will‹ und auch erkennend nichts rein aufnehmen, den Sinn der Welt fühlen und verstehen? Wie sollte er, der nur hereinlassen will, was den Tribut an seine sogenannten 12 Verstandeskategorien, — besser seine 12 Gattungsspleens und generellen Zwangsideen — gezahlt hat, etwas Wesentliches von der Welt wissen? Ein Wesen etwas von der Welt wissen, das sich einbildet, es schreibe sein ›Verstand der Natur die Gesetze vor‹ und es gebe keinen anderen ›Richter‹ über sich als es selber?

Die Demut ist jene tiefe Kunst der Seele, in der sie sich noch über jenes Maß hinaus entspannt, das in einem bloßen Sichleben- und Sichströmenlassen liegt. Es gibt zwei Wege einer Seele und einer Überwindung ihrer natürlichen Enge und Dumpfheit. Der eine Weg ist der Weg der A n - spannung des Geistes und des Willens, der Konzen tration, der selbstbewußten Entfremdung von den Dingen und von sich selbst. Aller ›Rationalismus‹ und alle Moral der ›Selbstbefreiung‹, des ›Selbstrichtens‹, der ›Selbst- vervollkommnung‹ beruht auf dieser Richtung. Der andere Weg ist der Weg der E n t s p a n n u n g des Geistes und Willens, der Expansion und des steigenden Entzweischnei- dens der Fäden, die auch noch in schlaffer, untätiger Ein- stellung die Welt, Gott, die Menschen und übrigen Lebe- wesen an den eigenen Organismus und das eigene Ich auf automatische Weise ketten — der Weg der Vermählung mit den Dingen und Gott. Wer den ersten dieser Wege geht, fürchtet den zweiten. Er mißtraut dem Sinn und Gang der Welt, er mißtraut dem Sinn und Gang der eigenen Seele und er vertraut sich selbst und seinem Willen allein. Sein Ideal der Vollkommenheit ist, daß er sich und die Welt ›in die Hand nehme‹. Wer den zweiten Weg geht, fürchtet nicht weniger den ersten. Er, der mit dem rest- losen Vertrauen in das Sein und die Wurzel aller Dinge, aus der sie sprießen, beginnt, empfindet es als Wahnwitz, eine fragwürdige Welt erst ›einrichten‹ zu wollen. Sich als Teil der Welt tief empfindend und voll Patriotismus für diese Welt, kann er den Gedanken, der Teil solle erst aus dem Ganzen etwas Besseres machen als dieses Ganze

— das doch auch ihn umfängt und enthält, — nur als eine Absurdität ansehen. Aber das heißt nicht, er sähe und fühle weniger das, was man die ›Übel‹, die ›Schwächen‹, das ›Böse‹ und ›Sinnlose‹ der Welt nennt. Im Gegenteil: nur der Liebende ist es, der an den Übeln und Schwächen des Geliebten wahrhaft leidet. Der andere freut sich eher an den Übeln, da sie ihm das Gefühl geben, wie viel besser er doch selber ist, und da sie ihm ›etwas zu tun‹ geben. Aber die Wurzel dieser Übel sucht er nicht im Sein, im Wesen und der Wurzel der Welt. Er sucht sie in seiner falschen Interessiertheit, in der Hast seiner Triebe und dem Tonus seiner fleischlichen und geistigen Muskeln, d. h. seiner weltverarmenden ›Aufmerksamkeit‹. Er sucht sie zunächt in seiner, dann auch in der Anderer zu großen Anspannung auf das Leben. Ihm liegt daran, diese Anspannung, gleichsam den naturhaften ›Stolz‹, die naturhafte Zentrierung der Welt und der Werte auf sein Ich, seine Organisation, ja auf die Organisation jeder Art und Unterart und jeder partikularen Gemeinschaft zu beseitigen, um dadurch vorzudringen zur Welt selbst und zu ihren Wurzeln, — in denen er heimlich die Vollkommenheit weiß. Ihm liegt daran, die Hemmungen aufzuheben, die ihm das volle und ganze Sein und Licht der Dinge verbergen. Indem er kühn sich selbst entläßt, — indem er das Ankertau zerschneidet, völlig zerschneidet, das die Welt in seinem Ich ausgeworfen hat, — fürchtet er nicht wie der andere, die Beute der stürmenden Wogen zu werden, sondern mit dem neuen Leben aus den Wurzeln der Dinge auch das innere Kraftspiel des Meeres noch zu sein und unverwundet es mit zu leben, dem er sich überläßt. Dieser Weg, sich im vollen Verlieren seiner selbst

neu ›in Gott zu gewinnen‹ — das ist im Sittlichen die
Demut und im Intellektuellen die reine ›Intuition‹. Solche
Entspannung ist äußerstes Wagnis und ist: gleichsam zum
Sein der Seele selbst gewordene Bewegung der Kühnheit.
Es ist jener radikale Verzicht auf die eigene Kraft und den
eigenen Wert, jenes reine ›sich Gott empfehlen‹ und
›unter die Flügel der Henne Christi stellen‹ (Luther), das
neuerdings William James so vorzüglich beschrieben hat.
Im Abschnitt seines Buches: ›Über die religiöse Erfahrung und ihre Mannigfaltigkeit‹, das er ›Bekehrung‹ be-
titelt, macht er auf die zwei religiösen Typen der Bekehrung, den ›willensmäßigen‹ und den Typus der ›Selbst-
hingabe‹, aufmerksam. Er zeigt an einer Fülle von Bei-
spielen, eine wieviel größere Bedeutung der letzte Typus
vor dem ersteren hat. Schon bei ganz elementaren Zielen,
wie dem Besinnen auf einen Namen, pflegt häufig nicht die
Anstrengung, sondern die Entspannung das Gewünschte
herbeizuführen. Man sagt sich: ›Gib die Anstrengung
völlig auf und denke an etwas anderes.‹ Eben dann kommt
das Gewünschte von selbst. Im Großen gehören die Fälle,
da alles Ringen, alles Fassen von ›guten Vorsätzen‹, mit
denen, wie das Sprichwort so tiefsinnig sagt, ›der Weg zur
Hölle gepflastert ist‹, hintangesetzt und alles einer langsam im Innern anwachsenden Macht anempfohlen wird, die
spielend von selbst das gibt, was wir vorher so eifrig such-
ten, demselben Typus an[1]. Frank Bullen, dessen Selbstbiographie ›Auf See mit Christus‹ W. James zitiert, sprang
während eines starken Sturmes bei Einholung des Außen-

---

[1] Der Sinn des Begriffes »Gnade« hat offenbar in solchen Erlebnissen sein
Fundament. Dieser Sinn behält auch dann sein Recht, wenn die kausale
Zurückdeutung dieses Erlebnisses auf eine »Wirkung Gottes« nicht zu Recht
bestände.

klüver rittlings über die Spiere, um ihn zu befestigen. Plötzlich wich die Spiere. ›Das Segel entwich meinen Fingern und ich fiel hinten über, hing mit dem Kopfe nach unten über dem kochenden Getöse des weißen Schaumes an einem Fuß unter dem Bug des Schiffes; aber ich empfand nur hohes Entzücken in meiner Gewißheit des ewigen Lebens. Ich habe wohl nur fünf Sekunden da gehangen, aber in der Zeit habe ich ein ganzes Lebensalter von Wonnen durchlebt. Wie ich das Segel befestigte, weiß ich nicht.‹ Dieses innere Wunder der ewig neuen Wiedergeburt und Kraftgewinnung zur ›Befestigung des Segels‹ aus einem unendlichen Kräftereservoir bei restlosem Verzicht auf die ›eigene Kraft‹ und jede kleinste Würdigkeit ist das Ziel, das alle Demut, ohne es zu wissen, anstrebt.

In seinem letzten Werke ›Das pluralistische Universum‹ aber sagt William James:

›Luther war der erste Moralist[1], der die Kruste dieser ganzen naturalistischen Selbstgenügsamkeit (sc. der antiken Moral) wirksam durchbrach, wobei er annahm (und darin hatte er möglicherweise recht), daß dies schon Paulus getan hatte. Die religiöse Erfahrung des Lutherschen Typus führt zum Bankerott aller unserer naturalistischen Prinzipien und Maßstäbe: sie zeigt, man ist nur stark, wenn man schwach ist. Man kann nicht nur von Stolz oder Selbstgenügsamkeit leben. Es gibt ein Leben, in dessen Lichte alle natürlich begründeten und landläufigen sittlichen Bewertungen, Vortrefflichkeiten und der Selbstschutz unseres Charakters als etwas äußerst Kindisches erscheinen.

[1] Diese Behauptung entspricht historisch nicht den Tatsachen. Ich zitiere nach der dankenswerten Übersetzung von J. Goldstein. 8. Vorlesung, Leipzig, Alfred Kröner 1914.

Ehrlich seinen eingebildeten Stolz aufgeben und auf die Hoffnung verzichten, aus eigener Kraft gut sein zu können, das ist die einzige Pforte zu den tieferen Bereichen des Kosmos. ‹

› Das fragliche Phänomen besteht darin, daß nach Augenblicken höchster Verzweiflung neue Ordnungen des Lebens sich uns innerlich offenbaren. Es gibt Hilfsquellen in uns, um die sich der Naturalismus mit seinen sklavisch befolgten Moralvorschriften und seinem Legalismus niemals bekümmert, Möglichkeiten, die uns den Atem rauben, eine neue Art inneren Glückes und innerer Macht, die sich darauf gründet, daß wir unseren eigenen Willen aufgeben und etwas Höheres für uns wirken lassen. Diese neuen Lebensmächte scheinen eine Welt zu offenbaren, die weiter und umfassender ist, als die Physik und die gewöhnliche Philister-Ethik sich träumen lassen. Hier ist eine Welt, in der alles gut ist trotz gewisser Formen des Todes, ja infolge gewisser Formen des Todes — infolge des Todes der Hoffnung und der ʼStärke, des Todes der › Verantwortlichkeit‹, der Furcht und der kleinlichen Sorgen, des persönlichen Verdienstes und Wertes, kurz infolge des Todes von all dem, auf das Heidentum, Naturalismus und Legalismus ihren Glauben und ihr Vertrauen gründeten. Die Vernunft, die unsere anderen Erfahrungen, selbst unsere psychologischen bearbeitet, hätte niemals auf diese spezifisch religiösen Erfahrungen vor ihrem wirklichen Auftreten schließen können. Sie konnte ihre Existenz nicht vermuten, denn sie bedeuten einen Bruch mit den › natürlichen‹ Erfahrungen, auf die sie folgen und deren Werte sie umkehren. Aber in dem Maße, wie diese religiösen Erfahrungen sich nun wirklich einstellen, weitet sich die

Schöpfung vor den Blicken derjenigen, die sie erleben. Sie deuten darauf hin, daß unsere natürliche Erfahrung, unsere streng moralistische und verstandsmäßige Erfahrung nur ein Bruchstück der gesamten menschlichen Erfahrung ist. Sie geben der Natur weichere, unbestimmtere Umrisse und eröffnen dem Geiste die außerordentlichsten Möglichkeiten und Ausblicke.‹

Die albernste und witzigste Verkennung, welche die christliche Demut bei einigen modernen Bürgern gefunden hat, ist wohl jene, die sie als eine Art zur Tugend erhobener gottgeweihter ›Servilität‹, als die ›Tugend‹ der Armen, Schwachen, Kleinen erscheinen läßt. Daß jener Habitus, der sich ›Bürgerstolz vor Königsthronen‹ nennt und daß die als ›Pflicht‹ empfundene Haltung aller Emporkömmlinge, sich nur vor allem ›nichts schenken lassen zu dürfen‹, d. h. jenes a priori gesetzte vollendete Nichtseinsgefühl, das sich in der alleinigen Wertbetonung des ›Selbsterworbenen‹, des ›aus eigener Kraft Gewordenen‹, für jeden nicht moralisch Tauben so vernehmlich ausspricht, zu dieser Täuschung führen muß — dies freilich ist selbstverständlich. Was weiß der ›Bürgersmann‹, der ja eben ›etwas werden will‹, der sich auch da noch heimlich an seinen Herren und Königen mißt, wo er ›stolz‹ gegen sie aufmuckt — was könnte er wissen von der freiwilligen Selbsterniedrigung, von dem süßen Drang des Sichselbstverflutens derer, die etwas sind (der ἐσθλοί) und die sich eben darum nicht in der Höhe wissen, weil sie selbstverständlich auf der Höhe stehen? Demut: das ist ja eben die Bewegung der Selbsterniedrigung, die Bewegung also des Herkommens von oben, des Kommens aus der Höhe, des Sichhinabgleitenlassens Gottes zum

Menschen, des Heiligen zum Sünder — diese freie, kühne, angstlose Bewegung eines Geistes, dessen selbstverständliche Fülle ihm selbst noch den Begriff der Selbstverschwendung unfaßlich macht; der sich nicht ›vergeben‹ kann, da er selbst nur quellendes Geben ist. Will denn der Servile geben und dienen? Der Servile ›will‹ herrschen, und nur ein Mangel an Kraft und Reichtum läßt ihn sich verbeugen vor seinem Herrn und ihm mit Händen dienen. Mit der Gewöhnung an die vielen Verbeugungen wird er dienerhaft oder servil. Die Demut hingegen ist vor allem eine Tugend der geborenen Herren und besteht in dem Nichtherankommenlassen der ihnen selbstverständlichen irdischen Werte, der Ehren, des Ruhmes, der Lobpreisungen ihrer Diener an das Zentrum der Seele, im fortwährenden Beugen des eigenen inneren Hauptes vor dem Unsichtbaren mitten und während der Herrschaft über das Sichtbare. Der Demütige vollzieht auch noch jeden Akt seiner Herrschaft in einer tief geheimen Dienstbereitschaft an dem, über den er herrscht. Eben das ist für ihn nur Haltung, was für den Servilen Zentrum ist: das Herrschenwollen! Und eben das ist für ihn Zentrum, was für den Servilen nur Haltung ist: Dienstbereitschaft! —

Die Ehrfurcht.

Der Gott, den die Christen anbeten, ist deus absconditus. Er ist ›verborgen‹, und eben diese seine Verborgenheit, dieses sein ewiges Hinausfließen über das Blickfeld der Anbetung auch des Heiligsten und Frömmsten, diese gefühlte unendliche Ferne der Erstreckung Gottes über den Horizont unserer Anbetung und unseres Gebets hinaus, ist selbst noch ein Phänomen, das sein uns zugewandtes Antlitz geheimnisvoll umrauscht. Dies vergessen ebenso oft die Rationalisten wie die Mystiker. Beide haben eine allzu rasche Art, sich Gott anzubiedern; diese mit den Begriffen, in die sie ihn anatomisieren, jene mit dem Gefühl, in dem ihnen Gott den Busen zu dehnen scheint. Sie ermangeln beide der Ehrfurcht, d. i. jener Haltung, in der die Verborgenheit Gottes selbst noch wahrnehmbar wird. Denn die Ehrfurcht ist kein Gefühlszusatz zum fertigen, wahrgenommenen Dinge, geschweige eine bloße Distanz, die das Gefühl zwischen uns und den Dingen aufrichtet (ihrem »Filigran«, wie Nietzsche schön gesagt hat): Sie ist im Gegenteil die Haltung, in der man noch etwas hinzuwahrnimmt, das der Ehrfurchtlose nicht sieht und für das gerade er blind ist: das Geheimnis der Dinge und die Werttiefe ihrer Existenz. Wo immer wir von der ehrfurchtslosen, z. B. der durchschnittlich wissenschaftlich erklärenden Haltung zur ehrfürchtigen Haltung gegenüber den Dingen übergehen, da sehen wir wie ihnen etwas hinzuwächst, was sie vorher nicht besaßen; wie etwas an ihnen sichtbar und fühlbar wird, was vorher fehlte: eben dies »Etwas« ist ihr Geheimnis, ist ihre Werttiefe. Es sind die zarten Fäden, in denen sich jedes Ding in das Reich des Unsichtbaren hineinerstreckt. Diese Fäden zu durchschneiden, sei es dadurch, daß man die Sphäre, in der sie enden, in klaren Begriffen zu entwickeln und eine starre Ontologie und Dogmatik über sie aufzustellen sucht, — sei es dadurch, daß man den Menschen auf das sinnlich Greifbare der Dinge verweist, ist gleich sehr eine Ertötung des geistigen Lebens und eine Fälschung der vollen Wirklichkeit. Den

3

ersten Weg ging in der Geschichte alle rationale Metaphysik und Theologie; den zweiten aller Positivismus und
Agnostizismus. Sie sind beide gleich ehrfurchtlos! Die Ehrfurcht ist aber die einzige und notwendige Haltung des
Gemütes, in der diese »Fäden ins Unsichtbare hinein«
zur geistigen Sichtbarkeit gelangen. Wo sie künstlich ausgeschaltet wird oder gar nicht vorhanden ist, da nimmt
die Welt der Werte einen Charakter der Flächenhaftigkeit an und einen Charakter der All-Verschlossenheit, die
sie entleeren und die zugleich jeden Reiz zum Fortleben
und zum Eindringen in die Wertewelt, jeden Reiz des
Fortentwickelns unserer Existenz im tieferen Eindringen
in die Welt vernichten. Wir vermögen nur wahrhaft zu
»leben«, indem wir das jeweilig Sicht-Fühl-Greifbare unserer Umwelt von einer, in tausend Stufen sich abdunkelnden Sphäre von Gestaden umschwebt fühlen, die uns zur
Entdeckung reizen und locken. Das Phänomen des »Horizontes« und der »Perspektive« ist nicht nur in dem Bezirk
des rein Optischen beschlossen. Es findet sich wieder in
dem Reich unserer Vorstellungen, unserer Begriffe, unserer Interessen, unserer Liebe und unseres Hasses, ja selbst
unserer reinsten Ideen. Es ist »Horizont« und »Perspektive« — wir wissen dies auch aus sehr genauen Feststellungen der Psychologie — nicht bloß eine Folge der geometrisch-physikalischen Lichtwirkungen und der Anatomie und Physiologie unseres optischen Apparates, sondern
ein umfassendes Funktionsgesetz unseres und jeden endlichen Geistes. Die »Ehrfurcht« aber ist es, die in der
Region der Werte diese Horizontnatur und diesen Perspektivismus unserer geistigen Natur und Welt aufrecht
erhält. Die Welt wird sofort ein flaches Rechenexempel,

wenn wir das geistige Organ der Ehrfurcht ausschalten. Sie allein gibt uns das Bewußtsein der Tiefe und Fülle der Welt und unseres Ichs und bringt uns zur Klarheit, daß die Welt und unser Wesen einen nie austrinkbaren Wertreichtum in sich tragen; daß jeder Schritt uns ewig Neues und Jugendliches, Unerhörtes und Ungesehenes zur Erscheinung bringen kann. Ein Künstler wie Gottfried Keller gibt uns nicht allein dadurch den — hier fast einzigartigen — Eindruck der Unerschöpflichkeit der Welt, ja jedes geschilderten Dinges, daß er in einem großartigen embarras de richesse immer neu und neu die Dinge von sich reden und sie immer neue Züge aus sich selbst entfalten macht, sondern vor allem dadurch, daß er fühlbar macht, was alles die Dinge noch von sich sagen könnten, wenn sie auch weiter so reinen Herzens befragt würden, wie er sie frägt. Und das stimmt wohl zusammen mit der Antwort, die im Verlorenen Lachen der Held auf die Frage nach seiner Religion gibt, eine Antwort, welche die schönste Beschreibung der Ehrfurchtseinstellung einschließt: Er wisse das eine, ›daß er der Welt gegenüber keine Frechheit zu äußern fähig sei‹.

Nicht nur Gott und die Welt, noch mehr als die letztere: unser eigenes Ich und das der Unsrigen erscheint in seiner Tiefendimension erst in der Ehrfurcht. Ein Mensch, der sich selbst ganz zu durchschauen und zu verstehen vorgibt, zeigt nicht, er wisse mehr von sich als der Ehrfürchtige, dem auch aus sich heraus ›vergrabenes Gold wie aus Bächen schimmert‹; er zeigt nur, daß er den Weg nicht gehen will, sich die eigene Seinstiefe zur Sichtbarkeit zu bringen. Denn dieser Weg ist die Ehrfurcht vor dem eigenen Selbst. Sie allein gibt uns das geheime Bewußtsein eines Reichtums und einer Erfülltheit, wo unsere klaren, abgegrenzten Gedanken und Gefühlsinhalte uns nur Leere und Spärlichkeit geben; sie gibt uns das Gefühl noch ungehobener und in der irdischen Lebensdauer u n h e b b a r e r Schätze unserer Existenz und Kräfte. Sie deutet uns leise einen Spielraum unserer wahren Kräfte an, der größer und erhabener ist als unsere zeitliche Existenz. Sie behütet uns vor abschließenden Werturteilen positiver und negativer Art über uns selbst, die uns nur fixieren und bannen, und sie breitet immer neue Teppiche und Wegweiser vor uns hin, auf denen wir uns in uns selbst ergehen, wohl uns verirren, aber schließlich uns finden können.

Das Wort ›Ehrfurcht‹ verführe uns nicht, sie für eine Mischung von Furcht und scheuer liebender Verehrung zu halten. Sie ist eine einfache elementare Gefühlsbewegung, und nur das Wort, nicht was es bezeichnet, ist zusammengesetzt. Eher möchte man sie mit der Scham verwandt nennen. In dem, was sie uns an den Dingen zur Erscheinung bringt, vernehmen wir immerfort den leisen Zuruf der Dinge, daß ›kein Auge es gesehen, kein Ohr es gehört, was Gott denen bereitet hat, die ihn lieben‹, ein Wort des Evangeliums, an dem nichts von der allzu genauen Bekanntschaft mit den Einrichtungen des Himmels steckt, die unsere Theologen zu verraten pflegen. Der Kern der Scham ist eine Offenbarung der Schönheit in der Geste ihres Sichselbstverbergens[1] ›Scham‹ ist ein schönes Verbergen des Schönen. Macht nicht auch noch die sichtbar häßliche Frau, indem sie sich schämt, unbe-

---

[1] Vgl. zu dem Gesagten mein demnächst bei M. Niemeyer, Halle, erscheinendes Buch über den ›Sinn der Scham‹.

wußt darauf aufmerksam, daß sie geheime Schönheiten
besitzen müsse, die wir nur jetzt nicht sehen? Und wird
sie nicht eben hierdurch ›schön‹? Das Häßliche ›versteckt‹ man bloß; nur das Schöne ›birgt‹ man, indem
man es schamhaft verbirgt. Die Ehrfurcht aber ist eine
Art Geist gewordene Scham. In ihr werden wir dem Un-
genügen unserer Verstandeskategorien vor der Welt und
vor unserer Seele auf eine ganz unmittelbare Weise inne
und eben damit der zu großen Enge und Partikularität
unserer Organisation für eine der Welt angemessene Erkenntnis der Welt. Aber indem wir ihrer noch inne werden,
wissen wir gleich unmittelbar uns auch der Teilnahme
an einem göttlich-geistigen Sein und Leben teilhaftig, das,
— wäre es nur freier von dieser zufälligen Enge seines
Standortes in uns — der Richtung jener feinen, noch sichtbaren Fäden hinein in die unsichtbare Tiefe der Dinge ent-
lang eilte, und uns alle uns jetzt noch verborgenen Schätze
höbe und zuführte. Auch die Scham aber ist das plötzliche
Innewerden und Sichaufdrängen der endlichen Seite unseres Wesens inmitten geistiger Aktvollzüge, in denen wir
ewige göttliche Gesetze zu verwirklichen meinen, Gesetze,
die mit der Endlichkeit und Bedürftigkeit des Ausgangs-
punktes eben dieser Akte, — auf den wir nun plötzlich
zurücksehen, — nichts zu tun haben. Erst als sie mit der
Sünde aus der seligen Vermischung mit Gott und aus einer,
je in dem Anderen verlorenen Liebe herausgetreten waren,
heißt es von Adam und Eva: ›sahen sie, daß sie nackend‹
waren. So haben Scham und Ehrfurcht ein und dieselbe
Wurzel: beide sind ein unmittelbares Innewerden der Bruch-
stellen, an denen ein Strahl des unendlichen Geistes sich
an einer engen, bedürftigen Artorganisation des Lebens

bricht und uns nur das für diese Organisation je »Wichtige«
aufleuchten läßt. Es ist darum kein Wunder, daß der wissenschaftliche Rationalismus des modernen Bürgertums
gegen Ehrfurcht und Scham die gleichen Vorwürfe erhebt:
daß diese Gefühle den »wissenschaftlichen Fortschritt«
verzögert hätten. Das Ehrfurchtsgefühl, das der antike
und zum Teil der mittelalterliche Mensch gegenüber dem
Sternenhimmel hatte als einer Versammlung »sichtbarer
Götter«, das selbst in den Theorien des vergleichsweise
nüchternen Aristoteles, z. B. in seinen Lehren, daß die
»Welt über dem Monde« aus anderen, »feineren« als den
irdischen Stoffen bestehe und eine andere Bewegungsform
hätte[1], noch nachschwingt, scheint die mathematisch-mecha-
nische Berechnung des Himmels nur gehemmt zu haben.
Und in analoger Weise hat die Ehrfurcht und Scheu vor
dem menschlichen Leichnam jahrhundertelang seine Zer-
legung und damit alle mit ihr verbundenen Fortschritte
der Anatomie aufgehalten. Erst Vesalius wagte das Messer
an ihn anzusetzen. Und hat nicht die Scham eine Unzahl
von Verschiebungen rechtzeitiger Kennbarmachung von
Krankheiten und seelischen Verwicklungen zur Folge gehabt, die, frühzeitiger erkannt, hätten geheilt und gelöst
werden können? Hat sie nicht ganz besonders die Seelen-
kunde in ihrem Fortgang gehindert? Die Wissenschaft —
meint Nietzsche — gehe den Frauen gegen die Scham;
er zitiert dabei das kleine Mädchen, das so entsetzt war,
als es hörte, Gott sei allwissend und »sähe immer alles«.
Aber so unzweifelhaft die angeführten Tatsachen der
Geschichte — und tausend ähnliche — sind, sie zeigen

---

[1] Die Bewegungsform des Kreises gegenüber der »irdischen« Bewegungsform der geraden Linie.

nur, daß Ehrfurcht und Scham im Laufe der Geschichte erst langsam und allmählich ihr ihnen immer a n g e m e s - s e n e r e s Objekt suchen, und daß ein Kreis von Dingen für die wissenschaftliche Forschung immer erst ›frei‹ zu werden pflegt, wenn eine vertiefte und vergeistigtere Ehrfurcht vor den Dingen zu einer, den unsichtbaren Quellen der sichtbaren Welt näheren Schicht ihres Daseins, bereits vorgedrungen ist. Dann wird die jenen Quellen fernere und unseren Sinnen mehr zugewandte Schicht gleichsam ›kalt‹ und steht als erforschbares, zerlegbares Objekt vor Augen. Prüft man näher die mannigfaltigen Epochen des Fortschritts, z. B. der Astronomie, so wird man an ihrer Q u e l l e stets eine neue und tiefere Ehrfurcht vor dem Unsichtbaren gewahren. Man wird z. B. finden, daß der Ablösung der Ehrfurchtsgefühle vor dem Sichtbaren des Nachthimmels eine neuere und tiefere Ehrfurcht v o r - angeschritten ist, in deren Einstellung die Idee des ›Himmels‹ eine religiöse Reinigung und Vergeistigung erfahren hatte. Es war also nicht z u v i e l , sondern zu w e n i g echte Ehrfurcht vor dem Göttlichen und der Welt, was den ›Fortschritt der Astronomie‹ gehemmt hatte. Und analog war es zu wenig Scham und Gefühl der unsichtbaren Tiefe der menschlichen Person, welche den Leichnam einbalsamieren und gleichsam willkürlich vor dem Verfall bewahren und später wenigstens seine Zerstückelung als unfromm erscheinen ließ. Die inneren Gesetze unseres Geistes bürgen dafür, daß wir hier keinerlei moralistischer Ermahnungen, sei es für, sei es gegen die Ehrfurcht, bedürfen. Sie machen, daß eben nur das zur Erforschung der Wissenschaft ›frei‹ und ›kalt‹ werden kann, was die lebendige, vordringende Bewegung des

Geistes in das Universum, in das Ich, in Gott hinein bereits als ein totes Residuum zurückgelassen hat. Nicht die lebendigen Traditionen, sondern erst die sterbenden, können z. B. von der historischen Wissenschaft aufgelöst und zerstört werden; nicht die lebendigen religiösen Urkunden, sondern nur die, welche ihre geheimnisvolle Sprache religiöser Heiligung und Erbauungskraft verloren haben und so für unsere Seele stumm geworden sind, weil Ehrfurcht und Gebet schon tiefer in Gott eindrangen als jene jetzt ›toten‹ Schriften. Die ›Wissenschaft‹ hat keine Kraft zu töten. Umgekehrt muß das bereits gestorben sein, dessen sie sich bemächtigt.

Wo die Wissenschaft ihre Gipfelpunkte erreichte, gerade da haben ihre Träger das geistige Organ für das Unsichtbare, zu dem auch die Ehrfurcht gehört, mit dem in ihnen treibenden Logos zu einer Einheit verschmolzen. Isaak Newton dünkte sich wie ein ›Kind, das am Meeresstrand mit Muscheln spielt‹, als er das Gravitationsprinzip und die Mechanik des Himmels entworfen hatte, und sah in jeder Linie seines ›absoluten Raumes‹ eine Blicklinie des alldurchdringenden ›Auges Gottes‹ (sensorium Dei). Es ist ein strenges Gesetz alles intellektuellen Fortschritts, daß die Problematik der Welt wächst mit jeder Lösung bestimmter Probleme. Jede neuentdeckte ›Beziehung‹ deutet auf neue noch unbekannte hin. In der neueren Physik wachsen die ›Constanten‹ stärker als sich andere früher als Constanten angenommene Tatsachen in Gesetzesbeziehungen auflösen. Die Natur wird immer weniger ›einfach‹ (H. Poincaré). Denken wir den Prozeß der Erkenntnis vollendet: Müßte dann nicht alles wieder pures Wunder sein? Es ist nicht die Wissenschaft der

Forscher, sondern jene der rationalistischen, systemgieri-
gen Schulmeister, welche in Gegensatz zur Ehrfurcht
gerät. Wer nicht für Schüler ›darstellt‹ und ›beweist‹,
sondern ›findet‹ und ›forscht‹, der hat jede Sekunde
·mit dem Phänomen zu kämpfen, daß seine Anschauung
die Grenzen seines Verstandes überflutet, und daß ihm
sein Gefühl schon Tatsachen und Verhältnisse verrät,
von denen er sich noch keinen ›Begriff‹ machen kann.

Was wir die ›Wissenschaft‹ nennen, verdankt historisch seinen Ursprung einer allmählichen Berührung des
staunenden, ehrfürchtigen, metaphysischen Geistes mit
dem Streben nach nutzbaren Regeln zur Herrschaft über
die Materie: eine Berührung, die sich auch in der langsamen Verschmelzung eines Standes der F r e i e n mit
einem solchen der Gewerbetreibenden darstellt. Nur
b e i d e s   z u s a m m e n   konnte das eigentümliche Produkt
›Wissenschaft‹ erzeugen. Ohne den ersten Faktor hätte
sie sich nie über eine Sammlung von empirischen Regeln
des Handwerks erhoben; ohne den zweiten wäre sie nie
zur Annahme des so fruchtbaren mechanistischen Prinzips gekommen, welches das Interesse der Erkenntnis auf
die bewegbaren und lenkbaren Punkte des Universums
beschränkt[1]. Erst in neuester Zeit scheint sie sich nur
mehr ihrer partiellen Herkunft von ›unten‹ zu erinnern
und ihre adeligen Ahnen zu vergessen.

Dann ist es Zeit, sie daran zu erinnern, daß ohne die
Ehrfurchtseinstellung auf die Dinge auch der L e b e n s -
r e i z ihres eigenen Fortschritts alsbald unterbunden würde;
und Zeit, sie zu ermahnen, daß sie nicht allzubald in die

---

[1] Für den strengen Beweis dieses Satzes verweise ich auf mein demnächst
erscheinendes Buch über ›Phänomenologie und Erkenntnistheorie‹.

Geisteslage derer vor dem Universum gelange, denen
Schopenhauer nicht ganz mit Unrecht die »verecundia«
abgesprochen hat und mit ihnen sage »Die Welt? Kunst-
stück.« —

DAS RESSENTIMENT IM AUFBAU DER MORALEN.

VORBEMERKUNG

Ein anderes ist es, den Tatbestand der inneren Wahrnehmung gedanklich in Komplexe, diese wieder in
letzte› einfache‹ Elemente zu zerlegen, Bedingungen und
Folgen der künstlich (durch Beobachtung oder Beobachtung und Experiment) variierten Komplexe zu untersuchen,
und den Erlebnis- und Sinneinheiten beschreibend und
verstehend nachzugehen, die im Lebenszusammenhang
der Menschen selbst enthalten sind und nicht erst durch
eine artificielle Art des ›Zusammenfassens‹ und des
›Trennens‹ bewirkt werden. Jenes ist der Weg der (me-
thodisch an der Naturwissenschaft orientierten) synthe-
tisch-konstruktiven und erklärenden, dieses der Weg der
analytisch-verstehenden und deskriptiven Psychologie[1].
Die psychischen Einheiten, mit denen die erste Forschungsart operiert, sind künstlich hergestellt. Es ist also
nicht notwendig, daß diese Einheiten auch von einem
Akte des Erlebens umspannt und gefaßt sind. Vielmehr
können die Teile einer solch künstlichen Einheit ganz verschiedenen Erlebnisakten angehören. So etwa gehören
die sämtlichen, gleichzeitig bestehenden Sinnesempfindun-
gen, die ich jetzt im Bewußtsein habe, grundverschiedenen Erlebniseinheiten an (z. B. der Wahrnehmung des

---

[1] Vgl. die vielfach treffenden Ausführungen von K. Jaspers in seinem Buche
»Einleitung in die Psychopathologie«, 1913, über den Unterschied von Kau-
sal- und Verständniszusammenhängen des Seelenlebens.

Schreibpapiers, dem Sitzen auf meinem Stuhle, dem Erlebnis, daß ich in diesem Zimmer bin, dem Erlebnis meines Schreibens usw.). Gleichwohl kann ich sie beliebig zu Komplexen zusammenfassen oder solche Komplexe in Teile analysieren. Auch kann sich vieles hier genetisch bedingen, wovon ich nichts erlebe und was erst durch Kausalbetrachtungen mit künstlich variierten Anfangs- und Endgliedern vergleichend festgestellt wird; z. B. ist meine Haltung im Gleichgewicht und die sie begleitenden Empfindungen von normalen Empfindungen im Ohre bedingt, die dem dort befindlichen Gleichgewichtssinn des Statolytenapparats entsprechen. Analog ist auch nicht in eine Erlebniseinheit aufgenommen, was an Empfindungen und Reproduktionen solcher, z. B. in die Wahrnehmung eines vor mir liegenden Buches, eingeht. Die faktische Anwesenheit dieser Elemente schließt nicht aus, daß sie gleichwohl im Einheitserlebnis dieser Wahrnehmung nicht erlebt sind. Andererseits können die denkbar komplexesten und zusammengesetztesten psychischen Tatsachen (im Sinne jener ersten Forschungsart) gleichwohl insofern phänomenal ein fach sein, als sie in einem Akte des Erlebens gegenwärtig sind. Sie sind dann »phänomenologisch einfach«. Eine Freundschaft, die ich erlebte, eine Liebe, eine Beleidigung, eine Gesamthaltung in einer Phase meiner Kindheit gegen meine Umgebung, enthält die zusammengewürfeltsten Teilinhalte vom Standort der ersten Betrachtungsart aus gesehen (Empfindungen, Vorstellungen, Schlüsse, Urteile, Liebes- und Haßakte, Gefühle, Stimmungen usw.); diese verteilen sich außerdem auf ganz verschiedene Stellen der objektiven Zeit, und sind durch Erlebniseinheiten ganz anderer Art und Einheit unterbrochen; dazu durch Schlaf und Wachen, Krankheit usw. Gleichwohl bilden sie phänomenale Einheiten von Erlebtheiten und sind als solche auch in mir als wirksam (nicht objektiv kausal) erlebt, mein Tun und Handeln mitbestimmend. Gewiß kann ich jede der genannten Erlebniseinheiten wieder selbst in Untereinheiten des Erlebens zerlegen, z. B. in diesen oder jenen »Vorfall«, in diese oder jene »Situation« innerhalb jener »Freundschaft«, in diesen bestimmten Blick und jenes Lächeln des Freundes usw. Immer aber müssen diese Teileinheiten wieder Einheiten des Erlebens d. h. solche sein, die durch einen Akt des Erlebens ihre Einheit und ihren Sinn empfangen, nicht aber durch eine künstliche Scheidung und Verbindung. Sie bleiben auch dann erlebte Teileinheiten, werden aber nicht gedachte Einheitsteile von Erlebnissen. Niemals können die Einheiten und Komplexe, zu denen beide Richtungen der Forschung gelangen, sich decken, oder ihre Ergebnisse ineinander übergehen. Ihr letztes philosophisches Verhältnis steht hier nicht zur Sprache.

Als eine solche Erlebnis- und Wirkungseinheit sei im folgenden das Ressentiment einer Untersuchung unterzogen.

Wir gebrauchen das Wort »Ressentiment« nicht etwa aus einer besonderen Vorliebe heraus für die französische Sprache, sondern darum, weil es uns nicht gelang, es ins Deutsche zu übersetzen. Dazu ist es durch Nietzsche zu einem Terminus technicus geprägt worden. In der natürlichen französischen Wortbedeutung finde ich zwei Elemente: Einmal dies, daß es sich im Ressentiment um das wiederholte Durch- und Nachleben einer bestimmten emotionalen Antwortsreaktion gegen einen Anderen handelt,

seiner sublimen Rachsucht erreicht?‹ (Genealogie der Moral, 1. Abhandl., 8. Abschnitt.)

›Der Sklavenaufstand in der Moral beginnt damit, daß das Ressentiment selbst schöpferisch wird und Werte gebiert: Das Ressentiment solcher Wesen, denen die eigentliche Reaktion, die der Tat, versagt ist, die sich nur durch eine imaginäre Rache schadlos halten. Während alle vornehme Moral aus einem triumphierenden Ja-sagen zu sich selber herauswächst, sagt die Sklaven-Moral von vornherein Nein zu einem ›Außerhalb‹, zu einem ›Anders‹, zu einem ›Nicht-selbst‹: und dies Nein ist ihre schöpferische Tat. Diese Umkehrung des wertesetzenden Blicks — diese notwendige Richtung von außen statt zurück auf sich selber — gehört eben zum Ressentiment: die Sklaven-Moral bedarf, um zu entstehen, immer zuerst einer Gegen- und Außenwelt, sie bedarf, physiologisch gesprochen, äußerer Reize, um überhaupt zu agieren, — ihre Aktion ist von Grund aus Reaktion.‹ (1. Abhandl., 10. Abschnitt.)

— ›Ich sehe nichts, ich höre um so mehr. Es ist ein vorsichtiges tückisches leises Munkeln und Zusammenflüstern aus allen Ecken und Winkeln. Es scheint mir, daß man lügt; eine zuckrige Milde klebt an jedem Klange. Die Schwäche soll zum Verdienste umgelogen werden, es ist kein Zweifel — es steht damit so, wie Sie es sagten‹ —

— Weiter!

— ›und die Ohnmacht, die nicht vergilt, zur ›Güte‹; die ängstliche Niedrigkeit zur ›Demut‹; die Unterwerfung vor denen, die man haßt, zum ›Gehorsam‹ (nämlich gegen einen, von dem sie sagen, er befehle diese Unterwerfung, — sie nennen ihn Gott). Das Unoffensive des Schwachen, die Feigheit selbst, an der er reich ist, sein An-der-Tür-stehen, sein unvermeidliches Warten-müssen kommt hier zu guten Namen, als ›Geduld‹, es heißt wohl auch die Tugend; das Sich-nicht-rächen-kön-nen heißt Sich-nicht-rächen-wollen, vielleicht selbst Ver-zeihung (›denn sie wissen nicht, was sie tun — wir allein wissen es was sie tun!‹). Auch redet man von der ›Liebe zu seinen Feinden‹, — und schwitzt dabei.‹ (1. Abhandl., 14. Abschnitt.)

Das etwa sind die wichtigsten Stellen, in denen Fried-rich Nietzsche seine merkwürdige These entwickelt. Lassen wir den Bezug des Ressentiment zu den christ-lichen Werten zunächst dahingestellt, um in die Erleb-niseinheit tiefer einzudringen, die mit dem Worte be-zeichnet wird.

Setzen wir nun aber an Stelle einer Wort-Definition eine kurze Sach-Charakterisierung oder Beschreibung. Ressentiment ist eine seelische Selbstvergiftung mit ganz bestimmten Ursachen und Folgen. Sie ist eine dau-ernde psychische Einstellung, die durch systematisch ge-übte Zurückdrängung von Entladungen gewisser Ge-mütsbewegungen und Affekten entsteht, die an sich nor-mal sind und zum Grundbestande der menschlichen Natur gehören, und die gewisse dauernde Einstellungen auf be-stimmte Arten von Werttäuschungen und diesen entspre-chenden Werturteilen zur Folge hat. Die hier an erster Stelle in Betracht kommenden Gemütsbewegungen und Affekte sind: Rachegefühl und -impuls, Haß, Bosheit, Neid, Scheelsucht, Hämischkeit.

Der wichtigste Ausgangspunkt der Ressentimentbildung ist der Racheimpuls. Schon das Wort ›Ressentiment‹ weist,

4*

wie gesagt, darauf hin, daß es sich bei den hier genannten Gemütsbewegungen um solche handelt, die sich erst auf das vorherige Erfassen f r e m d e r Gemütszustände aufbauen, d. h. um Antwortsreaktionen. Ein solcher reaktiver Impuls ist aber auch der Racheimpuls im Unterschiede von aktiven und aggressiven Impulsen, sei es freundlicher oder feindlicher Richtung. Jedem Racheimpuls muß ein Angriff oder eine Verletzung vorhergegangen sein. Hier ist nun wichtig, daß der Racheimpuls durchaus nicht zusammenfällt mit dem Impuls zum Gegenschlag oder zur Verteidigung, auch wenn diese Reaktion von Zorn, Wut oder Entrüstung begleitet ist. Beißt z. B. ein angegriffenes Tier seinen Angreifer, so kann dies nicht Rache genannt werden. Auch der unmittelbare Gegenschlag auf eine Ohrfeige ist nicht Rache. Vielmehr sind z w e i wesentliche Merkmale für den Tatbestand der Rache wesentlich: eine- mindestens momentane oder eine bestimmte Zeit während Hemmung und Zurückhaltung des sich unmittelbar einstellenden Gegenimpulses (und auch der mit ihm verbundenen Zorn- und Wutregungen), und damit verbunden eine Verschiebung dieser Gegenreaktion auf eine andere Zeit und eine geeignetere Situation (»wart' nur, das nächstemal«); diese Hemmung aber verursacht durch eine vorblickende Überlegung, daß man bei unmittelbarer Gegenreaktion unterliegen werde, und ein mit dieser Überlegung verbundenes ausgeprägtes Gefühl des »Nichtkönnens«, der »Ohnmacht«. Schon die Rache an sich ist also ein Erlebnis, das sich auf ein Ohnmachtserlebnis aufbaut, immer also zunächst Sache der in irgendeinem Punkte »Schwachen«. Sodann liegt es im Wesen der Rache, daß sie stets das Bewußtsein des »Dies für

Das« enthält, niemals also bloß eine affektbegleitete Gegenreaktion darstellt. Vermöge dieser zwei Merkmale ist der Racheimpuls der geeignetste Ausgangspunkt der Ressentimentbildung[1]. Unsere Sprache differenziert fein. Vom Rachegefühl über Groll, Neid und Scheelsucht bis zur Hämischkeit läuft sozusagen ein Fortschritt des Gefühls und Impulses bis in die Nähe des eigentlichen Ressentiment. Bei Rache und Neid sind meist noch bestimmte Objekte für diese Modi feindseliger Negation vorhanden. Sie bedürfen bestimmter Anlässe, um zu erscheinen und sind in ihrer Richtung an bestimmte Objekte gebunden, so daß sie mit der Aufhebung dieser Anlässe verschwinden. Die gelungene Rache hebt das Rachegefühl auf, desgleichen die Bestrafung dessen, auf den der Racheimpuls zielt, z. B. auch Selbstbestrafung, ebenso die echte Verzeihung; auch der Neid schwindet, wenn das Gut, um

---

[1] Wenn Steinmetz in seinen interessanten Studien über die Genealogie des Rachegefühls als Vorstufe einer »gerichteten Rache« eine »ungerichtete Rache« annimmt und dafür anführt, daß auf primitivsten Stadien der Völkerentwicklung auch Tiere (z. B. das nächstkommende Pferd) oder Bäume oder leblose Gegenstände nach einer erlebten Verletzung vernichtet werden, so verkennt er das Wesen der Rache-Intention, die im Unterschiede von bloß zuständlichen Affekten wie Zorn, Ärger, Wut usw. stets g e r i c h t e t ist. Auch auf zivilisierter Stufe gibt es Wutausbrüche: wenn z. B. jemand nach einem Ärger »Alles krumm und klein schlägt«. Mit Rache haben sie nichts zu tun. Handelte es sich aber in jenen Fällen um Rache, so können noch verschiedene Möglichkeiten vorliegen. Der vernichtete Gegenstand kann zu dem Richtungsgegenstand der Rache entweder in der Funktion eines wirklichen oder vermeinten »Gehörens« stehen (z. B. Eigentum oder Besitz), oder in einer symbolischen Funktion, die keine dauernde zu sein braucht, also auch eine momentane sein kann (»dies stelle mir jetzt Jenen vor«). Hierher gehört also nicht nur Vernichtung von Bildern, Durchstechen von Photographien, sondern unter Umständen auch das Zerknüllen eines Papiers oder des Taschentuchs. Endlich kann die Rache insofern »objektlos« werden, als sie kein b e s t i m m t e s Objekt, sondern die ganze Umgebung, wo die Verletzung geschehen, einen Landstrich, eine Stadt usw. ja

das ich jemanden beneide, mein eigen wird. Scheelsucht dagegen ist schon eine Einstellung, die nicht im selben Sinne an bestimmte Objekte gebunden bist; sie entsteht nicht bei bestimmten Anlässen, um mit diesen wieder zu verschwinden. Vielmehr werden diejenigen Objekte und die Wertmomente an Dingen und Menschen aufgesucht, an denen sich der Neid befriedigen kann. Ihr Herabziehen und Vom-Sockel-Reißen, die Steigerung, welche negative Wertmomente an Dingen und Menschen für die Aufmerksamkeit gerade dadurch finden, daß sie mit starken positiven Wertmomenten in Gemeinschaft an ein und derselben Sache auftreten; ihr Verweilen in diesen negativen Momenten, begleitet von einem scharfen Wohlgefühl daran, daß diese vorhanden sind, werden hier zu einer festen Ablaufsform von Erlebnissen, in der die allerverschiedensten Materien Platz zu finden vermögen. In dieser

---

die ganze Welt als die »Andersheit« überhaupt umfaßt. Ein solcher Fall lag z. B. erst kürzlich im Massenmord des Lehrers Wagner vor. Aber auch hier ist die Rache »gerichtet«. In allen Fällen der gentilen, Stammes- und Familienrache (Blutrache) liegt keine sekundäre Übertragung des Richtungsobjekts auf den Stammes- usw. -angehörigen des Verletzten (etwa durch Vorfühlen des Schmerzes des Verletzers durch sein Mitgefühl mit seinen als Racheobjekt fungierenden Angehörigen) vor, wie man konstruierte, sondern nur Auffassung der Familie, des Stammes usw. als der Täter selbst, zu dem sich das Mitglied nur als Organ verhält (so wie wenn ich dem einen Fuß abhacke, der mir die Hand abhackte. —) Übrigens scheint der letzte Kern des Rachegefühls nicht an die Verletzung oder Eigenwertminderung durch ein anderes Individuum gebunden zu sein, sondern auch durch eine Eigenwertminderung (oder sympathisch mitgefühlte Fremdwertminderung) durch uns selbst hervorgerufen werden zu können. So in Fällen, wo man sagt: »Ich könnte mich durchprügeln, mir das Haar ausraufen usw.« Mit dem Reueakt und Sühn- und Bußbedürfnis haben diese Erscheinungen noch nichts zu tun. Jene sind nicht vitale Impulse, sondern geistige Akte und zielen nur auf das Gebiet sittlicher Werte. Vgl. Steinmetz »Ethnologische Studien zur ersten Entwicklung der Strafe«, 1894. Vgl. ferner meine Abhandlung: Vom Wege der Reue in »Vom Ewigen im Menschen«, 1. Bd., Leipzig 1918.

Form oder Struktur bildet sich nun schon im Scheel-
süchtigen die einzelne konkrete Lebenserfahrung. Die
Struktur wählt sie erst aus der nur möglichen Lebenserfahrung zur wirklichen aus. Es ist also nicht mehr eine
bloße Wirkung einer solchen Erfahrung, daß sich der
Neid einstellt; und die Erfahrung bildet sich, ganz gleichgültig, ob ihr Gegenstand eine direkte oder indirekte Beziehung auch auf nur möglichen Schaden und Nutzen,
Förderung oder Hemmung des betreffenden Individuums
hat. In der »Hämischkeit« ist der detraktive Impuls tiefer
und noch innerlicher geworden und liegt gleichsam stets
bereit, loszuspringen und sich in einer ungezügelten Geste,
einer Art zu lächeln usw. zu verraten. Ein analoger Weg
geht von der einfachen »Schadenfreude« zur »Bosheit«,
die immer neue Gelegenheiten zur Schadenfreude zu bewirken sucht und sich von bestimmten Objekten schon
abgelöster zeigt wie die Schadenfreude. Indes dies alles
ist nicht Ressentiment. Es sind nur Stadien im Werden
seiner Ausgangspunkte. Rachegefühl, Neid, Scheelsucht,
Hämischkeit, Schadenfreude und Bosheit treten erst da
in die Ressentimentbildung ein, wo weder eine sittliche
Überwindung (bei der Rache z. B. echtes Verzeihen)
noch ein Handeln, respektive ein adäquater Ausdruck der
Gemütsbewegung in Ausdrucksäußerungen z. B. Schimp-
fen, Schütteln der Faust usw. erfolgt; und wo es darum
nicht erfolgt, weil ein noch ausgeprägteres Bewußtsein
der Ohnmacht ein solches Handeln oder einen solchen
Ausdruck hemmt. Der Racheerfüllte, der durch das Gefühl in Aktion versetzt wird und sich rächt; der Hasser,
der dem Gegner Schaden zufügt oder ihm wenigstens
»seine Meinung« sagt, oder sich auch nur bei anderen

über ihn ausschimpft; der Neidische, der das Gut, das er
im Neide im Auge hat, zu erwerben sucht durch Arbeit,
Tausch, Verbrechen und Gewalt, verfallen nicht in Ressentiment. Nur dort liegt eine Bedingung für seine Entstehung, wo eine besondere Heftigkeit dieser Affekte mit
dem Gefühl der Ohnmacht sie in Tätigkeit umzusetzen
Hand in Hand geht, und sie darum ›verbissen‹ werden
— sei es aus Schwäche leiblicher und geistiger Art, sei
es aus Furcht und Angst vor jenen, auf welche die Affekte
bezogen sind. Das Ressentiment ist also seinem Boden
nach vor allem auf die jeweilig Dienenden, Beherrschten, auf die vergeblich gegen den Stachel einer Autorität
Anlöckenden beschränkt. Wo es sich bei anderen zeigt,
da ist entweder eine Übertragung durch psychische Ansteckung gegeben, — deren das ungemein kontagiöse
seelische Gift des Ressentiment besonders leicht fähig ist
— oder es ist ein in diesem Menschen selbst gewaltsam
unterdrückter Trieb, von dem die Ressentimentbildung
ihren Ausgang nimmt, und der nun in dieser Form einer
›Verbitterung‹ und ›Vergiftung‹ der Persönlichkeit
revoltiert. Darf sich ein schlecht behandelter Diener in
dem ›Vorgemach ausschimpfen‹, so verfällt er nicht
in jene innere ›Giftigkeit‹, die zum Ressentiment gehört; wohl aber, wenn er noch immer ›gute Miene
zum bösen Spiel‹ (wie die Wendung so plastisch sagt)
machen soll, und die ablehnenden, feindseligen Affekte
in sich eingräbt.

Doch verfolgen wir die verschiedenen Ausgangspunkte
der Ressentimentbildung etwas genauer.

Racheimpulse führen zur Ressentimentbildung um so
mehr, je mehr das Rachegefühl eigentliche Rachsucht

wird, je mehr sich die Richtung des Racheimpulses auf unbestimmte Objektenkreise verschiebt, die nur ein gewisses Merkmal gemeinsam haben müssen, je weniger zugleich sie sich durch Vollzug der Rache an einem bestimmten Objekt befriedigt. Dauernd unbefriedigtes Rachegefühl kann zumal da, wo das überhaupt mit dem Rachegefühl schon von Natur aus verbundene Bewußtsein des »Rechtseins« (das z. B. dem Wut- oder Zornausbruch fehlt) sich zur Idee einer »Pflicht« steigert, geradezu zum inneren Hinwelken und zum Tode führen[1]. Ist Rachsucht eingetreten, so werden Vorfälle, die Anlaß zu einem inneren Racheakt geben können, auch geradezu (ohne bewußten Willensakt) triebartig aufgesucht oder durch Täuschungstendenz in alle möglichen Handlungen und Äußerungen anderer, die gar nicht verletzend gemeint waren, Intentionen der Verletzung fälschlich hineingetragen. Eine besonders große »Verletzlichkeit« ist häufig auch bereits das Symtom eines rachsüchtigen Charakters. Die vorhandene Rachsucht sucht sich dann Gelegenheiten ihres Ausbruches. Man greift faktisch an, wo man sich nur zu rächen meint. Rachsucht aber führt zur Ressentimentbildung um so mehr, je mehr die Ausübung der Rache, welche eine Wiederherstellung des verletzten Selbstwertgefühls oder der verletzten »Ehre« oder »Genugtuung« über erlittene Schädigung hervorruft, zurückgedrängt. wird und in noch stärkerem Maße, als auch der innerseelische Fantasieausdruck zurückgedrängt, ja schließlich die Racheregung selbst verdrängt wird. Dann erst knüpft sich an diesen Zustand die Tendenz zur Wert-

---

[1] J. M. Guyau führt in seinem Buche »Esquisse d'une Morale sans Obligation et Sanction« solche Beispiele an.

detraktation des Anderen, durch die auf illusionärem Weg die Spannung aufgelöst wird.

Bedingungen solcher Art sind aber um so mehr erfüllt, als folgende Faktoren hinzutreten:

Es gehört zum Wesen des Rachegefühls, daß es — selbst schon auf Zurückstellung des ersten Gegenimpulses aus Ohnmacht beruhend — die Tendenz auf immer weitergehende Zurückstellung und Verdrängung besitzt. Dies drückt auch das Sprichwort mit aus, daß »Rache am besten kalt genossen wird«. Es ist — ceteris paribus — daher stets die Haltung des schwächeren Teiles. Ebenso wesentlich aber gehört es zu ihm, daß eine gewisse Gleichstellung des Verletzten mit dem Verletzer statt-findet[1]. Der Sklave, der eine Sklavennatur ist oder sich selbst als Sklave fühlt und weiß, empfindet keine Rache, wenn er vom Herrn verletzt wird; auch der servile Dienst-bote nicht, wenn er gescholten wird: das Kind nicht, wenn es eine Ohrfeige bekommt. Umgekehrt sind große innere, verhaltene Ansprüche, großer Stolz bei nicht angemesse-ner äußerer sozialer Stellung für die Erweckung des Rachegefühls besonders günstig. Soziologisch folgt hier-aus der wichtige Satz, daß sich um so größere Mengen dieses seelischen Dynamites bilden werden, je größer die

---

[1] Die ungeheure Explosion von Ressentiment in der französischen Revolu-tion gegen den Adel und alles, was mit ihm an Lebensstil zusammenhing, wäre, wie schon die Bildung dieser Ressentimentbildung überhaupt, völlig undenkbar gewesen, wenn nicht dieser Adel selbst (nach W. Sombarts Be-rechnungen, siehe Luxus und Kapitalismus, S. 10—24), zu mehr als $4/5$ sei-nes nominellen Bestandes mit bürgerlicher Roture, die sich mit dem Kaufe der adeligen Güter auch der Titel und Namen ihrer Besitzer bemächtigte, durchsetzt und durch Geldheiraten blutsmäßig zersetzt gewesen wäre. Erst das neue Gleichgefühl der Empörer gegen die herrschende Schicht gab auch diesem Ressentiment erst seine Schärfe.

Differenz ist zwischen der politisch-verfassungsmäßigen oder der ›Sitte‹ entsprechenden Rechtsstellung und öffentlichen Geltung der Gruppen und ihren faktischen Machtverhältnissen. Nicht auf einen dieser Faktoren allein, sondern auf die Differenz beider kommt es an. In einer nicht nur politischen, sondern auch sozialen, auf Besitzgleichheit hin tendierenden Demokratie wäre zum mindesten das soziale Ressentiment gering. Es wäre aber auch gering — und war gering — z. B. in einer Kastenordnung der Gesellschaft, wie sie in Indien bestand oder in einer scharf artikulierten Standesordnung. Die äußerste Ladung von Ressentiment muß demnach eine solche Gesellschaft besitzen, in der, wie in der unsrigen, ungefähr gleiche politische und sonstige Rechte resp. öffentlich anerkannte, formale soziale Gleichberechtigung mit sehr großen Differenzen der faktischen Macht, des faktischen Besitzes und der faktischen Bildung, Hand in Hand gehen. In der jeder das ›Recht‹ hat, sich mit jedem zu vergleichen und sich doch ›faktisch nicht vergleichen kann‹. Hier ist — ganz abgesehen von den Individualcharakteren und -erlebnissen — schon durch die Struktur der Sozietät eine mächtige Ladung mit Ressentiment der Gesellschaft gewiß. Zu diesem Faktor tritt der andere, daß Rachegefühl um so mehr in Ressentiment übergeht, je mehr das Rachegefühl auf dauernde, kontinuierlich als ›verletzend‹ empfundene und der Willensmacht des Verletzten entzogene Zustände übergeht; je mehr die Verletzung als Schicksal empfunden wird. Am stärksten ist dies da der Fall, wo ein Einzelner oder eine Gruppe schon ihr Dasein und Sosein als etwas gleichsam zu Rächendes empfinden. Solches ist für Individuen der Fall bei allen, bes. den leicht äußerlich sichtbaren, Defekten der Körperbeschaffenheit und Naturanlage. Das Krüppelressentiment ist bekannt; desgleichen das der unternormalen Einfältigkeit und Dummheit. Das — wie Nietzsche mit Recht hervorhebt — ungeheure jüdische Ressentiment ist doppelt genährt durch das Zusammenwirken des ungeheuren Nationalstolzes dieses Volkes (»auserwähltes Volk«) mit einer Jahrhunderte als Schicksal empfundenen Verachtung und Zurücksetzung; neuerdings noch im besonderen Maße durch das Zusammenwirken formaler verfassungsmäßiger Gleichberechtigung mit faktischer Zurücksetzung. Der bis ins äußerste gesteigerte Erwerbstrieb dieses Volkes ist neben Anlagefaktoren und anderen Ursachen auch zweifellos eine Folge der konstitutionell gewordenen Störung des jüdischen Selbstgefühls; er ist die Überkompensation für die fehlende, dem nationalen Eigenwertgefühl entsprechende soziale Anerkennung. Die Empfindung, daß schon die eigene Gruppenexistenz und ihre schicksalsmäßige Beschaffenheit etwas sei, das »nach Rache schreit«, ist auch in der Entwicklung der Bewegung des vierten Standes ein gewaltiger Motor für dessen Lebensäußerungen geworden. Je schicksalsmäßiger ein dauernder sozialer Druck empfunden wird, desto weniger wird und kann er Kräfte zur praktischen Änderung dieser Zustände entbinden; desto mehr macht er sich in einer positiver Ziele baren Kritik alles Bestehenden Luft. Die besondere Art von »Kritik«, die man als »Ressentimentkritik« bezeichnen kann, besteht hierbei darin, daß jede Abhilfe der als mißlich empfundenen Zustände nicht Befriedigung auslöst — wie es bei jeder Kritik mit positiven Zielen der Fall ist — sondern im Gegenteil Mißbefriedigung hervorruft, da sie das wachsende Lustgefühl, das im puren Schelten und der Negation liegt, unterbindet. Für mehr als eine unserer heutigen politischen Parteien gilt der Satz, daß man sie und ihre Vertreter durch nichts mehr ärgern kann, als daß man entweder einen Teil ihrer Programmforderungen verwirklicht, oder daß man ihnen das Hochgefühl der ›grundsätzlichen Opposition‹ dadurch vergällt, daß man einige ihrer Vertreter zur positiven Mitarbeit im Staatsleben heranzieht. Die ›Ressentimentkritik‹ hat eben das besondere, daß sie gar nicht ernstlich ›will‹, was sie zu wollen vorgibt; sie kritisiert nicht zur Abhülfe des Übels, sondern benutzt dies als Vorwand, sich überhaupt auszulassen. Wer kennt nicht bekannte Abgeordnete unserer Parlamente, deren Kritik eben darum so unbedingt und maßlos ist, da sie mit nichts sicherer rechnen, als damit, nie Minister zu werden? Erst wo diese Scheu vor der Macht — im Gegensatz zum Willen zur Macht — konstitutionell wird, ist Ressentiment der Motor der Kritik. Umgekehrt ist es eine alte Erfahrung, daß der politischen Kritik einer Partei sofort der Giftzahn dadurch ausgebrochen wird, indem sie zu positiver Mitarbeit im Staate herangezogen wird[1].

Einen zweiten Ausgangspunkt der Ressentimentbildung bilden Neid, Eifersucht und Konkurrenzstreben. ›Neid‹ im gewöhnlichen Wortsinne entspringt aus dem

---

[1] Unser gegenwärtiger Halbparlamentarismus im Deutschen Reiche wirkt zwar als Entladungsform aufgestapelten Ressentiments günstig auf die innere Gesundheit des Volkes, zieht aber in dem Maße, als das Parlament von der regierenden Tätigkeit oder doch von der Funktion, eine Selektionsform für die besten politischen Köpfe und stärksten Willen der Nation darzustellen, ausgeschaltet ist, nur jene Ressentimenttypen an, die es auf sich nehmen, daß ihre Mißtrauensvota die Stellung der Minister eher befestigen als erschüttern.

Ohnmachtsgefühl, das sich dem Streben nach einem Gute dadurch entgegenstellt, daß ein Anderer es besitzt. Die Spannung zwischen diesem Streben und dieser Ohnmacht führt aber zum Neide erst da, wo sie sich in einem Haßakte oder in einer gehässigen Haltung gegen den Besitzer dieses Gutes entlädt; wo also vermöge einer Täuschung der Andre und sein Besitz als die Ursache unseres (leidvollen) Nichtbesitzes des Gutes erlebt wird. Durch diese Täuschung, die uns als positive Wirksamkeit »gegen« unser Streben vorspiegelt[1], was faktisch nur unsere Ohnmacht ist, uns in den Besitz des Gutes zu setzen, findet die Eingangsssspannung eine gewisse Verminderung. Ohne das besondere Erlebnis dieser Ohnmacht kann es zu echtem Neide so wenig kommen als ohne diese Kausaltäuschung. Bloße Unlust daran, daß ein Anderer das Gut besitzt, das ich erstrebe, ist nicht »Neid«; sie ist ebenso Motiv, das Gut oder ein gleiches Gut auf irgendeine Art zu erwerben, z. B. durch Arbeit, Kauf, Gewalt, Raub. Erst wo der Versuch, sich diese Arten des Erwerbens vorzunehmen, mißlingt und das Ohnmachtsbewußtsein einsetzt, entspringt der Neid. Darum ist es ein völliger Irrtum, wenn man unter anderen seelischen Agentien (Habsucht, Herrschsucht, Eitelkeit) auch den Neid als Triebkraft der Entwicklung der Zivilisation hingestellt hat. Der Neid spannt nicht, sondern entspannt den Willen zum Erwerb. Wieder aber führt der Neid erst da und um so mehr da

---

[1] Im Neiderlebnis ist uns daher der bloße Besitz des erstrebten Gutes durch den Anderen geradezu als ein »Wegnehmen« dieses Gutes durch den Anderen gegeben; dies ist die Folge davon, daß wir im geistigen Blick auf das Gut es uns zunächst (illusionär) aneignen, so daß der dann plötzlich entdeckte Besitz des Anderen uns als eine, uns das Gut entziehende »Kraft«, als ein »Wegnehmen« erscheint.

zur Ressentimentbildung, als es sich um, ihrer Natur nach unerwerbbare Werte und Güter handelt und als diese gleichwohl in der Vergleichssphäre gelegen sind, in der wir uns im Vergleich mit Anderen bewegen. Der ohnmächtigste Neid ist zugleich der furchtbarste Neid. Der Neid, der die stärkste Ressentimentbildung auslöst, ist daher derjenige Neid, der sich auf das individuelle Wesen und Sein einer fremden Person richtet, der Existenzialneid. Dieser Neid flüstert gleichsam fortwährend: »Alles kann ich Dir verzeihen; nur nicht, daß Du bist und das Wesen bist, das Du bist; nur nicht, daß nicht ich bin, was Du bist; ja daß »ich« nicht »Du« bin.« Dieser »Neid« entmächtigt die fremde Person von Hause aus schon ihrer bloßen Existenz, die als solche als »Druck«, »Vorwurf«, furchtbares Maß der eigenen Person empfunden wird. Es gibt in dem Leben großer Menschen stets kritische Zeiten, wo Liebesintention und Neid gegen Andere, die sie ob großer Vorzüge schätzen müssen, sie noch in labiler Weise abwechselnd durchfluten und erst langsam das eine oder das andere sich langsam fixiert. Solche hat Goethe im Auge, wenn er sagt: »Gegen große Vorzüge gibt es nur eine Rettung, das ist die Liebe.« In dem Verhältnis von Antonio zu Tasso deutet er im dritten Aufzug des zweiten Aktes solchen labilen Zustand an. Zwischen Marius und Sulla, Caesar und Brutus, spielt eine analoge Dynamik. Von diesen immerhin seltenen Fällen von Existenzialneid abgesehen, sind es wieder vor allem angeborene mehr oder weniger verbreitete Natur- und Charakteranlagen von Individuen und Gruppen, die den Ressentimentneid auszulösen pflegen: Neid auf Schönheit, Rassenhöhe, vererbbare Charakterwerte also in höherem Maße als Neid auf Besitz, Stand, Namen, Ehren. Erst an diese Neidarten knüpft sich die Erscheinung der illusionären Entwertung der ursprünglich den Neid erregenden positiven Werte, über die nachher zu reden sein wird.

In all diesen Fällen ist aber der Ursprung des Ressentiments an eine besondere Art der Einstellung auf das Wertvergleichen von sich selbst mit Anderen gebunden, die einer gesonderten, kurzen Untersuchung bedarf. Vergleiche unseres Selbstwertes überhaupt, oder irgendeiner unserer Eigenschaften mit den Werten, die anderen zukommen, vollziehen wir fortwährend; und jeder vollzieht sie, der Vornehme und Gemeine, der Gute und Böse. Wer sich z. B. ein Vorbild wählt, einen »Helden«, ist an solchen Wertvergleich irgendwie gebunden. Alle Eifersucht, aller Ehrgeiz, aber auch eine Haltung wie z. B. die »Nachfolge Christi« ist mit solchen Vergleichen durch-- setzt. Wir können G. Simmel nicht zustimmen, wenn er den »Vornehmen« dadurch definieren will, daß er sich und seinen Wert mit anderen nicht vergleiche, daß er »jeden Vergleich ablehne«. Wer jeden Vergleich ablehnt, ist nicht vornehm, sondern eines der Goethischen »Originale«, ein »Narr auf eigene Hand«, — wenn nicht ein Snob. Aber gewiß hat Simmel etwas Richtiges im Auge. Jedes »Vergleichsbewußtsein« kann sich auf verschiedene Weisen realisieren. Zwei dieser Weisen bestehen darin, daß entweder die Relationsglieder schon vor und und unabhängig vom Vergleichsprozesse oder der aufspringenden Relation z. B. »ähnlich«, »gleich« usw. (wo keine Vergleichstätigkeit vorhergeht) in besonderen Akten der Perzeption erfaßt sind, oder umgekehrt erst so zur Gegebenheit kommen, daß sie sich als Erfüllungen der noch unbestimmten Fundamente schon vorher erfaßter eingliedriger oder purer Relationsphänomene einstellen. Es sind festgestellte phänomenale Tatsachen, daß uns Relationen zweier Beziehungsglieder (z. B. Farben, Töne, Gesichter usw.) schon bei Gegebenheit des einen der Glieder mitgegeben sein können, z. B. eine bestimmte qualifizierte Ähnlichkeit eines Gesichtes zu einem anderen, das wir noch nicht vorstellen, sondern nachträglich erst in der Erinnerung suchen. Das Relationsbewußtsein sowohl einfacher als komplexer Inhalte wirkt hier determinierend für das bewußte Auftreten des anderen Inhaltes. Ja, selbst pure Relationserlebnisse, die erst sekundär die Fundamente auswählen, die uns eben dadurch zum Bewußtsein kommen, so daß die betreffenden Gehalte an die noch unbestimmten Stellen der uns bereits gegebenen, und qualifiziert gegebenen Relation treten, lassen sich phänomenal nachweisen. Dieser Unterschied ist hier von Wichtigkeit. Was Simmel die Haltung der ›Vornehmheit‹ nennt, besteht darin, daß niemals ein wertvergleichendes ›Messen‹ meines Wertes und des Wertes, der einem Anderen zukommt, zur fundierenden Bedingung für das Erfassen des eigenen und fremden Wertes wird, und daß dieses Messen niemals die Werte ihrem Gehalt nach beschränkt und seligiert, die an mir und den Anderen zur Erfassung gelangen. Der ›Vornehme‹ hat ein ganz naives, unreflektiertes, jeden bewußten Augenblick seiner Existenz kontinuirlich erfüllendes, dunkles Bewußtsein seines Selbstwertes und seiner Seinsfülle; gleichsam seiner selbständigen Eingewurzeltheit im Universum. Dieses Bewußtsein ist nichts weniger als ›Stolz‹, — ein Verhalten, das gerade aus der erlebten Minderung dieses ›naiven‹

Selbstwertbewußtseins resultiert, und ein hierauf sich einstellendes besonderes künstliches ›Festhalten‹ des Selbstwertes, ein Akt seiner reflektierten Erfassung und ›Bewahrung‹ ist[1]. Eben dieses naive, ihn wie der Tonus die Muskeln begleitende Selbstwertgefühl ist es, das den Vornehmen die positiven Werte anderer ruhig in sich aufnehmen läßt, in der ganzen Fülle ihres Gehaltes und ihrer Konfiguration; und die ihn dem Anderen eben diese Werte frei und large ›gönnen‹ läßt. Daß das Universum auch noch diese positiven Werte m e h r enthält, erfüllt den ›Vornehmen‹ mit F r e u d e und macht ihm die Welt liebenswerter als sie vorher war. Nicht aus besonderen, auf die Werte seiner einzelnen Eigenschaften, Fähigkeiten, Anlagen gehenden Wertgefühle setzt sich dieses naive Selbstwertgefühl der Vornehmen etwa ›zusammen‹; es geht vielmehr ursprünglich auf sein W e s e n und S e i n selbst. Eben darum vermag er ruhig vergleichend festzustellen, daß der Andere ihm in dieser oder jener ›Eigenschaft‹ ›überlegen‹ ist, in dieser oder jener ›Fähigkeit‹, ja in allen Fähigkeiten. Sein naives Seinswertgefühl, das sich ihm nicht erst durch Leistungen und Fähigkeiten zu Leistungen beweisen oder rechtfertigen, sondern höchstens in solchen ›bewähren‹ muß, wird dadurch nicht vermindert. Das (im prägnanten Sinne) ›Gemeine‹ besteht im letzten Grunde dagegen darin, daß sich die Selbstwerterfassung und die Fremdwerterfassung nur f u n d i e r t auf Relationserfassung zwischen Eigen- und Fremdwert. realisiert, und daß nur jene Wertqualitäten überhaupt zur. klaren Erfassung kommen, die ›mögliche‹ Differenz-

---

[1] Stolz beruht also immer auf einem M a n g e l dieses natürlichen Selbstbewußtseins.

werte zwischen Eigenwerten und Fremdwerten sind. Der Vornehme erlebt die Werte vor dem Vergleich; der Gemeine erst im und durch den Vergleich. Die Struktur: ›Beziehung von Eigen- und Fremdwert‹ wird also im ›Gemeinen‹ zur selektiven Bedingung seiner Werterfassung überhaupt. Er vermag an Anderen keinen Wert aufzufassen, ohne ihn zugleich als ein ›Höher‹ und ›Niedriger‹, als ein ›Mehr‹ oder ›Weniger‹ seines Eigenwertes zu nehmen, ohne also die anderen an sich und sich an den anderen zu messen.

Auf der gemeinsamen Grundlage einer solchen Einstellung erheben sich aber nun zwei Untertypen, die sich sondern, je nachdem Kraft oder Schwäche, Macht oder Ohnmacht mit jener Vergleichseinstellung sich verbinden. Die kraftvolle Spielart des ›gemein‹ wertenden Typus wird zum ›Streber‹, die schwache Spielart zum Ressentimenttypus.

Als ›Streber‹ bezeichnen wir nicht denjenigen, der energisch und kraftvoll, sei es nach Macht, Besitz, Ehre und anderen wertvollen Gütern strebt. Solange ihm noch ein Eigengehalt einer ›Sache‹ vorschwebt, die er in Tätigkeit und Beruf fördert und vertritt, gebührt ihm dieser Name nicht. ›Streber‹ ist vielmehr derjenige, für den sich das Mehrsein, Mehrgelten usw. im möglichen Vergleich mit anderen als Zielinhalt seines Strebens vor irgendwelchen qualifizierten Sachwert schiebt; dem jede ›Sache‹ nur gleichgültiger Anlaß wird, das ihn drückende Gefühl des ›Wenigerseins‹, das sich in dieser Art des Vergleichs einstellt, aufzuheben. Wird dieser Typus des Auffassens der Werte zu dem in einer Gesellschaft herrschenden Typus, so wird das ›Konkurrenzsystem‹ die Seele

5*

einer solchen Gesellschaft. Es ist um so ›reiner‹ gegeben, je weniger sich der Vergleich in bestimmten Sphären bewegt, die z. B. Ständen entsprechen, sowie mit den damit verbundenen Ideen von standesgemäßem Unterhalt, ›standesgemäßer‹ Lebensführung, Sitte usw. Der einzelne mittelalterliche Ackerbauer vor dem 13. Jahrhundert vergleicht sich nicht mit dem Feudalherrn, der Handwerker nicht mit dem Ritter usw. Er vergleicht sich höchstens mit dem reicheren oder angeseheneren Ackerbauer, und so jeder nur innerhalb seiner Standessphäre. Gewisse Ideen sachlicher Einheiten von Lebensaufgaben jedes Standes, die der Gruppe als solcher eigen sind, binden hier jene vergleichende Auffassung in die Grenzen von Ganzheiten, die höchstens wieder als Ganzheiten verglichen werden. Darum beherrscht in solchen Zeiten allenthalben der Gedanke der Gott- und naturgegebenen ›Stelle‹, auf die sich Jeglicher ›gestellt‹ fühlt und auf der er seine besondere Pflicht zu tun hat, alle Lebensverhältnisse. Nur innerhalb dieses Stellenwertes kreist sein Selbstwertgefühl und sein Verlangen. Vom König bis zur Hure und zum Henker trägt hier jeder jene formale ›Vornehmheit‹ der Haltung, an seiner ›Stelle‹ unersetzlich zu sein. Im ›Konkurrenzsystem‹ hingegen entfalten sich die Ideen der sachlichen Aufgaben und ihrer Werte prinzipiell erst auf Grund der Haltung des Mehrseins- und Mehrgeltenwollens aller mit allen. Jede ›Stelle‹ wird nun zu einem bloß transitorischen Punkt in dieser allgemeinen Jagd. Die innere Grenzenlosigkeit des Strebens ist hierbei eine Folge des Wegfalls aller ursprünglichen Sach- und qualitativen Wertgebundenheit des Strebens. Diese Struktur der Wertauffassung führt aber gleichzeitig von selbst den

Sachgütern gegenüber zur primären Auffassung ihrer als
›Ware‹, d. h. als in Geldwert auszudrückendes Tausch-
objekt. Sie führt zugleich zur Auffassungsform des zeit-
lichen Lebensabflusses, sowohl der Individuen als der Gemeinschaften als ›Fortschritt‹; dieser Auffassungsform
gesellt sich ein spezifisches ›Fortschrittsstreben‹ bei.
Wenn die Endstelle̒ irgendeines ökonomischen Motiva-
tionsablaufs, der eine phänomenale Erlebniseinheit bildet,
(wie klein oder groß diese immer gewählt sei) vorher stets
›Besitz‹ und ›Genuß‹ irgendeiner qualitativen Wertein-
heit war und das Geld hierbei nur als Übergangsziel (als
Tauschmittel) fungierte, so wird jetzt die̒ ›Endstelle‹ solcher Ablaufseinheit durch ein Geldwertquantum einge-
nommen und die Qualität des Gutes wird ›Übergangsziel‹.
Die „Struktur der Motivation wird Geld—Ware—Geld,
während sie vorher Ware—Geld—Ware war. (K. Marx.)
Der Genuß qualitativer Werte hört natürlich nicht auf,
aber dieser Genuß — ja seine Möglichkeit — bewegt
sich nur mehr innerhalb der Grenzen der je zunächst
als Warenwerteinheit appercipierten Güter. Auch dem
Auffassungsakt der in den einzelnen, generellen und individuellen Lebensphasen liegenden Werte (Kindheit,
Jugend, Reife, Alter) entspricht nun der besondere Aspekt,
daß nur der Mehrwert einer Phase über die andere
hinaus in das werterfassende Bewußtsein tritt, also keine
Phase mehr ihren besonderen Eigenwert und eigentümlichen Sinn hat. Die Ideen von ›Fortschritt‹ und ›Rück-
schritt‹ werden nicht etwa an den, in ihrem Eigengehalt
zuerst gesehenen und festgestellten Lebensphasen empirisch vorgefunden und gerechtfertigt, sondern sie werden
zu Selektionsformen der Selbst-, Fremd- und Geschichts-

auffassung. Erst J. J. Rousseau hat gegen eine Erziehungs-
lehre Front gemacht, welche Kindheit und Jugend nur als
Vorform der Reife ansieht. Erst L. von Ranke hat gegen
die kindliche Fortschritts-Geschichtsauffassung des Liberalismus seine wundervollen Sätze (siehe bes. ›Über die
Epochen der neueren Geschichte‹, 1. Vortrag) gestellt:
›Eine solche gleichsam mediatisierte Generation würde an
und für sich eine Bedeutung nicht haben; sie würde nur
insofern etwas bedeuten, als sie Stufe der nachfolgenden
Generation wäre und würde nicht im unmittelbaren Bezug
zum Göttlichen stehen. Ich aber behaupte: Jede Epoche
ist unmittelbar zu Gott, und ihr Wert beruht gar nicht
auf dem, was aus ihr hervorgeht, sondern in ihrer Existenz
selbst, in ihrem eigenen Selbst.‹ Der hier zurückgewiese-
nen Auffassung entspricht das Fortschrittsstreben, dessen
Wesen darin besteht, daß nicht bestimmte Sachziele das
Streben und Tun leiten, sondern das bloße Übertreffen
der gegebenen Phase — der ›Rekord‹ — zum alles be-
wegenden Grundmotive wird und die Sachziele erst aus
diesem Streben sekundär herauswachsend, als gleichgültige ›Übergangspunkte‹ der Fortschrittsbewegung erscheinen.

Anders ist es, wenn sich mit der Einstellung zu bloßer
Relationswertung Ohnmacht verbindet. Dann vermag das
drückende Minderwertigkeitsbewußtsein, das sich durch
den ›gemeinen‹ Typus der Wertauffassung immer wieder
einstellen muß, kein aktives Verhalten zu ergeben. Gleichwohl fordert die peinvolle Spannung eine Lösung. Sie
findet sie in der spezifischen Werttäuschung des Ressentiment. Das vom ›Gemeinen‹ gesuchte Bewußtsein der
Mehrwertigkeit oder Gleichwertigkeit, das die Spannung

löst, wird hier erreicht durch illusionäre Herunterdrük-
kung der wertvollen Eigenschaften des Vergleichsobjekts
oder durch eine spezifische »Blindheit« für sie; in zweiter
Linie aber — und hierin erst liegt die Hauptleistung des
Ressentiment — durch Illusion und Fälschung der Werte
selbst, unter deren Sein und Geltung mögliche Vergleichs-
objekte überhaupt positiv wertvollen und hochwertigen
Charakter besitzen (siehe das Folgende).

An dieser Stelle wird eine allgemeine Frage des philosophischen Wertproblems für das Verständnis der Ressen-
timenttäuschung so bedeutsam, daß sie hier nicht über-
gangen werden kann. Sie betrifft das Grundverhältnis von
Wertbewußtsein und Streben und Begehren. Eine seit
Spinoza viel vertretene Theorie behauptet, daß der Sinn
der Worte, welche positive und negative Werte bezeichnen, z. B. der Sinn der Worte »gut« und »schlecht« im
Grunde kein anderer sei als »Begehrt werden« bzw. »Er-
strebtsein« resp. Inhalt eines »Widerstrebens« sei. »Gut«
— so Spinoza — heißt Begehrtwerden resp. »Begehrtwerden können« — wo gerade keine aktuelle Begehrung
vorhanden ist. Nicht also baut sich nach dieser Lehre das
Erstreben und Widerstreben auf ein vorangängiges und
es fundierendes Wertbewußtsein »von Etwas« auf; sondern dieses Bewußtsein des Wertes »ist« hiernach nichts
anderes als eben das Bewußtsein, zu begehren oder begehren zu können selbst. Ich habe a. a. O. diese Theorien
eingehend widerlegt[1]. Hier ist nur zu bemerken, daß die
Theorie selbst ein pures Ressentimentprodukt und zu-

---

[1] Siehe »Der Formalismus in der Ethik und die materiale Wertethik«,
II. Teil, Halle 1914. Vgl. auch meinen Artikel »Ethik« in »Jahrbücher
der Philosophie«, II. Jahrgang. Berlin 1914, herausgeg. von Frischeisen-
Köhler.

gleich eine Ressentimentbeschreibung ist. Faktisch ist in
jedem Streben ein fundierendes Wertbewußtsein, das sich
im Fühlen der betreffenden Werte, im »Vorziehen« usw.
realisiert, anschaulich enthalten. Wohl aber kann es zu der
Erscheinung der Wertblindheit oder der Werttäuschung
kommen für alle solche Werte, die das betreffende Subjekt zu erstreben sich ohnmächtig fühlt. Das Herabziehen
der Werte oder der Werte, die man anerkennt — auf
das Niveau des eigenen faktischen Begehrens oder des
eigenen Erstreben-könnens im Gegensatz zum bewußten
Akte der »Resignation« auf Realisierung dieser Werte;
die Einschränkung also. des Wertbewußtseins auf die
eigenen Strebensanlagen — anstatt die Messung dieser
Anlagen an den zuvor rein aufgenommenen Werten —
die illusionäre Gliederung des Wertreiches nach »hoch«
und »niedrig« gemäß dem Aufbau der eigenen Begierden
und Willensziele, das ist nicht, wie jene Lehre sagt, der
Gang, in dem sich ein normales und sachlich sinnvolles
Wertbewußtsein realisiert, sondern gerade umgekehrt die
Hauptquelle der Blindheit, der Täuschungen und Illusionen
des Wertbewußtseins. Eben der Akt der »Resignation«
beweist, daß das Wertbewußtsein nicht mit dem Erstrebenkönnen zergehen muß. Fängt das Bewußtsein,
was gerade wir, erstreben können, an, auch den Gehalt
unseres Wertbewußtseins einzuschränken — wie z. B. im
Alter gegenüber den Werten, die nur Jugend erstreben
kann — oder legen sich die Strebensinhalte wie trübende
Medien über die Inhalte unseres Wertbewußtseins, so ist
prinzipiell jene Bewegung des Herabziehens aller Werte
zu unserem faktischen Zustande bereits in Gang gekommen, die in der Verleumdung der Welt und ihrer Werte

endet. Der rechtzeitige Akt der ›Resignation‹ allein befreit uns von dieser Tendenz zur Selbsttäuschung. Er allein macht auch, daß wir noch ›gönnen‹ können, wo wir nicht mehr ›erstreben‹ können. Auch darin ist ein strenger Beweis für die Unabhängigkeit unseres Wertbewußtseins vom Erstreben und vom Erstrebenkönnen zu sehen, daß bei Perversionen von Begehrungen (z. B. Perversionen des Eßtriebes, des Geschlechtstriebes, des Luststrebens zur Schmerzliebe usw.) das Wertbewußtsein nicht notwendig mit pervertiert. Besonders zu Beginn solcher Perversionen sind nach Ribot u. A. auch die Gefühle noch die normalen. Die ›ekelhafte‹ Speise erweckt z. B. noch Ekel, obgleich sich der Eß-Impuls auf sie richtet. Erst später ›folgen die Gefühle langsam dem Trieb‹ (Ribot); aber auch dann folgt ihm noch nicht notwendig das Wertbewußtsein. Es gibt darum keine den Perversionen des Begehrens entsprechende ›Perversionen des Wertfühlens‹, sondern nur Illusionen und Täuschungen des Wertfühlens, wie es dem wesentlich erkenntnismäßigen Charakter dieses ›Fühlens‹, ›Vorziehens‹ entspricht.

Die phänomenale Eigenart der durch Ressentiment bewirkten Werttäuschung, das erlebnismäßig Besondere der inneren Haltung eines Menschen, der z. B. die ihn drückenden fremden Werte ›verleumdet‹, besteht daher nicht darin, daß ihm die fremden positiven Werte ›als‹ positive, als ›hohe‹ Werte überhaupt nicht im Erlebnis gegeben wären; daß sie für sein Erleben gar ›nicht da‹ wären. In diesem Falle könnte ja auch von einer ›Täuschung‹ nicht mehr die Rede sein. Aber diese Eigenart besteht auch nicht darin, daß er sie zwar fühlend erlebte und nur falsche, d. h. dem Erlebten widerstreitende Urteile darüber fällte und aussagte. Dies wäre ›Irrtum‹ oder Lüge. Wollen wir seine Haltung deskriptiv fassen, so läßt sich nur etwa sagen: Die Werte sind für ihn als positive und hohe noch da, aber gleichsam ü b e r d e c k t von den Täuschungswerten, durch die sie nur schwach, gleichsam ›transparent‹ hindurchscheinen. Diese ›Transparenz‹ der wahren, objektiven Werte durch die Scheinwerte hindurch, welche die Ressentimentillusion ihnen entgegensetzt, dieses dunkle Bewußtsein in einer u n e c h t e n S c h e i n w e l t zu leben, ohne Macht, durch sie hindurchzudringen und zu sehen, was ist, bleibt ein unaufhebbares Bestandstück des ganzen Erlebniszusammenhangs[1].

Die Art, wie sich und das Maß, in dem sich Ressentiment in ganzen Gruppen und Individuen ausbildet, ist — wie schon gesagt, an erster Stelle an die Anlagefaktoren des betreffenden Menschenmaterials, an zweiter Stelle an die Sozialstruktur der Gesellschaft geknüpft, in der diese Menschen leben; wobei aber die Sozialstruk-

---

[1] In einer interessanten Studie ›Christus und das Ressentiment‹ (Beil. des Hambg. Korresp., 28. Sept. 1913) macht A. Gustav Hübener an obigen Aufsatz anschließend, darauf aufmerksam, daß die christliche Kirche auch in die Idee und Gestalt des Teufels einen direkten Erkenntnisschimmer des Guten einlege. Bei John Milton bekennt der Satan sein Prinzip mit den Worten:

> Farewell remorse: all good to me is lost
> Evil be thou my good.

Immer noch ›strahlt aber der Himmel in seine Seele‹, so daß er ›zu ihm emporschielen muß und eben dies das höllische Feuer in seinem Busen schürt‹:

> the more I see
> Pleasures about me, so much more I feel
> Torment within me, as from the hateful siege
> Of contraries; all good to me becomes
> Bane, and in Heav'n much worse would be my state.

tur selbst bereits durch die erblichen Anlagefaktoren des jeweilig herrschenden menschlichen Typus und seiner Struktur des Werterlebens bestimmt ist. Da das Ressentiment sich nie ohne die Mittlerschaft eines spezifischen Ohnmachtsgefühls ausbilden kann — Ohnmacht in irgendeiner, natürlich unendlich wechselnden Richtung —, so stellt es stets eine der Erscheinungen ›absteigenden Lebens‹ in letzter Linie dar. Aber neben diesen allgemeinsten Bedingungen seiner Ausbildung gibt es auch gewisse Ressentimenttypen, deren Erscheinung von individueller Charakterart der Individüen weitgehend unabhängig ist, da sie in gewissen typisch wiederkehrenden ›Situationen‹ von Menschen begründet sind. Ich sage nicht, daß jedes Individuum, das in diesen ›Situationen‹ steht, dem Ressentiment verfallen muß. Dies wäre äußerste Torheit. Aber ich sage, daß diese ›Situationen‹ schon durch ihren Formcharakter gleichsam mit einer gewissen Dosis ›Ressentimentsgefahr‹ geladen sind — und dies abgesehen von den besonderen Individualcharakteren der in sie eingehenden Menschen.

Schon das schwächere, darum rachsüchtigere und gerade in Hinsicht auf ihre persönlichen, unabänderlichen Qualitäten stets zur Konkurrenz mit ihren Geschlechtsgenossinnen um die Gunst des Mannes, genötigte Weib befindet sich generell in solcher ›Situation‹. Kein Wunder darum, daß die rachsüchtigsten Gottheiten (z. B. das dunkle Schlangengezücht der Eumeniden) an erster Stelle unter der Frauenherrschaft des Matriarchats erwachsen sind. In den Eumeniden des Aeschylos wird die von diesem Ressentiment heilende Kraft der Gottheiten der neuen Männerkultur, des Apollo und der Athena überaus pla-

stisch und anschaulich. Auch daß es zur Figur der ›Hexe‹
kein männliches Gegenstück gibt, möchte hierauf beruhen.
Die starke Neigung der Frauen zu detraktivem Klatsch
als Form der Ableitung der betreffenden Affekte ist gleichzeitig hiervon Zeugnis und eine Art der Selbstheilung.
Besonders gesteigert wird die Ressentimentgefahr aber
beim Weibe dadurch, daß Natur und Sitte ihm gerade im
Gebiete seines zentralsten Lebensinteresses, der Liebe
zum Manne, die reaktive und passive Rolle der Gewor-
benen zuschreibt. Sind die aus Verletzungen des Eigen-
wertgefühls durch erotisch-geschlechtliche Ablehnung des
anderen Teils geborenen Racheimpulse schon überhaupt
darum in weit höherem Maße der Verdrängung unterworfen, als andere Rachegefühle, da sie am wenigsten
durch ›Mitteilung‹ an Andere abgeleitet werden können,
da Scham und Stolz schon Vorwurf und Aussprache ver-
bieten, da es für sie außerdem — soweit sie nicht gleichzeitig Rechte schädigen — kein Forum gibt, vor dem
eine ›Genugtuung‹ gegeben werden könnte, so sind sie
es doppelt beim Weibe, dem die gesteigerte Schamschranke
und die Sitte hierin die größte Reserve aufdrängen. Die
›alte Jungfer‹, deren Zärtlichkeits-, Geschlechts- und Fort-
pflanzungstrieb unterdrückt wurde, ist eben darum selten
ganz frei vom Gift des Ressentiment. Was wir ›Prüderie‹
nennen, — im Gegensatz zu echter Scham — ist überhaupt nur eine besondere Form des an Spielarten über-
reichen Geschlechtsressentiments. Das zur Einstellung
vieler alter Jungfern gewordene Immerwiederaufsuchen
sexuell bedeutsamer Vorgänge in der Umgebung, um
harte negative Werturteile über sie zu fällen, ist hierbei
nur die in die Ressentimentbefriedigung umgewandelte,

letzte Form der geschlechtlichen Befriedigung selbst[1]. Die Kritik vollzieht also hier selbst, was sie der Scheinintention nach verwirft. Die sprichwörtlich »prüde« englisch-amerikanische Geschlechtsmoral ist eine Folge davon, daß in diesen höchst- und längstindustrialisierten Ländern die repräsentative Frauenschicht — ceteris paribus — sich mehr und mehr, wahrscheinlich schon durch Auslese der Erbwerte — aus solchen Individuen rekrutiert, die spezifisch weiblicher Reize bar sind und wenig durch Liebes- und Mutterschaftssorgen im sozialen Emporkommen, in »Berechnung« und kontinuierlichem Dienst an einer wesentlich utilistischen Zivilisation, gehindert sind. Der reinere weibliche Typus erhält — sofern er nicht mit ererbtem Besitz gesegnet ist — hierdurch die Tendenz, in die Prostitution abgeworfen zu werden. Wie die Prüderie den unermeßlichen Wert der echten Scham durch Ressentiment vortäuscht, so wird umgekehrt durch Ressentiment auch die echte Scham entwertet in einer Gesellschaft, wo das Urteil der Dirne zur repräsentativen Funktion für die »geltende Moral« wird. Der Dirnentypus verleumdet die echte Scham des echten Weibes, die selbst nicht nur im Ausdruck schön ist, sondern gerade das Schöne und heimlich als positivwertig Gewußte verhüllt, als bloße »Furcht« leibliche oder Toiletten-Defekte zu verraten. Was er selbst als Naturanlage wenig ausgebildet oder künstlich zurückgebildet besitzt, das wird seinem Ressentiment ein bloßes »Ergebnis der Erziehung und Sitte«. Es ist interessant zu sehen, wie dieses Dirnenressentiment zu Ende des 18. Jahrhunderts besonders in Frankreich

---

[1] Vgl. meine Analyse des englischen »cant« in meinem Buche: »Der Genius des Krieges und der Deutsche Krieg«, Anhang, 3. Aufl. 1917.

nicht nur das allgemeine Urteil der herrschenden Meinung bestimmt, sondern auch die Theorien der Moralisten und Philosophen inspiriert[1].

Eine generell mit Ressentimentgefahr geladene Situation ist ferner stets die der älteren zur jüngeren Generation. Der Prozeß des Alterns vollzieht sich nur dann in einer innerlich befriedigenden und äußerlich fruchtbaren Weise, wenn bei den wichtigsten schubartigen Übergängen die freie Resignation auf die den vorhergehenden Altersstufen jeweilig spezifischen Werte rechtzeitig einsetzt und sowohl die von dem Prozeß des Alterns unberührbareren seelischen und geistigen Werte als die der kommenden Altersstufe spezifischen Werte einen genügenden Ersatz für das Entschwihdende bieten. Nur sofern dies der Fall ist, können die spezifischen Werte der vergangenen Altersstufe im nachfühlenden Erinnern voll und froh durchlaufen und denen frei ›gegönnt‹ werden, die sich auf dieser Stufe befinden. Im andern Falle wird die dann ›quälende‹ Erinnerung an die Jugend geflohen und vermieden, was wieder auf die durch sie vermittelte Verständnismöglichkeit der Jüngeren zurückwirkt; und gleichzeitig besteht die Tendenz, jene spezifischen Werte der früheren Altersstufe zu negieren. Kein Wunder darum, daß zu allen Zeiten die ›jüngere Generation‹ mit dem Ressentiment der älteren einen schweren Kampf zu kämpfen hat. Doch unterliegt auch diese Ressentimentquelle einer weitgehenden historischen Variation. In unentwickelten Kulturverhältnissen genießt das Alter an sich,

---

[1] Vgl. hierzu die von Havelok Ellis in seinem Buche über das Schamgefühl gesammelten Urteile der großen Schriftsteller und Philosophen des 18. Jahrhunderts. Sie führen alle das Schamgefühl auf »Erziehung« zurück und verwechseln es mit dem ›Anstand‹.

vermöge seiner Erfahrung und Lebensbewährung, eine Schätzung und Ehrfurcht, die schon als solche geeignet sind, die Entstehung von Ressentiment zu unterdrücken. Je mehr aber die Bildungsverdichtung durch Buchdruck, durch ein spezifizierteres System leicht zugänglicher Bildungsmittel usw. den Vorzug der Lebenserfahrung ersetzt, je mehr und je leichter hierdurch die Alten sich in Stelle, Arbeit, Beruf durch die Jüngeren verdrängt sehen[1], desto mehr wird die jeweilig ältere Generation gegenüber der jüngeren von der Herrscherstellung in die Verteidigungsstellung gedrängt.

Je rascher sich einerseits das Tempo des ›Fortschritts‹ auf den verschiedenen Gebieten gestaltet, andererseits der Wandel der Mode, immer höherwertige Gebiete bis hinauf zu Wissenschaft und Kunst zu umfassen strebt, desto weniger können die Älteren den Jüngeren folgen, und desto stärker wird die Bewertung des ›Neuen‹ an sich. Und dies doppelt dann, wenn eine gesteigerte Lebenssucht der Generation als solcher diesem Wandel entspricht und das Zusammenwirken ganzer Geschlechterreihen an einheitlichen, die Generationen überbrückenden Werken der Konkurrenz und Überbietungssucht zwischen den Generationen Platz macht. ›Jeder Dom‹ — so W. Sombart in seinem ›Luxus und Kapitalismus‹, S. 115 — ›jedes Kloster, jedes Rathaus, jede Burg des Mittelalters legt Zeugnis ab von dieser Überbrückung der Lebensalter des einzelnen Menschen: ihre Entstehung zieht sich durch Geschlechter hindurch, die ewig zu leben glaubten. Seit-

---

[1] Wie früh der qualifizierte Industriearbeiter in die Schicht der unqualifizierten Arbeiter gegenwärtig abgeworfen wird, dazu siehe die bekannte Enquête des Vereins für Sozialpolitik.

dem das Individuum sich herausgerissen hatte aus der
es überdauernden Gemeinschaft, wird seine Lebensdauer
zum Maßstab seines Genießens.‹ Daher das immer ra-
schere Bauen, für das Sombart eine Reihe Zeugnisse anführt. Dem entspricht der mit dem Fortschritt der demokratischen Bewegung einhergehende, immer schnellere
Wechsel des politischen Regimes[1]. Jeder Ministerwechsel,
jeder Wechsel der Parteiherrschaft in einem Parlament,
läßt aber ein größeres oder kleineres Heer prinzipieller
Opposition gegen die Werte des neuen, herrschenden
Regimes zurück, die sich um so mehr in Ressentiment
verpufft, je weniger sie sich befähigt fühlt, den verlorenen
Posten wieder zu gewinnen. Der ›pensionierte Beamte‹
und sein Anhang ist eine geradezu plastische Ressen-
timentfigur. Selbst ein Bismarck ist dieser Gefahr schließlich nicht ganz entgangen.

Eine reiche Quelle von Ressentimenttypen bilden weiterhin gewisse typische Beziehungen der Glieder der Familie und Ehe zueinander. Allen voran steht hier die
weniger lächerliche als tragische Figur der ›Schwiegermutter‹, an erster Stelle die Mutter des Sohnes, bei der
die Geschlechtsverschiedenheit der Mutter zum geliebten
Kind das Verhältnis noch kompliziert. Es ohne Verdrängung von Eifersuchtshaß zu ertragen, daß ein Wesen,
das man seit der Geburt geliebt, und für das man auf
jede Weise gesorgt hat, dessen Gegenliebe man voll besaß, sich plötzlich einem anderen Wesen, noch dazu weiblichen, d. h. des eigenen Geschlechts, zuwendet, einem
Wesen, das für das Liebesobjekt noch nichts geleistet
hat und doch alles zu fordern sich berechtigt fühlt: dies

---

[1] Siehe hierzu W. Hasbach: ›Die moderne Demokratie‹, Jena 1912.

noch dazu so zu ertragen, daß man dazu sich freuen und herzlich gratulieren, ja gar noch den Neuling mit Liebe umfangen soll, — das ist eine Situation, die vom Teufel selbst zur Prüfung eines Helden eigentlich nicht schlauer erdacht sein könnte. Daß im Lied, in Sage und Geschichte aller Völker die Schwiegermutter als ein böses und tükkisches Wesen erscheint, ist darum wahrlich kein Wunder. Andere analoge Situationen sind die der nachgeborenen Kinder zum erstgeborenen Sohne, der älteren Frau zum jüngeren Manne und ähnliches mehr.

Wo der oberflächliche Blick das Ressentiment am ehesten suchen möchte — im Typus des Verbrechers — pflegt es im allgemeinen zu fehlen. Schon darum, weil gerade der Verbrecher im Prinzip ein a k t i v e r Menschentypus ist. Er verdrängt seinen Haß, seine Rache, seinen Neid, seine Habsucht nicht, sondern läßt sie im Verbrechen sich ableiten. Nur bei gewissen Untertypen des Verbrechens, die als pure Bosheitsverbrechen charakterisiert sind, d. h. dadurch, daß der Verbrecher aus seiner Handlung keinen eigenen Vorteil zieht, sondern nur fremden Schaden intendiert, und die zugleich ein Minimum von Tun und eigenem Risiko fordern, findet sich das Ressentiment als Grundzug der verbrecherischen Seelenverfassung. Als reinster dieser Typen wird hier wohl der Brandstifter gelten können, soweit er nicht durch den (seltenen Fall) des pathologischen Reizes des Feuersehens und durch das gewinnsüchtige Motiv eine Versicherungssumme einzustecken, in seiner Handlungsweise bestimmt ist. Dieser Typus hat eine merkwürdig feste Umschriebenheit. Meist still, wortkarg und scheu von Wesen, solid und ein Feind aller alkoholischen und sonstigen Ausschweifungen, ist sein

6

verbrecherischer Akt fast stets die plötzliche Explosion von jahrelang zurückgedrängten Rache- oder Neidimpulsen (so wenn z. B. der dauernd erblickte schöne große Bauernhof des Nachbarn einen fortgesetzten Druck auf sein Selbstgefühl ausübt). Auch gewisse, sich neuerdings häufende verbrecherische Ausdrucksformen des Klassenressentiments gehören unter diese Typen. So z. B. der Fall des im Jahre 1912 bei Berlin vollzogenen Autoverbrechens, bei dem im Abenddunkel ein festes Drahtseil zwischen zwei Bäumen über die Landstraße hinweg gespannt wurde, was die Abrasierung der Köpfe der zuerst ankommenden Insassen eines Autos zur Folge haben mußte. Die Unbestimmtheit der Opfer, die hier nur als irgendwelche ›Autoinsassen‹ charakterisiert sind, und der Mangel jedes eigennützigen Motivs gibt diesem Falle den typischen Ressentimentcharakter. Auch in Fällen verleumderischer Beleidigung spielt das Ressentiment häufig eine nicht geringe Rolle.

Innerhalb der Typen menschlicher Betätigung, die alle bisherige menschliche Geschichte begleitet haben, besteht für den Soldaten die kleinste, für den Priestertypus — wie Fr. Nietzsche mit Recht hervorhebt, freilich nicht ohne hieran ganz unzulässige Folgerungen gegen diese religiöse Moral zu gründen — die größte Ressentimentgefahr. Die Gründe hierfür sind naheliegend genug. Als der — wenigstens der Intention nach — nicht auf irdische Machtmittel gestützte, ja deren prinzipielle Schwäche vertretende Typus, gleichwohl aber als Diener einer realen Institution scharf vom ›homo religiosus‹ unterschieden, und in die weltlichen Parteikämpfe hineingestellt, dazu mehr wie jeder andere dazu verurteilt, seine Affekte (z. B. der Rache, des

Zornes, des Hasses) wenigstens äußerlich zu beherrschen und überall das Bild und das Prinzip des ›Friedens‹ darzustellen und zu vertreten, sind schon die beruflichen Daseinsbedingungen des ›Priesters‹ an sich — abgesehen von seinem Individual-, National- und sonstigen Charakter — so eigentümlich bestimmt, daß er, ceteris paribus, mehr wie jeder andere Menschentypus der Gefahr jenes schleichenden Giftes ausgesetzt ist. Auch die typische ›Priesterpolitik‹, nicht durch Kampf, sondern durch Leiden zu siegen, resp. durch die Gegenkräfte, die bei den, durch ihn mit Gott sich verbunden Glaubenden oder Wähnenden die Anschauung seines Leidens gegen seine Feinde auslöst, ist eine durch Ressentiment inspirierte Politik. Denn so wenig echtes Glaubensmartyrium auch nur eine Spur von Ressentiment in sich schließt, so sehr ist dieses politisch diktierte Scheinmartyrium priesterlicher Politik durch diesen seelischen Habitus geleitet. Nur wo Priester und homo religiosus zusammenfällt, ist dieser Gefahr vollständig vorgebeugt[1].

Seine gegenwärtige soziale Hauptrolle spielt das Ressentiment gegenwärtig weit weniger innerhalb der Industriearbeiterschaft — soweit sie nicht durch das Ressentiment gewisser ›Führer‹existenzen angesteckt ist — als innerhalb des mehr und mehr versinkenden Handwerks, des Kleinbürgertums und der subalternen Beamtenschaft. Doch liegt es nicht im Plane dieser Studie, auf die Ursachen dieser Erscheinung genauer einzugehen.

Als zwei spezifisch ›geistige‹ Abarten des Ressentiment-

---

[1] Als ein Buch, das in allen seinen Aufstellungen vom äußersten Priester-Ressentiment diktiert ist, muß das Buch von Innozenz III. ›De miseria hominis‹ angesehen werden.

6*

menschen nenne ich endlich noch den Typus des ›Apostaten‹ und (in geringerem Maße) die ›romantische‹ Seelenverfassung oder doch einen ihrer wesentlichen Züge.

›Apostat‹ darf nicht derjenige genannt werden, der im Laufe seiner Entwickelung seine religiösen oder sonstigen tiefsten (politischen, rechtlichen, philosophischen) Überzeugungen einmal radikal verändert; auch dann nicht, wenn dies nicht auf kontinuierliche Weise, sondern plötzlich und in bruchartiger Form geschieht. Der ›Apostat‹ ist vielmehr ein Mensch, der auch noch in seinem neuen Glaubensstande geistig nicht primär in dessen positivem Inhalt und der Verwirklichung der ihm gemäßen Ziele, sondern nur im Kampfe gegen den alten und um dessen Negation willen lebt. Die Bejahung des neuen Inhaltes ist bei ihm nicht um dessentwillen vollzogen, sondern ist nur eine fortgesetzte Kette von Racheakten an seiner geistigen Vergangenheit — die ihn faktisch in Fesseln gebannt hält und der gegenüber das Neue nur als mögliches Beziehungsglied fungiert, von dem aus er das Alte negiert und verwirft. Der ›Apostat› ist als religiöser Typus daher das äußerste Gegenteil zum ›Wiedergeborenen‹, dem der neue Glaubensinhalt und der ihm entsprechende neue zentrale Lebensprozeß als solcher bedeutsam und wertvoll ist. Mit Recht hat Fr. Nietzsche die Tertullianstelle de spectac. c. 29 (siehe Genealogie der Moral, S. 49), nach der eine Hauptquelle der Seligkeit derer, die im Himmel sind, darin bestehen soll, daß sie die römischen Statthalter in der Hölle brennen sehen, als einen äußersten Ausdruck dieses Apostatenressentiments hervorgehoben. Auch Tertullians ›credibile est, quia ineptum est, certum est, quia impossibile est —̦credo, quia absurdum‹ (de carne ctr. 5;

praeser. 7), das seine Methode der Verteidigung des Christentums, welche eine fortgesetzte Rache an den antiken Werten ist, so scharf zusammenfaßt, ist ein typischer Ausdruck seines Apostatenressentiments[1].

In vermindertem Maße ist überhaupt jede Denkart heimlich durch dieses Gift genährt, welche der bloßen Negation und Kritik eine schöpferische Kraft beimißt. Jener gesamte Denktypus, der für einen Teil der neueren Philosophie vielleicht geradezu »konstitutiv« geworden ist, als »gegeben« und »wahr« nicht das in sich selbst Evidente, sondern nur das X gelten zu lassen, das sich gegen Kritik und Zweifel behauptet, das sog. »Unbezweifelbare«, das »Unbestreitbare«, ist von Ressentiment innerlich genährt und durchseelt. Nicht minder auch das Prinzip der »dialektischen Methode«, die durch die Negation von A nicht bloß ein Non A, sondern ein B erzeugen will. (Spinozas »omnis determinatio, est negatio«, Hegel)[2]. Wo immer auch der Weg, auf dem Menschen zu ihren Überzeugungen gelangen, nicht mehr der unmittelbare Verkehr mit der Welt und den Sachen selbst ist, sondern die eigene

---

[1] Vgl. zu dem Gesagten die Charakteristik Tertullians bei J. A. Möhler, Pathologie, Regensburg 1840. »Von Natur aus bitter und düsteren Sinnes vermochte selbst das milde Licht des Evangeliums diese Trübe nicht aufzuheitern« (S. 703). Tertullians gegen 203 erfolgter Übertritt zum Montanismus, nach dessen Vollzug er die Grundsätze und Sitten der Kirche nicht genug zu verlachen und verspotten weiß, ist nur eine Erneuerung des apostatischen Aktes, der ihm geradezu zur Struktur seiner Lebensreaktionen geworden war.
[2] Treffend hebt schon Sigwart (Logik II) hervor, daß auch die Lehre Darwins, alle Entwickelung sei wesentlich von der Selektion des Unbrauchbaren innerhalb zufälliger Artvariationen bestimmt, es sei also das Bild einer positiven Entfaltung und Neubilduug, das uns die Erscheinungen der Artorganisationen zunächst vermitteln, ein bloßes Epiphänomen, hinter dem bloße Negation und Ausschaltung stehe, sich des Grundmotivs von Hegels Lehre von der »schöpferischen Bedeutung der Negation« bedient.

Meinung sich erst in und durch die Kritik der Meinungen Anderer bildet, so daß das Streben nach sogenannten ›Kriterien‹ für die Richtigkeit dieser Meinungen zur wichtigsten Angelegenheit des Denkenden wird, ist die Bewegung des Ressentiment, dessen scheinbare positive Wertungen und Urteile stets versteckte Negationen und Entwertungen sind, das den Denkprozeß gleichsam umgebende Fluidum. Umgekehrt beruht alle echte und fruchtbare Kritik auf der immer neuen Messung fremder Meinungen an der Sache selbst: Nicht also auf dem Prinzip, das die Ressentimentkritik beherrscht, als ›Sache selbst‹ nur das gelten zu lassen, das sich gegen die versuchte Kritik behauptet.

In einem anderen Sinne ist der romantische Seelentypus bis zu einem gewissen Grade stets durch Ressentiment mitbestimmt, dies wenigstens soweit, als die ihm eigene Sehnsucht nach irgend einem Reiche historischer Vergangenheit (Hellas, Mittelalter usw.) nicht primär auf der besonderen Anziehungskraft beruht, welche die eigentümlichen Werte und Güter dieser Zeit auf das Subjekt ausübten, sondern auf einer inneren Fluchtbewegung vor der eigenen Zeit und alles Lob und aller Preis der ›Vergangenheit‹ stets die mitschwingende Intention besitzt, die eigene Zeit und die das Subjekt umgebende Wirklichkeit zu entwerten. Während z. B. Hölderlins Liebe zu Hellas eine ganz primäre und positive ist — quellend aus der tiefen Kongenialität des Dichters mit dem griechischen Wesen —, ist die Sehnsucht eines Friedrich Schlegel nach dem Mittelalter vom Ressentiment stark genährt.

Die formale Struktur des Ressentimentausdrucks ist hier überall dieselbe: Es wird etwas, ein A bejaht, geschätzt, gelobt, nicht um seiner inneren Qualität willen, sondern in der — aber ohne sprachlichen Ausdruck bleibenden — Intention, ein Anderes B zu verneinen, zu entwerten, zu tadeln. Das A wird gegen das B »ausgespielt«.

Es ist — sagte ich — eine besonders heftige Spannung zwischen Racheimpuls, Haß, Neid und deren Auswirkung einerseits und Ohnmacht andererseits, was zum kritischen Punkt führt, da diese Affekte die »Ressentimentform« annehmen. Anders, wenn sich diese Affekte entladen. Z. B. sind parlamentarische Institutionen, auch wo sie für die Gesetzgebung und Regierung des Staates zum allgemeinen Besten schädlich sind, als Entladungsmittel der Massen- und Gruppenaffekte solcher Art von größter Bedeutung[1]; desgleichen die Strafjustiz, welche von Rache reinigt, das Duell, in gewissem Maße auch die Presse (soweit sie durch Verbreitung des Ressentiment nicht dessen Summe eher vergrößert, als durch öffentlichen Ausdruck der Stimmungen vermindert). In diesen Formen entladen sich die Affekte, die ohne diese Entladung zu jenem seelischen Dynamit würden, das Ressentiment heißt. Wird dagegen die Entladung gehemmt, so findet an den Affekten jener Vorgang statt, den Nietzsche noch nicht genauer beschrieben hat, aber sicher gemeint hat, und der am besten als »Verdrängung« bezeichnet wird. Die verdrängenden Mächte sind hier das Ohnmachtsgefühl, ein ausgeprägtes Bewußtsein des »Nichtkönnens«, das mit einem

---

[1] Keine Literatur ist von Ressentiment so erfüllt wie die junge russische Literatur. Unter den Helden Dostojewskis, Gogols, Tolstois wimmelt es von ressentimentgeladenen Helden. Dieser Tatbestand ist eine Folge der jahrhundertlangen Unterdrückung des Volkes durch die Selbstherrschaft und die durch Mangel eines Parlaments und einer Preßfreiheit bewirkte Unableitbarkeit der durch die Autorität bewirkten Affekte.

starken unlustvollen Depressionsgefühl verbunden ist; desgleichen Furcht, Angst, Eingeschüchtertheit gegen Ausdruck und Handeln in der Richtung der Affekte. Diese seelischen Mächte werden aber besonders da als Verdrängungsmächte wirksam, wo sie durch einen fortgesetzten und stetigen Druck der Autorität gleichsam objektlos werden, und der betreffende Mensch selbst nicht angeben kann, ›wovor‹ er sich fürchtet und ängstigt, ›wozu‹ er ohnmächtig ist. Es ist daher weniger die Furcht, die immer bestimmte Objekte hat, als jene tiefe Gehemmtheit des Lebensgefühls, die wir ›Angst‹ nennen oder — da es sich hier nicht um in bestimmten Organempfindungen fundierte Angstzustände handelt, wie z. B. bei Atemnot usw. — besser ›Verängstigtheit‹, ›Eingeschüchtertheit‹, die hier in Frage kommen[1]. Diese Mächte wirken primär nur ausdruckhemmend und handlungshemmend auf die Affekte; aber sekundär drängen sie dieselben auch aus der Sphäre der inneren Wahrnehmung selbst zurück, so daß das Individuum oder die Gruppe sich des Habens dieser Affekte selbst nicht mehr klar bewußt ist. Die Hemmung greift schließlich so weit aus, daß schon an der Stelle, da der aufkeimende Haß, Neid- oder Racheimpuls die Schwelle der inneren Wahr-

[1] Wir müssen scheiden diejenige Angst, die sich genetisch als objektlos gewordene Furcht darstellt, die wie jede Furcht zuerst Furcht vor etwas Bestimmtem war, dessen Vorstellung jetzt eben nur dem klaren Bewußtsein nicht mehr gegenwärtig ist. Sodann diejenige Angst, die primär ein Modus des Lebensgefühls selbst ist und die umgekehrt immer neue und neue Inhalte — über ihren gefährdenden Sachcharakter hinaus — fürchten macht. Die erste Angst ist leicht zu beheben; die zweite fast nie. Das Maß des allgemeinen Angstdruckes, unter dem einzelne und ganze Gruppen leben, ist von sehr verschiedener Größe. Er ist für das gesamte Verhalten der betr. Subjekte von größter Bedeutung.

nehmung überschreiten will, er zurückgedrängt wird[1] Gleichzeitig äußern die schon vorher im Zustande der Verdrängung befindlichen Affektbestände eine Art von Anziehungskraft auf den neu auftauchenden Affekt, und gliedern ihn ihrer Masse an; so macht jede schon stattgehabte Verdrängung die folgende leichter möglich und beschleunigt den weiteren Prozeß der Verdrängung.

In der ›Verdrängung‹ sind verschiedene Komponenten zu scheiden. Erstens: die Verdrängung der Gegenstandsvorstellung, auf deren Gegenstand der ursprüngliche unverdrängte Affekt gerichtet war. Ich hasse, oder ich habe einen Racheimpuls gegen einen bestimmten Menschen und bin mir des Grundes wohl bewußt, der Handlung z. B., durch die er mich schädigte, der moralischen oder physischen Eigenschaft, durch die er mir peinlich ist. Im Maße aber als diese Impulse ›verdrängt‹ werden — und dies ist etwas anderes als durch sittliche Tatkraft überwunden, da ja in diesem Falle der Impuls mit seiner Richtung dem Bewußtsein voll gegenwärtig ist, und auf Grund eines klaren Werturteiles nur die Handlung zurückgehalten wird, — löst sich der Impuls von diesem bestimmten ›Grunde‹ und schließlich von diesem bestimmten Menschen mehr und mehr los. Er geht zunächst auf alle möglichen Eigenschaften, Handlungen, Lebensäußerungen, die dieser Mensch hat, weiter auf alles, was mit ihm zusammenhängt an Menschen, Beziehungen, ja Sachen und Situationen. Er ›irradiiert‹ in allen möglichen Strahlen. Aber auch von diesem bestimmten Menschen, der mich schädigte oder unterdrückte, löst sich unter Um-

---

[1] Vgl. den im II. Bd. folgenden Aufsatz des Verf. über ›Idole der Selbsterkenntnis‹.

ständen der Impuls los und wird zu einer negativen Einstellung auf bestimmte Erscheinungswerte — gleichgültig, wer sie hat, wo und wann sie auftreten; ob ihr
Träger sich faktisch gut oder schlecht gegen mich ver-
hielt. Hierdurch bildet sich z. B. die uns so lebhaft gegenwärtige Erscheinung des Klassenhasses, wo jede Erscheinung, Geste, Kleid, Art zu reden, zu gehen, sich zu führen,
welche ein Symptom der Zugehörigkeit zu einer »Klasse«
ist, den Rache- und Haßimpuls bereits in Bewegung bringt,
resp. in anderen Fällen Furcht, Angst, Achtung[1] Ja, bei
vollständiger Verdrängung entsteht ein ganz allgemeiner
Wertnegativismus, eine ganz ungegründet erscheinende
und scheinbar regellos hervorbrechende, plötzliche, haß-
erfüllte Ablehnung selbst gegen Dinge, Situationen,
Natur-Objekte, deren losen Zusammenhang mit dem ursprünglichen Objekt des Hasses nur eine schwierige Analyse finden kann. Doch sind diese Fälle, wo z. B. jemand
aus Haß kein Buch mehr lesen kann — ein Fall, den mir
ein befreundeter Arzt schilderte — auf das spezifisch
pathologische Gebiet beschränkt. In dem geschilderten
Stadium durchbricht aber der verdrängte Affekt gleichwohl plötzlich an allen widerstandslosen Stellen des Bewußtseins — überall wo die hemmenden Mächte zufällig
ihre Wirksamkeit aussetzen oder verringern — die Schwelle
der inneren Wahrnehmung. Zum mindesten macht er sich
oft mitten in scheinbarer Ruhe des Gemüts, in einer Un-
terhaltung, inmitten einer Arbeit, in plötzlichen inneren
Schelt- und Schimpfparoxysmen, die gar kein bestimmtes

---

[1] So genügte bei dem Hauptmann von Köpenick, der auch nur bei geringer
Aufmerksamkeit wahrlich nicht wie ein Offizier aussah, doch schon die
bloße vage Erscheinung der (ganz unvorschriftsmäßig) getragenen »Uniform«, um den Bürgermeister usw. zu allen Befehlen willfährig zu machen.

Objekt haben, Luft. Wie oft verrät sich in einem Lächeln, einer scheinbar bedeutungslosen Geste, in einer flüchtigen Redewendung mitten im Ausdruck freundlichster Gesinnungen und teilnahmsvoller Rede der von Ressentiment innerlich Besessene! Besonders da, wo sich mitten in ein freundliches, ja zärtliches Verhalten, das monatelang dauern kann, plötzlich eine boshafte Handlung oder Rede einschiebt, die scheinbar ganz unbegründet ist, fühlt man es deutlich, wie eine tiefere Lebensschicht die freundliche Oberfläche durchbricht. Wenn Paulus die von Jesus empfohlene Demut, die, wenn die eine Wange geschlagen ist, die andere hinhält, plötzlich mit dem an sich prachtvollen Bilde der salomonischen Sprüche empfiehlt, daß man so ›glühende Kohlen auf das Haupt des Feindes sammle‹ — wie auffällig sehen wir hier die von Jesus ganz anders gemeinte Demut und Feindesliebe in den Dienst eines Hasses gestellt[1], dem Rache nicht genügt, der erst in der tiefen Beschämung des Feindes und deren äußeren Zeichen, dem Erröten bis zur Stirne usw. in einem Übel viel tieferer Schicht also, als es der Schmerz des Gegenschlages wäre, seine Befriedigung findet. Aber nicht nur die primäre Objektausbreitung wird in den Stadien der Verdrängung ausgedehnt, gewechselt, verschoben, auch der Affekt selbst übt nun, da ihm die äußere Entladung versagt ist, eine Wirksamkeit nach innen aus. Die von ihren ursprünglichen Objekten losgelösten Affekte ballen sich gleichsam wie zu einer giftigen Masse zusammen und bilden einen Giftherd, der bei jeder momentanen

---

[1] Wie weit Paulus in seinem Zitat das Heil des Errötenden im Auge hat, der durch seine Scham und Reue zu neuer Liebe erweckt wird, sei hier nicht entschieden.

Durchlässigkeit des Oberbewußtseins wie von selbst zu fließen beginnt. Die in jeden Affekt eingewobenen inneren Viszeralempfindungen gewinnen durch Hemmung des peripheren Ausdruckes das Übergewicht über die Empfindung der äußeren Ausdrucksbewegungen; und da sie alle unlustvoll oder geradezu schmerzhaft sind, so wird auch das Ganze des ›Leibgefühls‹ ein ausgeprägt negativ Bestimmtes. Der Mensch lebt nicht mehr ›gerne‹ im ›Gehäuse‹ seines Leibes, er gewinnt gleichzeitig jenes unlustvolle und distanziierende und objektivierende Verhältnis zu ihm, das so oft das Ausgangserlebnis für dualistische Metaphysiken (wie die der Neuplatoniker, des Descartes usw.) gewesen ist. Die Affekte ›bestehen‹ nicht etwa — wie eine bekannte[1] Theorie behauptet — aus solchen Viszeralempfindungen; aber eine wesentliche Komponente bilden sie bei Haß, Zorn, Neid, Rache usw. Die besondere Qualität und Richtung der in den Affekt verwobenen Intention sowie sein Impulsmoment sind indes davon unabhängig, und nur seine zuständliche Seite, die für die Affekte wechselnd groß ist — z. B. bei Zorn viel größer als bei Haß und Neid, die viel ›geistiger‹ sind — hat darin eine Grundlage. Sehr häufig aber bestimmen nun diese gesteigerten, negativ betonten Viszeralempfindungen und ihr Einfluß auf das Lebens- und Gemeingefühl eine Richtungsänderung der affektiven Impulse. Diese richten sich nun gegen den Träger des Affektes selbst, und es tritt der Zustand des ›Selbsthasses‹, der ›Selbstqual‹, des ›Rachedurstes gegen sich selbst‹ auf. Nietzsche wollte den Zustand des ›schlechten Gewissens‹ überhaupt als

---

[1] G. W. James ›Psychologie‹, übersetzt von M. Dürr, Leipzig 1909, S. 373 u. s. f.

einen Überfall des ›kriegerischen Menschen‹, der in der
Auswirkung seiner Triebe gehemmt ist — z. B. wenn ein
kleines kriegerisches Volk sich plötzlich in eine große,
friedliebende Zivilisation einbezogen fühlt, — auf sich
selbst erklären. Gewiß mit Unrecht. Nur eine pathologische Form der Reuetäuschung, d. h. eine falsche Inter-
pretation des auf sich selbst gerichteten Racheimpulses
als ›Reue‹ erklärt sich hieraus — die echtes ›schlechtse
Gewissen‹, ›Reue‹ voraussetzt[1]. Aber sicher gibt es die
Tatsache, die Nietzsche im Auge hat. Das Wort Blaise
Pascals, eines Menschen, der von Ressentiment wie selten
jemand erfüllt ist, und der diese Tatsache durch seinen
Geist mit noch seltenerer Kunst zu verstecken und ins
Christliche zu interpretieren verstand, — ›le moi est
haissable‹ — ist sicher auf diesem Boden gewachsen.
Wenn uns von J. M. Guyau erzählt wird, daß ein Wilder,
dem die Blutrache untersagt ist, sich ›verzehrt‹ und
schließlich schwächer und schwächer wird und stirbt, —
so verstehen wir diesen Vorgang aus demselben Grunde[2].

So viel vom Ressentiment selbst. Sehen wir nun aber
zu, was es für das Verständnis gewisser individueller und
historischer sittlicher Werturteile und ganzer Systeme
solcher zu leisten vermag. Es ist dabei selbstverständlich,
daß niemals die echten, wahren sittlichen Werturteile,
sondern immer nur die falschen, auf Werttäuschungen
beruhenden Werturteile, und die ihnen entsprechenden
Handlungs- und Lebensrichtungen auf Ressentiment beruhen können. Nicht die echte Sittlichkeit — wie Nietz-

[1] Vgl. hierzu den Aufsatz über ›Idole der Selbsterkenntnis‹, desgl. meine
Abhandlung ›Vom Wege der Reue‹ im Buche: ›Vom Ewigen im Menschen‹, 1. Bd.
[2] J. M. Guyau, Morale sans obligation et sanction.

sche meint — gründet sich auf Ressentiment. Diese beruht auf einer ewigen Rangordnung der Werte und den ihr entsprechenden evidenten Vorzugsgesetzen, die so objektiv und so streng ›einsichtig‹ sind, wie die Wahrheiten der Mathematik. Es gibt eine ›Ordre du cœur‹ und eine ›logique du cœur‹ — wie Pascal sagt — welche der sittliche Genius stückweise in der Geschichte aufdeckt und die nicht selbst, sondern deren Erfassen und Gewinnen nur ›historisch‹ ist. Das Ressentiment aber ist eine der Quellen des Umsturzes jener ewigen Ordnung im menschlichen Bewußtsein. Es ist eine Täuschungsquelle für die Erfassung jener Ordnung und ihrer Einbildung in das Leben. Nur in diesem Sinne möge das Folgende aufgefaßt sein[1]

Dies sagt im Grunde Nietzsche selbst, wenn er von einer ›Fälschung der Werttafeln‹ durch das Ressentiment redet. Gleichwohl freilich ist er auf der anderen Seite Relativist und Skeptiker in der Ethik. Und doch setzen ›gefälschte‹ Werttafeln ›wahre‹ voraus, da im anderen Falle es sich um einen bloßen ›Kampf der Wertsysteme‹ handeln könnte, von denen keines ›wahr‹ und ›falsch‹ ist.

Das Ressentiment vermag uns große Gesamtvorgänge in der Geschichte der sittlichen Anschauungen ebenso verständlich zu machen, als Vorgänge, die wir im kleinen täglichen Leben vor uns sehen. Doch müssen wir ein anderes psychisches Gesetz dazu zu Hilfe nehmen. Bei Gelegenheit aller Art von starken Strebungen auf die Realisierung eines Wertes hin, bei gleichzeitig gefühlter Ohn-

---

[1] Vgl. hierzu des Verf. Buch ›Der Formalismus in der Ethik und die materiale Wertethik‹, Niemeyer, Halle 1914, in dem die obige Behauptung in strenger Weise zu begründen versucht ist.

macht, dieses Streben wollend zu verwirklichen, z. B. ein Gut zu gewinnen, stellt sich eine Tendenz des Bewußtseins ein, den unbefriedigenden Zustand der Spannung zwischen Streben und Nichtkönnen dadurch zu überwinden, daß der positive Wert des betreffenden Gutes herabgesetzt, geleugnet wird; ja unter Umständen ein zu diesem Gut irgendwie Gegenteiliges als positiv wertvoll angesehen. Es ist die Geschichte vom Fuchs und den zu sauren Trauben. Rangen wir vergeblich um Liebe und Achtung eines Menschen, so entdecken wir leicht immer neue negative Eigenschaften an ihm; oder wir ›beruhigen uns‹ und ›trösten uns‹ damit, daß es ja mit der Sache, auf die unser Streben ging, gar nicht ›so viel auf sich habe‹, daß die Sache die Werte nicht besitze, oder nicht in dem Maße, als wir meinten. Es handelt sich da zunächst nur um die sprachlich formulierte Behauptung, daß irgendein Ding, ein bestimmtes Warengut oder ein Mensch oder ein Zustand, kurz, das erstrebte Konkretum den positiven Wert gar nicht besitze, durch den unser Streben so stark bewegt schien; z. B. daß der Mensch, um dessen Freundschaft es uns zu tun war, gar nicht so ›ehrlich‹ oder ›tapfer‹ oder ›klug‹ sei; daß die Trauben gar nicht so wohlschmeckend, ja gar vielleicht ›sauer‹ seien. Dieser Typus von Fällen ist indes noch keine Wertefälschung, sondern nur eine andere Ansicht über die Eigenschaften der Sache, des Menschen usw., durch die sie uns bestimmte Werte darbot. Die Werte des Wohlgeschmacks süßer Trauben, der Klugheit, der Tapferkeit, der Ehrlichkeit erkennen wir dabei wie vorher an. Der Fuchs sagt ja nicht ›süß‹ ist schlecht, sondern die Trauben seien ›sauer‹. Das Motiv für diese Herab-

ziehung des uns nicht Erreichbaren in der sprachlichen
Behauptung kann hierbei nur eine Simulation sein für
die ›Zuschauer‹, deren Spott wir nicht noch zu unserem
Schaden dazu haben möchten; oder zunächst für sie — so
daß erst sekundär der Aussageinhalt auch unser eigenes
Urteil modifiziert. Aber schon in den einfachsten Fällen
steckt doch ein tiefer liegendes Motiv dahinter. In dieser
Tendenz zur Detraktion des Tatbestandes, löst sich die
Spannung zwischen der Stärke des Begehrens und der
erlebten Ohnmacht; und die an sie geknüpfte Unlust sinkt
dem Grade nach. Unser Begehren oder seine Stärke erscheint uns jetzt selbst ›unmotiviert‹, — wenn die Sache
doch ›gar nicht so wertvoll war‹; es wird hierdurch schwächer und dadurch auch seine Spannungsgröße zum Nichtkönnen; unser Lebens- und Machtgefühl steigt also wieder um einige Grade — wenn auch auf illusionärer Grundlage. Nicht nur eine Tendenz zu veränderter Aussage
(für die anderen), sondern auch eine solche zu veränder-
tem Urteil ergibt sich also aus jener ›Erfahrung‹. Wer
fühlte z. B. nicht hinter dem Lob der ›Zufriedenheit‹,
der ›Einfachheit‹, der ›Sparsamkeit‹ in der Sittensphäre
des Kleinbürgertums oder in Aussagen wie: daß dieser
›billige‹ Ring oder dieses ›billige‹ Gericht doch auch
viel ›besser‹ sei wie das teure, so häufig diese Tendenz
durch? Auch alles, was in der Richtung ›Junge Huren
— alte Betschwestern‹ liegt, sowie die verschiedene
Schätzung der Schulden beim Kaufmann und Adel, sowie
alles aus der ›Not eine Tugend machen‹ gehören hierher.

Eine ganz neue und unendlich folgenreiche Bedeutung
gewinnt aber dieses Gesetz der Spannungslösung von
Streben und Ohnmacht durch eine illusionäre Wertgebung

einer Sache für die durch Ressentiment bestimmte seelische Haltung. Neid, Scheelsucht, Bosheit, geheimer
Rachedurst erfüllen die Seele des Ressentimentmenschen
in ihrer Tiefe, abgelöst von bestimmten Objekten; zu
festen Einstellungen geworden, die schon die triebhafte
Aufmerksamkeit — die von der Sphäre der Willkür unabhängig ist — auf solche Erscheinungen der Umwelt
lenken, die den typischen Formen des Ablaufs dieser
Affekte Stoff zu geben vermögen. Schon die Bildung der
Wahrnehmungen, der Erwartungen und Erinnerungen ist
durch diese Einstellungen mitbestimmt. Sie schneiden aus
den ihnen begegnenden Erscheinungen automatisch solche
Teile und Seiten heraus, die den faktischen Ablauf dieser
Gefühle und Affekte rechtfertigen können, und sie unterdrücken das andere. Darum ist der Ressentimentmensch
wie magisch angezogen von Erscheinungen wie Lebens-
freude, Glanz, Macht, Glück, Reichtum, Kraft; er kann
nicht vorübergehen, er muß sie ansehen (ob er »will«
oder nicht); aber gleichzeitig quält ihn im geheimen der
ihm als »vergeblich« bewußte Wunsch, sie zu besitzen;
und das bestimmt wieder ein willkürliches Abwenden-
wollen des Blickes von ihnen, ein scheues Wegsehen von
ihnen, eine aus der Teleologie des Bewußtseins begreifliche
Ablenkung der Aufmerksamkeit von dem Quälenden. Der
Fortschritt dieser inneren Bewegung führt zunächst nur
zu einer charakteristischen Verfälschung des sachlichen
Weltbildes. Die Welt des Ressentimentmenschen erhält
eine ganz bestimmte Struktur des Reliefs der Lebhaftig-
keitswerte, welche besonderen Gegenstände er auch auf-
nehme. Je mehr diese Abwendung den Sieg davonträgt
über die Anziehung durch jene positiven Werte, versenkt

7

er sich mit Auslassung der Übergangs- und Mittelwerte in die ihnen entgegengesetzten Übel, die nun einen immer größeren Raum in seiner Wert-Beachtungssphäre einnehmen. Es ist in ihm etwas, das schelten möchte, herabziehen, verkleinern, und das packt gleichsam jede Erscheinung, an der es sich betätigen kann. So ›verleumdet‹ er unwillkürlich Dasein und Welt zur Rechtfertigung seiner inneren Verfassung des Werterlebens.

Aber dieses Mittel, das das Bewußtsein unwillkürlich aufbringt, um das unterdrückte Lebensgefühl und die gehemmten Lebensimpulse zu steigern (die Fälschung des Weltbildes) hat nur eine begrenzte Wirksamkeit. Immer wieder treten dem Menschen des Ressentiment jene Erscheinungen eines positiven Lebens, Glück, Macht, Schönheit, Geist, Güte usw. entgegen. Wie immer er im geheimen die Faust gegen sie schüttele, sie ›aus der Welt‹ haben möchte, um der Qual des Konfliktes zwischen Begehren und Ohnmacht zu entrinnen — sie sind da, sie drängen sich auf! Das willkürliche Wegsehen ist nicht immer möglich und außerdem dauernd unwirksam. Drängt sich nun eine Erscheinung dieser Art unwiderstehlich auf, so genügt schon der Blick auf sie, um einen Haßimpuls gegen ihren Träger X auszulösen — ohne daß dieser irgendwie dem betreffenden Menschen geschadet oder ihn beleidigt hat. Die Zwerge und Krüppel, die schon durch die äußere Erscheinung der übrigen Menschen sich gedemütigt fühlen, zeigen z. B. darum so leicht diesen eigentümlichen Haß, diese sprungbereite hyänenhafte Wildheit. Haß und Feindschaft dieser Art ist gerade wegen ihrer primären Ungegründetheit in dem Handeln und Benehmen des ›Feindes‹ die tiefste und unversöhnlichste, die es gibt. Denn

diese richtet sich gegen Sein und Wesen des anderen
selbst, nicht gegen vergängliche Eigenschaften und Handlungen. Goethe hat diese Art ›Feinde‹ im Auge, wenn
er sagt:

> ›Was klagst du über Feinde?
> Sollten die je sein Freunde,
> Denen das Wesen, das du bist,
> Im Stillen ein ewiger Vorwurf ist?‹
>
> (Westöstlicher Diwan.)

Schon die Existenz dieses ›Wesens‹, seine pure Erscheinung, wird zum ›Vorwurf‹ für den anderen, zum ›stillen‹,
›uneingestandenen‹. Andere Feindschaften lassen sich
beilegen, diese nie! Goethe mußte es wissen, denn seine
reiche große Existenz war wie selten eine geeignet, das
Ressentiment zu wecken — das Gift bei seinem bloßen
Erscheinen fließen zu machen[1].

Aber auch dieser scheinbar grundlose Haß ist noch
nicht die eigenste Leistung des Ressentiment. Hier bleibt
seine Wirkung doch immer noch begrenzt auf bestimmte
Menschen, oder im Klassenhaß auf bestimmte Gruppen.
Viel tiefer greift seine Wirkung, wo es nicht zur Fälschung
des Weltbildes und zum Hasse bestimmter Menschen
und Dinge führt, sondern zu einer Täuschung des Wertfühlens und darauf fußend erst zu dem Faktum, das
Nietzsche die ›Fälschung der Werttafeln‹ nennt. Das
Wegsehen und die Tendenz zur Vernichtung der jene
positiven Werte tragenden Dinge, Menschen usw. wird
in dieser neuen Phase aufgegeben: aber dafür kehren sich
ihre Werte, die für ein normales Wertfühlen und Streben
positive und Vorzugswerte sind, für das neue Wertfühlen
in negative Werte um. Da der Mensch des Ressentiment

---

[1] Das stark ressentimentgefärbte Verhalten des Antonio gegen Tasso ist
sicher auch ein Niederschlag dieser Goetheschen Lebenserfahrung.

7*

auf Grund der Herrschaft der positiven Werturteile überhaupt z. B. über Macht, Gesundheit, Schönheit, freies, auf
sich gestelltes Dasein und Leben seine eigene Existenz
und sein Lebensgefühl nicht zu rechtfertigen, nicht zu
verstehen und zu begreifen vermag; da er aus Schwäche,
Furcht, Angst und organisch gewordenem Sklavensinn
sich der Eigenschaften und Sachen nicht zu bemächtigen
vermag, die diese Werte tragen, so schlägt sein Wert-
gefühl in die Richtung um: ›Dies alles ist ja nichtig‹ und
gerade in den entgegengesetzten Erscheinungen liegen
positive und Vorzugswerte, die den Menschen zu seinem
Heile führen (Armut, Leid, Übel, Tod). In dieser ›sublimen Rache‹ (wie Nietzsche sagt) erweist sich das Ressentiment in der Tat als schöpferisch für die Geschichte
der menschlichen Werturteile und ganzer Systeme solcher. Sie ist ›sublim‹, da nun die Haß- und Racheimpulse
gegen die Menschen, die stark, gesund, reich, schön usw.
sind, völlig verschwinden und der Mensch durch das
Ressentiment Erlösung findet von der inneren Qual dieser
Affekte. Denn jetzt — nach Umschlagen des Wertgefühls
und Verbreitung des sinnentsprechenden Urteils in der
Gruppe — sind diese Menschen ja gar nicht mehr benei-
denswert, hassenswert, der Rache wert; sondern im
Gegenteil sie sind bedauernswert, des Mitleids würdig,
da sie ja an diesen ›Übeln‹ teilhaben. Gefühle der Sanft-
mut, des Mitleides, des Bedauerns greifen nun bei ihrer Erscheinung Platz. Und in dem Maße, als der Umschlag für
die ›geltende Moral‹ grundlegend wird und die Gewalt
des herrschenden Ethos gewinnt, wird sie auch auf die
Träger und Besitzer dieser nun umgefühlten, scheinent-
werteten Werte übertragen (durch Tradition, Suggestion,

Erziehung) und sie selbst können nun nur mehr mit einer geheimen Selbstverurteilung, mit ›schlechtem Gewissen‹ ihre positiven Werte besitzen. Die ›Sklaven‹ stecken, wie Nietzsche sagt, die ›Herren‹ an. Dagegen kommt sich nun der Träger des Ressentiment selbst als ›gut‹, ›rein‹, ›menschlich‹ vor — im Vordergrund des Bewußtseins, erlöst von' der Qual, hassen und sich rächen zu müssen — ohne es zu können — wenn er auch in der Tiefe sein vergiftetes Lebensgefühl und die echten Werte noch durch seine Illussionswerte hindurch wie durch ein Transparent gewahren mag. Hier werden also nicht die einzelnen Träger der positiven Werte ›verleumdet‹, wie dies bei der gewöhnlichen, nicht auf Ressentiment beruhenden bloßen Verleumdung und Detraktion der Fall ist: da vielmehr die Werte selbst schon ›verleumdet‹ sind, umgefühlt und daher auch im Urteil umgedeutet, so ist auf viel tiefere und systematischere Weise durch die Teleologie des Bewußtseins all das erreicht, was die bloße Verleumdung der Menschen, was die Fälschung des Weltbildes überhaupt je erreichen könnte.

Was hierbei ›Fälschen der Werttafeln‹, ›Umdeutung‹, ›Umwertung‹ genannt wird, ist nicht als ein bewußtes Lügen zu verstehen, oder als ein auf die bloße Urteilssphäre beschränkter Tatbestand. Es ist also nicht so, daß der positive Wert fühlend erkannt wird und dann nur das Urteil ›schlecht‹ an die Stelle ›gut‹ gesetzt wird. Neben dem bewußten Lügen und Fälschen gibt es noch das, was ›organische Verlogenheit‹ zu nennen ist. Hier erfolgt die Fälschung nicht im Bewußtsein wie bei der gewöhnlichen Lüge, sondern auf dem Wege der Erlebnisse zum Bewußtsein, also in der Art der Bildungsweise der Vor-

stellungen und des Wertefühlens. ›Organische Verlogenheit‹ ist überall da gegeben, wo den Menschen nur ein-
fällt, was ihrem ›Interesse‹, oder was irgendeiner Ein.
stellung der triebhaften Aufmerksamkeit dient und schon
im Prozesse der Reproduktion und des Erinnerns in dieser
Richtung inhaltlich modifiziert wird. Wer ›verlogen‹ ist,
braucht nicht mehr zu lügen! Was beim konstitutiv Ehrlichen die bewußte Fälschung leistet, das leistet bei ihm
schon der tendenziöse, unwillkürliche Automatismus der
Erinnerungs-, der Vorstellungs- und Gefühlsbildung. An
der Bewußtseinsperipherie kann dabei die biederste ehr-
lichste Gesinnung herrschen. In dieser tendenziösen Richtung verläuft hier aber derjenige Prozeß, in dem Werte
erfaßt werden — und dies sukzessive bis zur völligen
Umkehr der Wertung; und erst auf das so ›Gefälschte‹
stützt sich dann wieder das Urteil über den Wert, das
nun seinerseits durchaus ›wahr‹, ›wahrhaftig‹, ›ehrlich‹
ist, da es sich ja dem faktisch illusionsartig gefühlten
·Werte richtig anmißt.

II. Ressentiment und moralisches Werturteil.

Eines der wichtigsten Ergebnisse der neueren Ethik
ist es, daß es in der Welt nicht eine, sondern verschiedene
›Moralen‹ gegeben hat[1]. Gemeinhin denkt man, daß dies
eine alte Sache sei, so alt wie die Einsicht in die sogenannte ›historische Relativität‹ der Sittlichkeit. Dies ist
völlig irrig. Gerade umgekehrt haben die philosophischen

---

[1] Eine eingehende Begründung einer hier vorausgesetzten absoluten Ethik
und eine Lehre von den verschiedenen Arten und Stufen der historischen
Variabilität der sittlichen Wertschätzung, entwickelt das Buch des Verf.
über ›Der ethische Formalismus und die materiale Wertethik‹, bes. Teil II,
Niemeyer, Halle, 1914.

Richtungen des sogenannten ethischen Relativismus, z. B. die Anschauungen der modernen Positivisten Comte, Mill, Spencer usw., den Tatbestand verschiedener Moralen am allermeisten verkannt. Die Relativisten zeigen allein, daß, je nach dem Stande der menschlichen Einsicht, der zivilisatorischen und kulturellen Lebenswirklichkeit verschiedene Handlungsarten als dienlich für die »menschliche Wohlfahrt« oder die »Maximisierung des Lebens« oder, was der relativistische Philosoph selbst als im letzten Sinn »gut« ansieht, gegolten haben; z. B. innerhalb einer vorwiegend militärischen Gesellschaft, wo der Krieg Erwerbsquelle ist, Tapferkeit, Mut, usw. ein der »allgemeinen Wohlfahrt« dienlicheres Verhalten ist, als Arbeitssinn, Fleiß, Redlichkeit, die in einer industriellen Gesellschaft den Vorzugswert genießen; oder daß Raub in jener Gesellschaft als ein kleineres Verbrechen gilt als Diebstahl (wie bei den alten Germanen), in dieser umgekehrt. Aber sie behaupten dabei, daß der Grundwert derselbe geblieben sei, und verlegen die variablen Faktoren nur in die Verschiedenheit der historischen Lebensbedingungen, auf die jener Grundwert (z. B. Wohlfahrt) Anwendung findet. Aber etwas anderes ist Wert und Veränderung der Wertschätzung als diese historische Lebenswirklichkeit und ihre Veränderung. Die Einsicht, es habe ganz verschiedene Moralen gegeben, schließt gerade die Behauptung ein, daß abgesehen von jener Relativität der Lebenswirklichkeit auch die Regeln des Vorziehens zwischen den Werten selbst (von ihren wechsel nden dinglichen realen Trägern abgesehen) verschiedene gewesen sind. Eine »Moral« ist ein System von Vorzugsregeln zwischen den Werten selbst, ein System, das erst hinter den kon-

kreten Schätzungen der Epoche und des Volkes als seine
›sittliche Konstitution‹ zu entdecken ist und das seinerseits eine Evolution durchmachen kann, die mit der steigenden Anpassung des Schätzens und Handelns unter der
Herrschaft einer gegebenen Moral an die wechselnde Lebenswirklichkeit gar nichts zu tun hat! Nicht nur verschiedene Handlungsarten, Gesinnungen, Menschentypen usw.
sind immer nach derselben Moral (z. B. einer konstanten
Tendenz des Werturteils auf allgemeine Wohlfahrt) so und
so abgeschätzt worden — sondern die Moralen selbst
haben unabhängig hiervon und gegenüber aller bloßen
Anpassung primär gewechselt. Die sogenannten ethischen
›Relativisten‹ sind faktisch immer nur die Absolutisten
ihrer jeweiligen Gegenwart gewesen. Sie tragen die sittlichen Variationen nur als Stufen der ›Entwicklung‹ auf
die gegenwärtige Moral hin ab, und legen diese gegenwärtige Moral der Vergangenheit dann fälschlich als Ziel
und Maß unter. Die primären Variationen, die Variationen
der Schätzungsweisen, der Vorzugsregeln zwischen den
Werten selbst gehen ihnen dabei ganz verloren. Es ist
gerade der ethische Absolutismus, d. h. die Lehre, daß
es evidente ewige Vorzugsgesetze und eine ihnen entsprechende ewige Rangordnung unter den Werten gibt,
der diese viel tiefergreifende Relativität der sittlichen
Wertschätzungen erkannt hat und anerkennen durfte. Die
Moralen verhalten sich zu jener ewiggültigen Ethik, wie
etwa die Weltsysteme zum Beispiel das ptolomäische und
kopernikanische zum idealen System, das die Astronomie anstrebt. In den Moralen stellt sich jenes an sich
gültige System mehr oder weniger adäquat dar. Die sich
bildenden Lebenswirklichkeiten aber sind selbst immer

schon von den herrschenden Moralen mitbestimmt. Ihre Bildung steht unter dem Einfluß primären Wertens und Wollens, dessen eigne Veränderung nicht mehr durch Anpassung an diese Lebenswirklichkeit zu verstehen ist[1] Was die Kunstgeschichte erst in neuerer Zeit einzusehen beginnt, daß der Wandel der Ideale ästhetischer Darstellung, daß auch die Stilformen nicht — wie es z. B. Semper meinte — aus der Veränderung von Technik und Material, sowie von wechselndem Können allein bestimmt sind, sondern daß das »Kunstwollen«[2] selbst mannigfach gewechselt hat, das ist es, was auch die Geschichte des Sittlichen sich immer mehr zu eigen machen muß. Die Griechen z. B. entbehren nicht darum einer technischen Zivilisation, weil sie keine oder »noch« keine machen konnten, sondern weil sie keine machen wollten, weil eine solche nicht im Geiste der Vorzugsregeln lag, die ihre Moral« ausmachten. Unter »Moral« verstehen wir sodann die herrschenden Vorzugsregeln von Epochen und Völkern selbst — nicht etwa ihre philosophische und wissenschaftliche »Darstellung«, »Systematisierung« usw., die eine »Moral« nur zum Gegenstande hat.

Seine wichtigste Leistung vollzieht nun das Ressentiment dadurch, daß es für eine ganze »Moral« bestimmend wird, daß die in ihr liegenden Vorzugsregeln gleichsam pervertieren und so als »Gut« erscheint, was früher ein »Übel« war. Blicken wir in die Geschichte Europas,

---

[1] Die in der Phänomenologie der Stufen der Wertschätzung und des Wollens liegende Begründung dieses Satzes kann hier nicht gegeben werden. Ich habe sie und die Begründung aller hier vorangestellten Sätze in obengenanntem Buche entwickelt.

[2] Siehe hierzu: Worringers auf Riegls Forschungen beruhende Ausführungen in seinem Buche »Abstraktion und Einfühlung«.

so sehen wir das Ressentiment im Aufbau der Moralen in einer erstaunlichen Wirksamkeit. Und es soll nun die Frage sein, wie weit es einmal beim Aufbau der christlichen Moral und sodann im Aufbau der modernen bürgerlichen Moral mitgewirkt habe. Unser Urteil ist hier ein vom Urteil Friedrich Nietzsches weit abweichendes.

Wir glauben, daß zwar die christlichen Werte einer Umdeutung in Ressentimentwerte ungemein leicht zugänglich sind und auch ungemein häufig so gefaßt wurden, daß aber der Kern der christlichen Ethik nicht auf dem Boden des Ressentiments erwachsen ist. Wir glauben aber andererseits, daß der Kern der bürgerlichen Moral, welche die christliche seit dem 13. Jahrhundert immer mehr abzulösen begann, bis sie in der französischen Revolution ihre höchste Leistung vollzog, ihre Wurzel im Ressentiment hat. In der modernen sozialen Bewegung ist dann das Ressentiment zu einer stark mitbestimmenden Kraft geworden und hat die geltende Moral immer mehr umgestaltet.

Sehen wir uns zunächst die Frage an, ob die christliche Moral aus dem Ressentiment gespeist und unterhalten wurde.

III. Die christliche Moral und das Ressentiment.

Friedrich Nietzsche bezeichnet die ›Idee der christlichen Liebe‹ als die feinste ›Blüte des Ressentiments‹ [1].

In ihr rechtfertige sich also vor dem Bewußtsein, das in einem unterdrückten und zugleich rachsüchtigen Volke (dessen Gott auch, solange es politisch und sozial selb-

---

[1] Siehe ›Genealogie der Moral‹, 1. Abhandl., 8. Abschn.

ständig war, der ›Gott der Rache‹ war) aufgestapelte Ressentiment. (Siehe ›Genealogie der Moral‹.)

Diese paradoxe Behauptung Nietzsches ist — sofern man nur den ungeheuren Umschwung richtig würdigt, der von der antiken Liebesidee zur christlichen führt, was Nietzsche selbst nur sehr wenig und ungenau getan hat, — weit weniger paradox, als sie auf den ersten Blick erscheint. Ja, Friedrich Nietzsches Erklärung ist so tiefsinnig, so ernstester Erwägung würdig wie nur je eine, die in dieser Richtung gegeben worden ist. Ich hebe das um so schärfer hervor, gerade weil ich sie im letzten Grunde für völlig falsch halte.

Die griechischen und römischen Denker und Dichter haben uns in einzig klarer Weise gesagt, was für die antike Moral die Liebe bedeutete, und was sie wert war. Es genüge hier — ohne Nennung der Quellen im einzelnen — dies kurz zu sagen. Zunächst stehen hier logische Form, Gesetz, Gerechtigkeit, kurz das ›Rationale‹ innerhalb des Sittlichen überhaupt, das auf Maß und Gleichheit in Zuwendung der Güter und Übel beruhende Moment, an Wert über der Liebe. So groß die Wertunterschiede sind, die Platon z. B. im Symposion zwischen den Arten der Liebe macht, so bleibt doch ›Liebe‹ für den Griechen ein zur sinnlichen Sphäre gehöriger Tatbestand, und zwar eine Form des ›Begehrens‹, ›Bedürfens‹ usw., die dem vollkommensten Sein nicht eigen ist. Die antike — so fragwürdige — Einteilung der menschlichen Natur in ›Vernunft‹ und ›Sinnlichkeit‹, Formendes und Geformtes fordert dies geradezu! In der christlichen Moralsphäre wird dagegen die Liebe der rationalen Sphäre ausdrücklich an Wert übergeordnet — sie ›die mehr als alle Vernunft beseliget‹ (Augustin). In der Geschichte vom verlorenen Sohn ist es deutlich genug gesagt[1]. Die ›Agape‹ und ›Caritas‹ wird von ›Eros‹ und ›Amor‹ scharf und dualistisch geschieden, während der Grieche und Römer mehr die Vorstellung einer Kontinuität zwischen diesen Arten der Liebe hat, wenn auch Rangunterschiede der Arten anerkannt werden. Dagegen ist die christliche Liebe eine übernatürliche geistige Intention, die alle Gesetzmäßigkeit des natürlichen Trieblebens, z. B. Haß auf die Feinde, Rache und Vergeltungsanspruch durchbricht und auslöscht, und den Menschen in einen ganz neuen Lebensstand versetzen soll. Aber das ist noch nicht das hier Wesentliche. Das besteht vielmehr in der Bewegungsrichtung, die gemäß der antiken Moral und Weltanschauung die Liebe hat. Alle antiken Denker, Dichter, Moralisten sind darin einig: Liebe ist ein Streben, eine Tendenz des ›Niederen‹ zum ›Höheren‹, des ›Unvollkommneren‹ zum ›Vollkommneren‹, des ›Ungeformten‹ zum ›Geformten‹, des ›μὴ ὄν‹ zum ›ὄν‹, des ›Scheins‹ zum ›Wesen‹, des ›Nichtwissens‹ zum ›Wissen‹, ein ›Mittleres zwischen Haben und Nichthaben‹, wie Platon im Symposion sagt. So zerfallen alle Liebesbeziehungen unter Menschen, Ehe, Freundschaft usw. in einen ›Liebenden‹ und einen ›Geliebten‹, und der Geliebte ist dabei stets der Edlere, der vollkommnere Teil, und zugleich das Vorbild für Sein, Wollen, Handeln des Liebenden[2]. Ihre klarste Ausprägung

---

[1] Mit Recht ist gesagt worden, das Verhalten des Vaters zu seinen beiden Söhnen, sei ›ein Schlag ins Gesicht‹ gegenüber der antiken Gerechtigkeitsidee.

[2] Nur im Falle der Knabenliebe ändert sich die Terminologie, indem hier der φιλόμενος der jüngere, unvollkommnere Mensch ist, der ἐρασθής der ältere vollkommnere; aber dies sachliche Verhältnis der Wertungleichheit bleibt auch hier bestehen.

aber erhält diese aus den antiken Lebensbeziehungen erwachsene und aus ihnen abstrahierte Vorstellung in den mannigfachen Formen der griechischen Metaphysik. Schon Platon sagt: ›Wären wir Götter, würden wir nicht lieben.‹ Denn im vollkommensten Sein kann kein ›Streben‹, ›Bedürfen‹ mehr sein[1]. Liebe ist nur ein ›Weg‹ hier, ein ›Methodos‹. Und nach Aristoteles wurzelt in allen Dingen ein Drang, ein $\mathrm{\mathring{o}\varrho\acute{e}\gamma\varepsilon\sigma\vartheta\alpha\iota}$ und $\mathrm{\acute{e}\varphi\acute{\iota}\varepsilon\sigma\vartheta\alpha\iota}$ hinan nach der Gottheit, dem $N\mathrm{o\tilde{v}\varsigma}$: dem in sich seligen Denker, der die Welt ›bewegt‹ (als ›erster Beweger‹) aber nicht wie ein Wesen bewegt, das nach außen will und tätig ist, sondern so wie ›das Geliebte den Liebenden bewegt‹ (Aristoteles), d. h. also anzieht, gleichsam lockt und ladet, zu ihm zu kommen. In dieser Idee ist in einzigartiger Hoheit, Schönheit und antiker Kühle das Wesen der antiken Liebesidee ins Absolute und Grenzenlose erhoben. Eine große Kette dynamisch geistiger Einheiten ist das Weltall, die Dinge vom Sein der ›prima materia‹ angefangen bis zum Menschen, eine Kette, in dem das Niedrigere auf zum Höheren strebt, und von ihm, das sich nicht zurückwendet, sondern wieder nach seinem Höheren strebt, angezogen wird — und dies hinauf bis zur Gottheit, die selbst nicht mehr liebt, sondern nur das ewig ruhende, einheitgebende Ziel all jener mannigfaltigen Liebesregsamkeiten darstellt. Man hat zu wenig die eigenartige Verbindung beachtet, die diese Liebesidee mit dem Prinzip des Agon hat, des ehrgeizigen Wettkampfes um das Ziel, das vom Gymnasium und den Spielen bis in Dialektik und Politik der griechischen Stadt-

---

[1] Über das sachlich Ungegründete dieses griechischen Vorurteils vergleiche mein Buch: ›Zur Phänomenologie und Theorie der Sympathiegefühle und von Liebe und Haß‹, Niemeyer, Halle 1913.

staaten hinein das griechische Leben so machtvoll beherrschte. Auch die Dinge ›streben einander vor‹ jedes dem anderen in jenem Siegeswettlauf, jenem kosmischen Agon nach der Gottheit: nur daß der Preis, der hier den Sieger kränzt, ein überschwenglicher wird — der Anteil am ›Wesen‹, am Wissen und Haben des ›Wesens‹. Die Liebe ist hier nur ein dem Weltall einwohnendes dynamisches Prinzip, das diesen großen ›Agon‹ der Dinge um die Gottheit bewegt.

Dieser Konzeption stelle man nun die christliche gegenüber. Da findet etwas statt, was ich die Bewegungsumkehr der Liebe nennen möchte. Hier schlägt man dem griechischen Axiom der Liebe, daß Liebe ein Streben des Niederen zum Höheren sei, keck ins Gesicht. Umgekehrt soll sich die Liebe nun gerade darin erweisen, daß das Edle sich zum Unedlen herabneigt und hinabläßt, der Gesunde zum Kranken, der Reiche zum Armen, der Schöne zum Häßlichen, der Gute und Heilige zum Schlechten und Gemeinen, der Messias zu den Zöllnern und Sündern — und dies ohne die antike Angst, dadurch zu verlieren und selbst unedel zu werden, sondern in der eigentümlich frommen Überzeugung, im Aktvollzug dieses ›Beugens‹, in diesem Sichherabgleitenlassen, in diesem ›Sichverlieren‹ das Höchste zu gewinnen — Gott gleich zu werden[1]. Die Umformung der Idee Gottes und seines Grundverhältnisses zu Welt und Mensch ist nicht der Grund, sondern die Folge dieser Bewegungsumkehr der Liebe. Jetzt ist Gott für die Liebe der Dinge kein ewiges, ruhendes Ziel — gleich einem Sterne — mehr, das die Welt bewegt, wie

---

[1] Mit besonderer Schärfe ist der Gedanke auch ausgedrückt in den Abschnitten über die Liebe der ›Imitatio Christi‹ von Thomas a Kempis.

›das Geliebte den Liebenden bewegt‹, sondern sein Wesen selbst wird Lieben und Dienen und daraus folgend erst
Schaffen, Wollen, Wirken. An Stelle des ewigen ›ersten
Bewegers‹ der Welt tritt der ›Schöpfer‹, der sie ›aus
Liebe‹ schuf[1]. Das Ungeheure für den antiken Menschen,
das nach seinen Axiomen schlechthin Paradoxe, soll sich
in Galiläa begeben haben: Gott kam spontan herab zum
Menschen und ward ein Knecht und starb am Kreuz den
Tod des schlechten Knechts! Sinnlos wird nun der Satz,
man solle die Guten lieben, die Bösen hassen, den Freund
lieben, den Feind hassen. Es gibt ja keine Idee eines
›höchsten Gutes‹ mehr, das einen Inhalt hätte jenseits
und unabhängig vom Akte der Liebe selbst und ihrer
Bewegung! Von allen guten Dingen ist das beste die
Liebe selbst! Nicht ein Sachwert, sondern ein Aktwert,
der Wert der Liebe selbst als Liebe — nicht als das, was
sie wirkt und leistet, sondern so, daß alle Leistungen nur
als Symbole und Erkenntnisgründe ihres Seins in der
Person gelten, — ist nun das ›summum bonum‹. Und so
wird Gott von selbst zur ›Person‹, die keine ›Idee des
Guten‹, keine ›formvolle Ordnung‹, keinen *Λόγος* mehr
über sich, sondern nur mehr unter sich hat — als Folge
seiner Liebestat. Und er wird selbst ›liebender Gott‹ —
ein hölzernes Eisen für den antiken Menschen, eine ›unvollkommene Vollkommenheit‹! Wie scharf hat dies die
neuplatonische Kritik hervorgehoben, daß Lieben als ›Bedürfen‹ und ›Streben‹ ›Unvollkommenheit‹ anzeige, die

---

[1] Der spätere theologische Satz, Gott habe die Welt ›zu seiner Verherrlichung‹ geschaffen, entspricht dem Geiste des Evangeliums nicht und muß
als Überwucherung eines antiken Motivs in der christlichen Theologie verstanden werden. Nur der Satz, Gott verherrliche sich in seiner Liebesschöpfung, entspricht dem evangelischen Geiste.

von der Gottheit auszusagen falsch, vermessen und Sünde sei! Aber auch dies ist eine große Neuerung: Nach der christlichen Vorstellung ist Liebe ein unsinnlicher Akt des Geistes (kein bloßer Gefühlszustand wie für die Modernen), aber gleichwohl kein Streben und Begehren, und noch weniger ein Bedürfen[1]. Für diese Akte ist es ein Gesetz, daß sie sich in der Verwirklichung des Erstrebten verzehren, während die Liebe das nicht tut. Sie wächst in ihrer Aktion[2]! Und nun gibt es keine rationalen Prinzipien mehr, kein Gesetz und keine »Gerechtigkeit«, die unabhängig von der Liebe und vor ihr vorhergehend über ihre Aktion und deren Verteilung an die Wesen, je nach deren Werte leiten dürften! Alle, die Freunde und Feinde, die Guten und Bösen, die Edlen und die Gemeinen sind der Liebe wert[3]. Und bei jeder Erscheinung von fremder Schlechtigkeit muß ich sie mir selbst zur Mitschuld rechnen, da ich mir immer sagen muß: »wäre dieser Schlechte

---

[1] Die tiefste Befriedigung ist daher nicht verbunden mit dem, was die Liebe erreicht (als Strebensakt genommen), sondern mit ihr selbst. »Größer ist also die Freude Gottes, seine Gaben zu spenden, als die unsrige, dieselben zu empfangen.« (Siehe Theotimus von Franz von Sales, I. Bd., XI. Kap.)

[2] Es war auch sachlich der Grundirrtum der antiken Liebeskonzeption, sie unter ein »Streben«, »Bedürfen« zu subsumieren. Was immer Liebe an Streben, Sehnen nach dem Geliebten bedingen mag, so ist sie doch ein davon ganz unterschiedener Akt, ein Akt, in dem wir in einem Werte befriedigt ruhen, gleichgültig ob er realisiert ist oder in einem Streben als zu realisierend gegeben ist. Vgl. hierzu mein oben zitiertes Buch über die »Phänomenologie der Sympathiegefühle«.

[3] So prüft Aristoteles genau in seiner (Nikomachischen) Ethik, wie viel Liebe den einzelnen Klassen der nahestehenden Menschen zuzuwenden ist — »gerechtermaßen« — den Eltern, Freunden, Kindern, Fremden usw. Nach der sittlichen Grundidee des Christentums hätte dies zwar noch Sinn für das Wohlwollen (und erst recht für das Wohltun), welches indes nur eine Folge der Liebe ist. Für die Liebe selbst hat es keinen Sinn, da die Größe des jeweiligen Aktwertes der Liebe erst mit entscheidet, was der Wert der Menschen werde. Auch sachlich gilt, daß die Idee der Gerechtigkeit, soweit sie

schlecht, wenn d u ihn[1] genug geliebt hättest‹? Da sinn-
liches Mitfühlen samt seiner Wurzel im machtvollsten
Triebe unseres Geschlechts nach der christlichen Vorstellung nicht der Ursprung, sondern die partielle Hemmung
der Liebe ist, ist auch schon das Nichtlieben ›Schuld‹,
nicht erst das positive Unrechttun — ja die Schuld in
aller Schuld[2].

So hat sich das Bild unermeßlich verschoben. Das ist
nicht mehr eine Schar zur Gottheit emporrennender und
dabei sich überflügelnder Dinge und Menschen; das ist
eine Schar, deren jedes Glied auf das Gott Fernere zurück-
schaut, ihm hilft und dient — und eben darin der Gott-

---

ihren rationalen Faktor, daß ›Gleiches Gleichen zukommen soll‹ überragt
und irgendwie schon bestimmt gedacht wird, was zukommen soll, die Liebe
voraussetzt. Auch ein Mensch, der Gleiche immer gleich schädigte, hemmte,
tötete, wäre in diesem rationalen Sinne ›gerecht‹, ohne darum doch auf
die mit dem Namen ›Gerechtigkeit‹ bezeichnete sittliche Tugend Anspruch
machen zu können.

[1] Ihn oder einen dritten — xten — der ihn kannte.

[2] Es ist natürlich die prinzipiellste Frage, die es hinsichtlich des Liebesaktes
gibt, ob derselbe nur eine Verfeinerung, Sublimierung, Verschiebung ursprünglich sinnlicher Triebimpulse darstellt, darunter auch des vitalen
Mitgefühls und schließlich seines stärksten Ausdruckes im Triebe zum anderen Geschlechte — oder ob er ein ursprünglich geistiger Aktus ist,
der in seiner Gesetzmäßigkeit von der leiblich-sinnlichen Konstitution un--
abhängig ist und nur mit den durch sie begründeten Trieben und Gefühlen Verbindungen solcher Art eingeht, daß die Triebregungen für die
Auslese und die Lebhaftigkeit bestimmend werden, nach und mit
denen uns das jeweilige Intentionsobjekt der Liebe faktisch zugeht. Das
Letztere ist prinzipiell auch die in der christlichen Liebesidee liegende
Überzeugung. Über ihre sachliche Berechtigung habe ich eingehend
im Kapitel ›Liebe und Trieb‹ in oben zitierter Schrift gehandelt. Nur dies
sei hier gesagt: wenn sie richtig ist, so kann die sinnliche und vitale Sympathie mit ihrer gesetzmäßigen Abstufung des Grades nach Ähnlichkeit
der Wesen usw. nicht als Quelle der Liebe, sondern nur als eine sie
beschränkende und verteilende Kraft angesehen werden, durch
die sie in den Dienst der Lebenszwecke gestellt wird — ohne darum ein
Ergebnis und Produkt vitaler Entfaltung zu sein.

8

heit gleich wird, die ja selbst dieses eine große Lieben
und Dienen und Sichherablassen zum Wesen hat.

Ich verfolge hier nicht die konstruktiven Ausgestal-
tungen dieser Umkehr einer Gemütsbewegung in Dogma,
Theologie, Kultus, so anziehend das besonders bei Paulus
und Augustinus wäre. Ich halte mich an das Wesentliche
und frage: woher die Umkehr dieser Bewegungsrichtung?
Ist wirklich Ressentiment dafür die bewegende Kraft?

Je länger und eindringlicher ich über diese Frage nach-
sann, desto klarer wurde mir, daß die Wurzel der christlichen Liebe von Ressentiment völlig frei ist — daß aber
andererseits keine Idee leichter durch vorhandenes Ressentiment für dessen Tendenzen zu verwenden ist, um eine
jener Idee entsprechende Emotion vorzutäuschen; und
dies häufig so weit, daß auch das geschärfteste Auge nicht
mehr zu entscheiden vermag, ob echte Liebe vorliegt oder
nur das Ressentiment sich den Ausdruck der Liebe gewählt hat[1]

Es gibt zwei grundverschiedene Arten, in denen sich
der Starke gegen den Schwachen, der Reiche gegen den
Armen, überhaupt das vollkommenere Leben gegen das
›unvollkommenere‹ — zu ihm sich herabbeugend und ihm
helfend, verhalten kann. Einmal jene Art, die dabei zum

---

[1] Eine von Ressentiment getriebene Persönlichkeit ist — wie schon hervorgehoben — z. B. der Kirchenvater Tertullian, von dem auch Fr. Nietzsche
eine Stelle anführt, in der er die Seligkeit der Seelen im Himmel speziell
darauf aufbaut, daß sie die Qualen der Verdammten erblicken. Aber auch
sein berühmtes: ›Credo, quia absurdum, credo quia ineptum‹ und seine gesamte maßlose Haltung gegen die antike Kultur und Religion zeigt, wie er
die christlichen Werte oft nur benutzt, um seine Gehässigkeit gegen die
antiken Werte zu befriedigen. Eine vorzügliche Schilderung des Werdens
eines Ressentimentchristentums gibt auch C. F. Meyer in seiner Novelle
der ›Heilige‹.

inneren Ausgangspunkt und zur motivierenden Kraft ein
mächtiges Gefühl der eigenen Geborgenheit, des Fest-
stehens, des innersten Gerettetseins und der unbesieg-
lichen Fülle des eigenen Daseins und Lebens hat, und aus
allem dem zusammen das klare Bewußtsein, abgeben zu
können von dem eigenen Sein und Haben. Hier ist Liebe,
ist Opfern, Helfen, sich Herabbeugen zum Kleineren und
Schwächeren ein spontanes Überfließen der Kräfte, begleitet von Seligkeit und innerster Ruhe. Gegenüber dieser
natürlichen Liebes- und Opferbereitschaft ist aller spezifische
»Egoismus«, ist das Hinsehen auf sich, sein Interesse,
ist auch der eigentliche Trieb der »Selbsterhaltung« bereits ein Anzeichen des gehemmten, geschwächten Lebens.
Leben ist wesentlich Entfaltung, Entwicklung, Wachstum
an Fülle — also nicht, wie eine falsche Lehre lautet, »Selbsterhaltung« — als wären alle Entwicklungs-, Entfaltungs-,
Wachstumserscheinungen nur Epiphänomene zu bloßen
Kräften der Erhaltung und darum auf Erhaltung des »besser
Angepaßten« zurückzuführen. Es gibt nach unserer Ansicht wohl auch ein Opfer des Lebens, selbst für noch
höhere Werte, als Leben sie birgt; aber darum ist nicht
jedes Opfern ein gegen das Leben und seine Förderung
gerichtetes Tun[1]. Vielmehr gibt es ein Opfern, das freies
Abgeben des eigenen vitalen Reichtums ist, ein schönes

---

[1] Wir beschränken mit Absicht unsere Ausführugen auf diese vitale Seite
und sehen davon ab, daß die puren Geistesakte und ihre Gesetzmäßigkeit,
sowie ihre Gegenstände und deren Sachzusammenhänge aus dem »Leben«
in keiner seiner möglichen philosophischen Fassungen begriffen werden
können; daß es mithin auch ganze Reihen von Werten und werterfassenden
Akten gibt, die von Lebenswerten und Lebensakten unabhängig sind. Die
»Sicherheit« und »Geborgenheit« des Christen ist an erster Stelle Sicherheit
und Geborgenheit in einer über das Leben und seinen möglichen Schicksalen
wesenhaft erhabenen Welt. Aber da derjenige, der die These der Her-

und natürliches Überfließen der Kräfte. Dieser Opferdrang gegenüber Wesen, mit denen wir durch die allem Lebendigen eigene Gabe von Miterleben mit anderem Lebendigen (graduell abgestuft nach der Nähe und Gleichartigkeit dieses Lebendigen mit dem betreffenden Wesen) uns im Gegensatz zu allem ›Toten‹ einig und solidarisch, fühlen, ist durchaus keine bloße Erwerbung des Lebens, die man aus ursprünglich egoistischen Trieben ableiten könnte. Er ist ursprünglich dem Leben eigen und dies vor allen besonderen ›Zielen‹ und ›Zwecken‹, in die Berechnung, Verstand, Überlegung nachträglich diesen ›Drang‹ stellen. Es drängt uns, zu opfern — ehe wir wissen warum und wofür und für wen! In dem Bilde Jesu von Natur und Leben, das zuweilen stückweise und in Andeutungen verborgen durch seine Reden und Gleichnisse hindurchschimmert, sehen wir noch deutlich genug, daß er diese Tatsache sah. Nicht darum sagt er ›beschäftigt euch nicht damit, was ihr essen und trinken sollt‹, weil ihm Leben gleichgültig wäre und was zu seiner Erhaltung gehört, sondern weil er in allem ›Sichsorgen‹ um den nächsten Tag, in der Einstellung auf das eigene körperliche Wohl auch eine vitale Schwäche sieht. ›Die Sperlinge ohne Vorratskammer und Scheune, die Lilien, die nicht spinnen und weben und die Gott doch herrlicher als Salomo klei-

---

kunft der christlichen Liebesidee aus dem Ressentiment aufstellte, Fr. Nietzsche, diese Behauptung nicht anerkennt und sogar die Idee der Wahrheit unter die ›Lebenswerte‹ subsumieren will, so dürfen wir hier dies nicht voraussetzen. Wir wollen uns genügen lassen, zu zeigen, daß auch unter seiner Voraussetzung, es sei das Lebensmaximum der höchste Wert, seine Behauptungen irrig sind. Über die sachliche Rangstufe der ›Lebenswerte‹ in der Rangordnung der Werte siehe meine eingehenden Begründungen in ›Der Formalismus in der Ethik und die materielle Wertethik‹, Teil II, Niemeyer 1914.

det usw.‹ (Lukas 12,27), sie sind ihm Bilder für jenen tiefen Gesamteindruck, den er vom Leben hat: daß jede willkürliche Aufmerksamkeit auf das eigene sinnliche Wohl, dieses Sichsorgen und Ängstigen, die schöpferische Kraft, die unwillkürlich alles Leben wohltätig leitet, eher hemmt als fördert. ›Und wer von euch kann mit allen seinen Sorgen sein Leben auch nur um eine kurze Zeit verlängern?‹ (Lukas 12,25) Diese Art von Gleichgültigkeit gegen die äußeren Lebensmittel (Nahrung, Kleidung usw.) ist in ihm kein Zeichen von Gleichgültigkeit gegen das Leben und seinen Wert, sondern ein grundtiefes und heimliches Vertrauen auf die eigene Kraft des Lebens selbst und eine innere Sicherheit gegen die mechanischen Zufälle, in die es gerät. Eine frohe, leichte, kühne, eine ritterliche Gleichgültigkeit gegen die Lebensumstände, aus der Tiefe des Lebens selbst herausgeholt, ist hier der Born, aus dem diese Worte fließen! Egoismus, Todesfurcht (die in der Antike so verbreitet war, daß manche Philosophenschulen wie z. B. die Epikureer, die Philosophie geradezu abzielen lassen darauf, uns ›von der Todesfurcht zu befreien‹) ist ein Zeichen niedergehenden, kranken, gebrochenen Lebens[1]. In den Zeiten größter Vitalität war man gleichgültig gegen das Leben und sein Ende. Diese Gleichgültigkeit ist selbst ein vital wertvoller Gemütszustand.

Liebe und Opfern dieser Art gegenüber dem Schwächeren, Kranken, Kleinen usw. ist also aus innerer Geborgenheit und eigener Lebensfülle geboren. Und je tiefer und zentraler — außer jener vitalen Sicherheit, noch jene andere Sicherheit und Seligkeit, jenes ·sich Geborgen-

---

[1] Vgl. hierzu mein demnächst erscheinendes Buch: ›Der Tod und die Seele‹.

wissen in der Burg des letzten Seins selbst ist (Jesus nennt sie ›Gottesreich‹), desto mehr kann und darf der Mensch fast spielerisch ›gleichgültig‹ sein gegen sein ›Schicksal‹ in den peripheren Zonen seines Daseins, hinsichtlich alles dessen, wo es noch ›Glück‹ und ›Leid‹, ›Angenehmes‹ und ›Unangenehmes‹, ›Lust‹ und ›Schmerz‹ gibt[1].

Wächst nun aber dieser Art des spontanen Liebes- und Opferdranges durch Erblicken des Kleinen, Armen, Gedrückten eine Gelegenheit der Betätigung zu und ein bestimmter Zweck zu helfen z. B., so ist der jeweilige Anlaßgegenstand für den Betreffenden nicht eine mit Befriedigung wahrgenommene Gelegenheit, sich in die Erscheinungen der Armut, des Kranken und Häßlichen usw. zu versenken, sondern er opfert und hilft diesem kämpfenden Leben nicht wegen, sondern trotz dieser negativen Wertmomente, er hilft, um das in ihm noch Heile, das, was es an positiven Werten noch in sich birgt, zur Entfaltung zu bringen. Nicht weil er krank ist, arm, klein, häßlich usw., richtet sich Liebe und Opferwille auf ihn, um in diesen Erscheinungen passiv zu verweilen, sondern weil die positiven Lebenswerte selbst schon (und erst recht natürlich die geistig persönlichen Werte dieser Individualität) von diesen Eigenschaften gar nicht abhängig sind und weit tiefer als sie liegen, vermag (und ›soll‹ darum) die eigene Lebensfülle die natürliche Angst- und Fluchtreaktion vor diesen Erscheinungen überwinden, und die Liebe in hilfreicher Tat das Positive in dem Armen, Kranken usw.

---

[1] Die ›Seligkeit‹ im christlichen Sinne ist dadurch charakterisiert, daß sie im Wechsel und Wandel jener Gemütszustände ruhig im Zentrum der Seele verharrt und im Erleben selbst das Bewußtsein ihrer Unzerstörbarkeit — von außenher — in sich trägt.

entwickeln. Nicht das Kranke und Arme an dem Kranken und Armen wird geliebt, sondern das was hinter diesem ist, und von diesem wird ihm nur »geholfen«. Wenn Franziskus von Assisi eiternde Wunden küßt und selbst die ihn beißenden Wanzen nicht tötet, sondern ihnen seinen Körper wie ein gastlich Haus überläßt, so könnten ja diese Handlungen (nur von außen gesehen) Folgen einer Pervertierung des Wertgefühls und Instinktes sein. Aber sie sind es hier tatsächlich nicht. Es ist nicht Mangel an Ekel oder Lust an dem Eiter, sondern eine Überwindung des Ekels durch ein tieferes Lebens- und Kraftgefühl, das sich so äußert! Das ist ein völlig anderes, inneres Verhalten, als z. B. die Haltung des verflossenen modernen Realismus in Kunst und Dichtung, die Aufdeckung des sozialen Elends, die Kleineleutemalerei, das Wühlen im Kranken, — eine durchaus aus Ressentiment geborene Erscheinung. Diese Leute sahen in allem Lebendigen ein Wanzenhaftes, während Franz noch in der Wanze das »Leben«, das heilige, erblickt[1].

Der antiken Liebeshaltung und -Idee lag demgegen-

---

[1] Die Fioretti (Kap. 10) erzählen, daß Franziskus auf die Frage, warum gerade er ausersehen worden sei, die Menschen durch seine Predigt dem wahren Leben zuzuführen, geantwortet habe: » . . . denn Seine heiligen Augen sahen unter den Sündern keinen, der elender war denn ich; keinen, der untüchtiger war denn ich; keinen, der ein größerer Sünder war denn ich; und um das wundersame Werk zu vollbringen, das er sich vorgenommen, fand er kein Geschöpf auf Erden, das armseliger war; darum hat er mich auserwählt, um die Welt zu beschämen mit ihrem Adel und ihrem Stolz und ihrer Stärke und ihrer Schönheit und ihrer Weisheit . . . usw.« Hierin könnte man versucht sein, Ressentiment zu sehen. Indes ist mit den Worten »Adel, Stolz, Stärke, Schönheit, Weisheit der Welt« und ihrer »Beschämung« doch nur gemeint ihre relative Untergeordnetheit hinsichtlich ihrer Werte unter die Werte des Gottesreiches, das seinen Wert aber nicht erst aus dem Gegensatz zur »Welt« ableitet, sondern ihn nur unabhängig von den »Werten der Welt« in sich selber trägt.

über ein Moment von Lebensangst zugrunde. Das Edlere ängstigt sich hier, zum Unedleren zu kommen, da es dauernd Anteil an ihm gewinnen könnte und durch es hinabgezogen zu werden fürchtet. Es fehlt dem antiken ›Weisen‹ die Festigkeit der innersten Selbst- und Selbstwertgewißheit des Genius und Helden der christlichen Liebe.

Aber noch ein Charakteristikum für diese Art! Liebe im Sinne Jesu hilft und hilft tatkräftig! Aber sie besteht nicht im Helfenwollen, oder auch nur im ›Wohlwollen‹. Sie bleibt wie versunken in den positiven Wert; und Wohlwollen und Helfen sind nur ihre Folgen. Die Scheinliebe des Ressentimentmenschen hilft nicht, da ja das pervertierte Wertfühlen die Übel ›Krankheit‹, ›Armut‹ usw. zu Gütern umgelogen hat, und nach ihm ›Gott mit besonderem Wohlgefallen auf die Kleinen herabsieht‹, so daß es sie von ihrem Heile gerade entfernen hieße, machte man die Kleinen groß, die Kranken gesund usw.[1] Aber Liebe im genuinen christlichen Sinne gewinnt darum nicht ihren Wert erst durch die Förderung, den Nutzen, welche die aus ihr hervorquellende hilfreiche Tat leistet. Der Nutzen kann groß sein mit wenig Liebe oder gar keiner

---

[1] Eine aus Ressentiment geborene Gemütsbewegung ist darum auch das, was Schopenhauer ›Mitleid‹ nennt. Denn seine Bedeutung besteht für Schopenhauer nicht in ihm als einer Äußerung der Liebe, — die er vielmehr aus dem Mitleid verstehen will —, auch nicht in einem Faktor, der zu Wohlwollen und Wohltun leitet, sondern nur in einem vermeintlichen Innewerden der metaphysischen Identität des an sich selbst leidenden Willens in allen Individuen. Jedes darauf sich aufbauende Wohlwollen und Wohltun könnte nur von dieser meptaphysischen Erkenntnis abziehen und wieder in die Welt der Individuation verstricken. Darum weiß Schopenhauer auf die Klagen über Unglück und Elend seiner Freunde immer nur zu antworten: ›Sehen Sie, wie wahr meine Philosophie ist‹! (Siehe Briefe Schopenhauers an Frauenstädt.)

Liebe und klein bei großer Liebe. Die Pfennige der Witwe sind nicht darum mehr vor Gott als die Gaben der Reichen, weil sie bloß ›Pfennige‹ sind, oder weil die Gebende eine ›arme Witwe‹ ist, sondern weil sie in ihrem Tun mehr Liebe verrät! Das Wachstum des Wertes liegt also ursprünglich immer auf Seiten des Liebenden, nicht auf Seiten dessen, dem geholfen wird! Liebe ist hier keine seelische ›Wohltätigkeitsanstalt‹; und es gibt zwischen ihr und der eigenen Seligkeit keinen Gegensatz! Im Akte des Sichverlierens der Person erfolgt ihr ewiges Sich-Gewinnen! Im Lieben selbst und Geben ist der Mensch selig! Denn ›Geben ist seliger denn Nehmen‹! Nicht unter den unzähligen Kräften, die menschliche oder soziale Wohlfahrt fördern, ist Liebe ›auch eine‹ und darum wertvoll und ihre Träger auszeichnend! Sondern sie selbst, die Erfülltheit der Person von ihr, das höhere, festere, reichere Sein und Leben, dessen Juwel und Ab-zeichen ihre Bewegung selbst ist, ist das in sich Wert-volle. Nicht auf die Größe der Wohlfahrt, sondern darauf, daß unter Menschen ein Maximum von Liebe sei, kommt es also hier an! Das Helfen ist unmittelbarer und adäquater Ausdruck der Liebe, nicht ihr ›Zweck‹ und Sinn. Dieser Sinn liegt nur in ihr selbst — in ihrem Auf-glänzen in der Seele und dem Adel der liebenden Seele im Akte ihrer Liebe. Nichts also ist diesem genuinen Be-griffe der christlichen Liebe ferner, als alle Art von ›Sozialismus‹, ›sozialer Gesinnung‹, ›Altruismus‹ und ähnliche moderne subalterne Sachen. Wird dem reichen Jüngling geboten, er solle sich seiner Reichtümer ent-ledigen und sie den Armen schenken, so wird dies wahr-lich nicht darum getan, daß die ›Armen‹ etwas bekommen,

und weil man meinte, dadurch eine bessere Verteilung des
Besitzes für die allgemeine Wohlfahrt zu erzielen; aber
ebensowenig weil Armut an sich besser wäre als Reichtum, sondern weil der Aktus des Weggebens, die geistige
Freiheit und Liebesfülle, die sich in jenem Akt kundgibt,
den reichen Jüngling adelt und noch viel ›reicher‹ macht,
als er ist.

Auch in den metaphysisch religiösen Konzeptionen des
Verhältnisses des Menschen zu Gott findet sich dieses
Moment wieder. An Stelle des alten Vertragsverhältnisses
von Gott und Mensch, der Wurzel aller ›Gesetzhaftig-
keit‹, tritt das Liebesverhältnis unter dem Bilde der
Gotteskindschaft! Und auch die Liebe ›zu Gott‹ soll sich
nicht nur auf seine Werke gründen, etwa als Dankbar-
keit für all das, was er stündlich gibt, für seine Erhaltung
und Fürsorge — sondern alle jene Erfahrungen seines
Tuns und seiner Werke sollen nur den Blick konzentrie-
rend zurück- und emporlenken auf die ›ewige Liebe‹ und
die unendliche Wertfülle, die sich in diesen Werken bloß erweist. Nur weil sie Werke des Liebenden sind, sollen
auch die Werke Bewunderung und Liebe finden! So stark
hatten die besten mittelalterlichen Christen noch diese
präzise Vorstellung, daß Hugo von St. Viktor in seiner
Schrift über ›das Lösegeld der Seele‹ (De arrha animae)
die Liebe, die sich erst auf die göttlichen Wohltaten und
Werke gründen will, ›eine Liebe einer Hure gleich‹ nennt!
Aber schon in dem Spruche Salomonis: ›Wenn ich Dich
nur habe, frage ich nichts nach Himmel und Erde‹ ist
diese strenge Antithese gegen die Vertragsidee, die doch
auch jene Dankbarkeitsliebe durchschnittlicher Kirchlich-
keit noch im Keime in sich hat, gegeben. Nicht Gott ist

seines Himmels und seiner Erde wegen zu lieben — sondern Himmel und Erde, weil sie Gottes sind! Weil durch sie als fühlbarer Ausdruck die ewige Liebe — nicht als Zweckidee — hindurchschimmert[1]. Und dasselbe gilt wieder für die Gottesidee selbst. Die Antike hatte die Vorstellung einer begrenzten Liebeskraft im Universum, und forderte darum, daß mit dieser sparsam umzugehen sei und Liebe auf jeden nur nach seinem ihm einwohnenden Werte gerichtet werden dürfe. Indem nun die Idee konzipiert wird, daß die Liebe in Gott selbst, dem Unendlichen, ihren Ursprung habe, er selbst die unendliche Liebe und Barmherzigkeit sei, tritt von selbst die Folgerung auf, daß man die Guten und Schlechten, die Gerechten und Sünder lieben müsse, die Freunde und Feinde; und daß sich gerade in der Liebe zu den letzteren die echteste, übernatürliche Liebe bekunde. Wogegen nun die antike Forderung, die Guten und Gerechten zu lieben und die

---

[1] Vgl. den Schluß der Verse der hl. Therese:

> »Und würd' ich auch nicht hoffen, wie ich hoffe,
> Ich würde dennoch lieben wie ich liebe.«

Siehe auch Franz Brentano: »Ursprung sittlicher Erkenntnis«. (Anhang.) Oder die Stelle im Gebet der hl. Gertrud, wo sie den Wunsch ausspricht, daß Jesus so arm und klein wie sie wäre, sie selbst aber alle Allmacht und Allweisheit (wie Gott) hätte, damit sie sich dieser entäußern könne, um zu Jesus herabzukommen. (Siehe Preces Gertrudianae, Beuron.) Oder den Wunsch des Meisters Eckehart, »daß er lieber mit Jesus in der Hölle, als ohne ihn im Himmel sein wolle«. Stellen dieser Art, die sich beliebig häufen ließen, zeigen, wie vollständig ungegründet die Behauptung I. Kants und vieler anderer ist, daß jeder Hinblick auf Gott im sittlichen Handeln auch ein Hinblick auf Belohnung und Strafe und darum eudämonistisch und egoistisch sei. »Nichts ist mir süß, was mich nicht zu Gott führt; möge mir der Herr alles nehmen, was er mir geben will und sich selbst mir geben«. Augustinus Ennarr. 2. Vgl. zu dem Gesagten die beiden oben zitierten Arbeiten des Verf. über »Sympathiegefühle« und »Formalismus« usw.« II. Teil.

Bösen und Ungerechten zu hassen, unter den verwerfenden Titel des ›Pharisäismus‹ fällt. Ja, in den weiteren metaphysischen Zusammenhängen wird nun Gott nicht nur der ›Schöpfer‹ (an Stelle eines bloßen Ideals, eines vollkommenen Seins der Welthinanbewegung), sondern der ›Schöpfer aus Liebe‹, dessen Schöpfung, die ›Welt‹ selbst, nur die momentane Erstarrtheit einer unendlich weiterquellenden Liebesgeste ist. Indem an Stelle des Sichselbstdenkers ($\nu\acute{o}\eta\sigma\iota\varsigma$ $\nu o\acute{\eta}\sigma\epsilon\omega\varsigma$) und -Betrachters, den der Gang der Weltdinge nicht kümmert und der auch nicht wahrhaft verantwortlich ist für die Welt[1], jenes logischen Egoisten, in dem sich für die griechische Metaphysik das Lebensideal des ›Weisen‹ verabsolutiert hat, der persönliche Gott tritt, der aus Liebe, aus einem unendlichen Überfluß der Liebe die ›Welt‹ schuf — nicht um einem Vorhandenen zu helfen, denn ›nichts‹ war vor ihm — sondern nur als Äußerung seines Überflusses an Liebe, findet eben dieselbe geistige Lebenswendung auch ihren theologisch begrifflichen Ausdruck.

In all dem finden wir nichts von Ressentiment! Nur ein seliges Herablassen und Herablassenkönnen aus einem Überflusse an Kraft und Hoheit!

Indes es gibt eine ganz andere Art des Sichherabbeugens zum Kleinen, Niedrigen, Schlechten — so ähnlich sie äußerlich der eben bezeichneten Art scheinen mag. Da

---

[1] Ob der Gott des Aristoteles auch nur von der Welt und ihrem Inhalte wisse, ist bekanntlich strittig. Franz Brentano entscheidet neuerdings (siehe sein Werk über Aristoteles in der v. Asterschen Sammlung) dahin, daß er, indem er sich wisse, auch ›in sich selbst gleichzeitig die Welt wisse‹. Doch beruht diese Annahme Brentanos auf der Behauptung, daß Aristoteles den Evidenzvorzug der inneren Wahrnehmung gelehrt habe, eine Behauptung, die mir fraglich erscheint.

erwächst Liebe nicht aus dem Überfluß der eigenen Lebensmacht, der Geborgenheit und Festigkeit. Sie wird nur ein schöner Name für Selbstflucht, für ein ewiges Abgestoßensein von sich selbst, das erst sekundär die Zuwendung zu einem »anderen« bedingt, für eine Unfähigkeit, »zuhause zu bleiben« bei sich (»chez soi«). Es ist ein radikaler Unterschied, ob Zuwendung zu einem erblickten positiven Wert die in aller Fremdliebe liegende Abwendung von dem eigenen Selbst fundiert, oder ob die Intention eine ursprüngliche Abwendung ist von sich, und nun draußen sucht und sucht, um in dem Scheine der Fremdliebe ihren eigenen Träger zu hassen. Eine solche »Liebe« ist in Haß fundiert, in Haß gegen sich, gegen sein eignes Elend und seine Schwäche! Die Seele ist hier immer im Aufbruch begriffen, in die Weite und die Ferne zu gehen! Eine Angst, sich selbst und ihre Minderwertigkeit zu schauen, treibt sie, dem anderen schon als »anderem« überhaupt, nicht wegen seiner positiven Werte — sondern bloß weil es »ein anderes« ist, ein »Nichtich«, sich hinzugeben. Moderner philosophischer Jargon hat dies sehr bezeichnend »Altruismus« genannt, eines der vielen modernen Ersatzmittel für Liebe! Hier ist nicht ein Erschauen eines positiven Wertes das Erste, auf das sich die Liebesbewegung aufbaut, oder ein Aufblitzen des positiven Wertes in der Liebe selbst, sondern eine bloße Abwendung von sich selbst, ein Aufgehen in den Angelegenheiten anderer. Wer wäre dem Typus noch nicht begegnet, den wir bei Sozialisten, Frauenrechtlerinnen, überhaupt den Menschen mit immer bereitstehender sogenannter »sozialer Gesinnung« so häufig finden, und hinter dessen sozialer Betriebsamkeit so klar fühlbar die

Unfähigkeit liegt, die Aufmerksamkeit auf sich selbst, seinen Lebensfragen, seinen Aufgaben verweilen zu lassen?[1]
Wegsehen von sich hält man hier für Liebe! Es ist ja
sonnenklar, daß »Altruismus«, bloßes inneres Gerichtet-
sein auf »andere« und ihr Leben, mit Liebe nicht das mindeste zu tun hat! Auch der Boshafte, der Neidische z. B.
vergißt seine Interessen, seine »Erhaltung« selbst über
dem Erlebnis des anderen, des Schadens, den er ihm zufügt und des Leidens, das dieser daran leidet[2] Und umgekehrt gibt es echte »Selbstliebe«, die mit »Egoismus«
gar nichts zu tun hat[3], für den es gerade wesentlich ist,
daß nicht der Wert des isolierten Selbst in seiner Fülle
erfaßt wird und gegeben ist, sondern nur der Mensch in
Hinsicht auf den anderen, als Glied der Gesellschaft,
das ein Mehr als der andere zu haben und zu gewinnen
sucht. Die Beziehung auf »mich« und den »anderen« ist
eben für das Spezifische von Liebe und Haß ganz un-
wesentlich. Diese Akte sind in sich verschieden, und von
der Richtungsbezogenheit auf mich und den anderen ganz
unabhängig!

Wie dieser »altruistische« Drang also nur eine Form
des Hassens ist — des Selbsthasses — und sich nur unter
einer täuschenden Vorspiegelung des Bewußtseins als ein

---

[1] Es ist selbstverständlich, daß bei »Aufmerksamkeit« nicht gedacht ist an
eine Selbstanalyse, sondern an Sinn und Sorge für das eigene Heil.

[2] Vgl. hierzu meine Typenlehre der Mitgefühlstäuschungen in dem Buche:
»Zur Phänomenologie und Theorie der Sympathiegefühle usw.«

[3] Niemand hat dies schärfer und klarer ausgeführt als Aristoteles in der
Nikomachischen Ethik: Siehe das Kapitel »Selbstliebe«. Der Freund, der
dem Freunde Besitz und Leben opfert, vollzieht darin den höchsten Akt der
»Selbstliebe«. Denn ihm überläßt er die niedrigeren Güter; sich selbst aber
bedeckt er in diesem Opferakte mit dem »Ruhm der edlen Tat«, d. h. dem
höheren Gut.

Gegenteil des Hassens, als ›Liebe‹ ausgibt, so ist nun aber auch in der, im Ressentiment wurzelnden sittlichen Haltung, die Liebe zu den ›Kleinen‹, den ›Armen‹, ›Schwachen‹, ›Gedrückten‹ usw. nur ein vermummter Haß, verdrängter Neid, Scheelsucht usw. auf die entgegengesetzten Erscheinungen ›Reichtum‹, ›Stärke‹, ›Lebensmacht‹, ›Glücks- und Daseinsfülle‹! Jede Art des Hassens, das sich nicht hervorwagt, läßt sich ja leicht unter der Form eines scheinbaren Liebens ausdrücken, des Liebens zu ›etwas‹, das die entgegengesetzten Züge trägt, als das Gehaßte. Und zwar so, daß das geheime Relationsglied des Hasses nicht genannt wird. Wo immer wir jenen scheinfrommen, salbaderischen Ton vernehmen (den Ton einer gewissen besonders ›sozialen‹ Priesterart), daß Liebe zu den ›Kleinen‹ an erster Stelle geboten sei, Liebe zu den ›Schwachen im Geiste‹ — da Gott mit ›besonderem Wohlgefallen‹ auf sie schaue — da täuscht oft nur Haß das Bild der christlichen Liebe vor! Wir fühlen hier deutlich, mit welcher heimlichen ›Befriedigung‹ der Blick gerade auf diesen Erscheinungen ruht — und daß es nicht wie für die echte Intention der Liebe auf die positiven höheren Werte ankommt, die hinter ihnen sein mögen, sondern gerade sie Gegenstand der Liebesintention werden; auch natürlich nicht auf die hilfreiche Tat, die jene ›Kleinen‹ ja eben Gott ›weniger wohlgefällig‹ machen müßte, also gemäß dieser Wertschätzung eine Äußerung des ›Hasses‹ sein müßte, sondern nur im Verweilen in diesen Erscheinungen. Und wenn dann weiter im gleichen Tone hingewiesen wird auf den Lohn, den diese Menschen im ›Himmel‹ für ihre Mühsale finden werden, und der ›Himmel‹ wie eine bloße Umkehr der irdischen Ordnung erscheint (»die Ersten werden die Letzten sein«), so fühlt man deutlich, wie der ressentimenterfüllte Mensch nur die Rache, die er an den Großen nicht üben kann, auf Gott überträgt, um im jenseitigen Mechanismus der Belohnungen und Bestrafungen wenigstens in der Phantasie die Rache zu stillen, die hier zu stillen er zu ohnmächtig ist. Das ist immer noch der rächende Jehova, der im Kerne dieser Gottesidee des Ressentimentchristen sitzt, nur daß er seine Rache jetzt unter der Scheinliebe zu den »Kleinen« verhüllt. Hier steht auch das Reich »Gottes«nicht mehr in organischer, erlebter Verknüpfung mit dem sichtbaren Reiche — so daß in ihm die Wertgesetze und Vergeltungsgesetze, die schon im sichtbaren Reich gelten und erscheinen, nur reinste und vollkommenste Ausprägung finden — sondern es ist nun zum »Jenseits« geworden, das mechanisch neben dem »Diesseits« steht (ein Gegensatz, der den lebendigsten christlichen Zeiten unbekannt war), und stellt nur eine Seinsfläche dar, auf der die Schatten der erfahrenen Menschen und Ereignisse ihren, vom Ressentiment geleiteten, den Regeln des Erdenrhythmus einfach entgegengesetzten, Tanz tanzen.

Alle vorwiegende Beschäftigung Jesu mit den Armen, den Kranken, den Mühseligen und Beladenen, den Zöllnern, selbst jene geheimnisvollwundersame Neigung in ihm für die Sünder (siehe »Ehebrecherin«, »Salbung Jesu durch die Sünderin«, »Gleichnis vom verlorenen Sohn«), die leise Ironie, ohne die er nicht von den »Guten und Gerechten« reden kann und die durch Worte wie: »die Gesunden brauchen keinen Arzt, aber die Kranken«, »ich bin nicht gekommen um Gerechte, sondern um Sünder zur Buße zu rufen‹ keineswegs verständlich gemacht sind, wenn man erwägt, daß er doch sogar von sich selbst den Namen eines ›Guten‹ ablehnt; (›Was nennt ihr mich gut? Niemand ist gut außer euer Vater im Himmel‹, Lukas 18, 19) — all dies vermag mich nicht zu bestimmen, hier an Ressentiment zu glauben. Der eigentliche Sinn dieser Äußerungen ist, — wie mir scheint — keine Erklärung einer positiven Abhängigkeit des Heiles von diesen negativen Eigenschaften, — wie es in der Richtung des Ressentiment läge — sondern nur die paradoxe Form, in der sich die Erklärung der Unabhängigkeit der höchsten und letzten Persönlichkeitswerte von den Gegensätzen: arm, reich, gesund, krank usw. ausspricht. Einer Welt gegenüber, in der die Neigung konstitutiv geworden war, die nach Stand, Besitz, vitaler Kraft und Macht geordneten Menschen für ein Abbild auch der letzten sittlichen und Persönlichkeitswerte zu halten, konnte man die Entdeckung einer ganz neuen und höheren Sphäre des Seins und Lebens, des ›Gottesreiches‹, dessen Ordnung von jener irdischen und vitalen Wertordnung unabhängig ist, gar nicht anders erschließen, als daß man auf die Nichtigkeit der positiven Werte in jener Ordnung für diese höhere Ordnung nachdrücklich hinwies. Nur solche Stellen, wie sie sich vorwiegend bei Lukas finden, in denen das Gottesreich geradezu als eine Umkehr der irdischen Ordnung dargestellt zu werden scheint, gehen über diese Deutung vielleicht hinaus. So die Seligpreisungen bei Lukas 6, 20—22, 24—26: ›Selig ihr Armen, denn euch gehört das Reich Gottes. Selig, die ihr jetzt hungert, denn ihr sollt lachen. Selig seid ihr, wenn euch die Menschen hassen, wenn sie euch ausschließen und beschimpfen,

9

euerm Christennamen verächtlich aussprechen um des Menschensohnes willen‹   Und: ›Wehe euch Reichen, ihr habt euern Trost schon dahin. Wehe euch, die ihr jetzt satt seid, denn ihr werdet hungern. Wehe euch, die ihr jetzt lacht, denn ihr werdet trauern und weinen. Wehe, wenn alle Menschen freundlich mit euch reden; denn so haben es ja ihre Väter mit den Lügenpropheten gemacht.‹

So ferner die schroffe Behauptung, daß ›eher ein Kamel durch ein Nadelöhr ginge, als ein Reicher in den Himmel‹ (Lukas 18, 25) (die immerhin durch das Vorausgehende: ›Wie schwer kommen die Begüterten in das Reich Gottes‹ und das Nachfolgende, daß es für Gott auch ebenso möglich sei, den Reichen in das Gottesreich eingehen zu lassen, erheblich gemildert wird).

– Hier scheint mir die Darstellungsform des Verfassers in der Tat von Ressentiment nicht frei zu sprechen zu sein, doch finde ich diese Tatsache auf Lukas beschränkt und auch hier nur wie eine persönliche Färbung in der Darstellung von Ideen, die ihre Wurzel durchaus nicht in Ressentiment haben.

Auch die Forderungen: ›Liebet eure Feinde, tut wohl denen, die euch hassen, segnet, die euch fluchen, betet für die, die euch kränken, dem, der dich auf die rechte Wange schlägt, dem biete auch die andere, und dem, der dir deinen Mantel nimmt, dem verweigere auch den Rock nicht‹ (Lukas 6, 27—29), fordern weder eine Passivität, die nur das Ohnmachtsgefühl, sich zu rächen, ›rechtfertigte‹ (wie Nietzsche ganz irrig meint), noch suchen sie den Gegner in geheimem Rachedurst zu beschämen, noch sind sie Ausdruck einer geheimen Selbstqual, die sich in paradoxem Verhalten befriedigt. Sie gebieten nur die äußerste Aktivität gegen das natürliche Triebleben, das zu den entgegengesetzten Handlungen einlädt und dies aus dem innersten individualistischen Geiste des Evangeliums heraus, der es ablehnt, die eigene Handlungsart und Verhaltungsart vom Verhalten des ›anderen‹ irgendwie abhängig sein zu lassen; der es ablehnt, daß sich der Handelnde durch das Verhalten des anderen auf dessen tieferes Niveau hinabreißen lasse dadurch, daß die Richtung seines Handelns als bloße Reaktion auf das Fremde sich bestimme. Aus der Person soll die Handlung organisch hervorwachsen wie die ›Frucht aus dem Baume‹. ›Der gute Mensch bringt aus dem guten Vorrat seines Herzens Gutes hervor, und der schlechte aus dem schlechten Vorrat Schlechtes‹ (Matthäus 12, 35). ›Denn wes das Herz voll ist, des geht der Mund über.‹ Es ist also nicht eine der natürlichen Reaktion perverse Reaktion, die gefordet wird, im Sinne: ›weil er dich auf die eine Wange schlägt, darum reiche die andere‹, sondern ein bloß reaktives Handeln überhaupt wird abgelehnt und jedes Sicheinlassen auf die gemeinen, durchschnittlichen Wertmaßstäbe und Handlungsarten.

Ich sprach von der ›geheimnisvollen‹ Neigung Jesu für die Sünder, die mit seiner stets bereiten Kampfstellung gegen Pharisäer und Schriftgelehrte, gegen alle Art von bürgerlicher Korrektheit in so innigem Zusammenhange steht. Ist hier ein Moment von Ressentiment? Es steckt darin sicher eine Art von Bewußtsein, daß die große, radikale Lebens- und Sinnesänderung, die er vom Menschen fordert — und welche in der christlichen Sprache Wiedergeburt genannt wird — dem Sünder leichter möglich ist als dem ›Gerechten‹, der täglich Schritt für Schritt dem

9*

Ideal des Gesetzes näher zu kommen sucht. Im ›Sünder‹ ist die große machtvolle Bewegtheit des Lebens und gleichsam — die große Möglichkeit! Dazu tritt, daß Jesus eine tiefe Skepsis gegen alle jene hat, die nur aus Mangel starker Antriebe, aus einer Armut des Lebens heraus, den Habitus vortäuschen, den der wahrhaft Gute selig besitzt. Aber all das erklärt noch nicht jene geheimnisvolle Neigung. Es ist darin etwas, was sich kaum aussprechen, was sich nur fühlen läßt: oft überkommt gerade die edelsten Naturen in der Gesellschaft der ›Guten‹ — und es mögen wirklich ›Gute‹, keine Pharisäer sein — ein stürmisches Verlangen, ein machtvoller Stoß des Herzens, zu den Sündern zu gehen, mit ihnen zu leiden, zu kämpfen, das schwere und dunkle Leben mitzuleben, das sie leben. Das ist wahrlich nicht Versuchung durch die mit der Sünde verbundenen Annehmlichkeiten, auch nicht dämonische Liebe zu ihrer ›Süßigkeit‹, Reiz des Verbotenen oder Lockung durch die Neuheit des Erlebnisses: es ist vielmehr eine stürmische Liebe und ein stürmisches Erbarmen, das da in uns hervorbricht, zum Ganzen dieser solidarischen Menschheitseinheit, die ist wie ein Mensch, ja zum Ganzen des Universums, eine Liebe, die es uns im Gefühl entsetzlich erscheinen läßt, daß nur ein Teil ›gut‹, der andere ›schlecht‹ und verworfen sein soll. Liebe und tiefes Solidaritätsbewußtsein mit dem Ganzen der Menschheit läßt es uns in den Augenblicken schrecklich und furchtbar erscheinen, daß wir so einsam nur mit diesen Guten ›gut‹ sein sollen — und dies löst etwas aus wie Ekel an den Guten, die es einsam zu sein vermögen und einen inneren Ruf: weg von ihnen!

Auf nüchterne Begriffe gebracht, ist das ja nur auch

die Folge der neuen christlichen Idee, daß der Liebesakt als solcher, als ›quellende Liebe‹ (Luther) — unabhängig von seinem Objekt und Objektwert — selbst das summum bonum ist. Nach der antiken Wertung ist die Liebe zum Schlechten selbst schlecht; nun aber tritt der Aktwert des Liebens — wenn der Sünder sein Objekt ist, — nur um so schärfer und klarer hervor.

Dazu kommt noch ein anderes; der notorische ›Sünder‹ ist immer auch der Bekenner des Schlechten in seiner Seele. Ich denke hier nicht nur an die Bekennung vor einem Forum in Worten, sondern auch an die Bekennung vor sich selbst, und an die Bekennung durch die Tat, in der der sündige Wille endete. Mag schlecht und Sünde sein, was er da bekennet. Daß er es bekennet, daß er sündiget, wenn er schon ein sündig Herze hat, das allein ist nicht schlecht, sondern gut! Er reinigt damit sein Herz und hemmt die Ausbreitung der Vergiftung, die in dem anderen, der die bösen Impulse in sich hineindrängt, immer tiefere Schichten der Person ergreift; und die zugleich immer dunkler und unfaßbarer für sein eigenes Bewußtsein und Gewissen wird: so daß selbst der ›Balken im eigenen Auge‹ nicht mehr gefühlt wird — um so schärfer der ›Splitter in des Bruders Auge‹. Darum ist die Sündentat und die darauf folgende Reue für Jesus — und beginnt sie nicht schon in dem, was in der Tat an Bekenntniswert liegt? — besser, wie die Verdrängung des sündigen Impulses und die hierdurch erfolgende Vergiftung des inneren Kernes des Menschen, die mit dem bloßen Bewußtsein, gut und gerecht zu sein, — vor dem Gesetze — ja durchaus verbunden sein kann. Darum ist über den ›einen bekehrten Sünder im Himmel so viel mehr Freude als über tausend Gerechte‹; darum heißt es: ›Wem nicht viel zu vergeben ist, der hat auch nicht viel geliebt‹ (Lukas 7, 47). Wer wie Jesus in der Bergpredigt schon im ›Ansehen der Ehefrau des Bruders mit lüsternem Begehren‹ usw. den Ehebruch erblickt, der muß konsequent so urteilen. Luthers vielgeschmähtes ›Peccare fortiter‹ ist auch nur ein stürmischer Ausbruch eines in langer Gesetzesangst, in den quälenden und selbsterniedrigenden Erfahrungen von ›Rückfall‹ und immer neuer Anstrengung, das Gesetz zu erfüllen, und in schließlicher Verzweiflung, auf diese Weise die ›Rechtfertigung‹ je zu finden, ausgehöhlten Herzens[1]. Verbrecher haben oft von der tiefen Befriedigung, der Ruhe, der Befreiung erzählt, die sie kurz nach der Tat empfanden, die sie monatelang in ihrem Busen herumgewälzt hatten, immer wieder die Impulse zurückdrängend — dadurch immer innerlich giftiger und friedloser und ›böser‹ werdend.

Auch in diesem Zuge bewahrt die evangelische Moral ihren streng individualistischen Charakter, der das ›Heil‹ und Sein der Seele in den Mittelpunkt stellt. Wer ursprünglich sozial wertet, d. h. alles nach Nutzen und Schaden für die Gemeinschaft abmißt, muß natürlich ganz anders urteilen und fühlen. Mag es im Inneren, mag es gar in dem, der klaren Selbstwahrnehmung entzogenen Teil der seelischen Verhaltungsweisen wie immer aussehen — die Hauptsache ist dann, daß der sündige Impuls nicht zur gemeinschädlichen Handlung führe. Und nur als ›Disposition‹ für solche ist ein Impuls ›sündig‹. Umgekehrt urteilt Jesus: der Sünder, der sündigt, ist besser wie der

---

[1] Damit soll jener Ausspruch nicht gerechtfertigt, sondern nur verstanden sein.

Sünder, der nicht sündigt und dessen sündiger Impuls nach innen schlägt und sein Wesen vergiftet — auch wenn die Gemeinschaft dadurch eine Schädigung erfährt, die ihr im zweiten Falle erspart bleibt. Darum jenes prinzipielle, aus der tiefsten Selbsterfahrung geschöpfte Mißtrauen, daß auch derjenige, der sich nach »gewissenhafter Selbstprüfung« — nicht etwa bloß der Pharisäer, der nur auf sein sittlich wohlfrisiertes soziales Bild, auf seine »soziale Figur« hinblickt, oder der Stoiker, der auf der Befriedigung vor dem eigenen Urteil besteht, »sich selbst achten zu können«, also nicht auf sein Sein, sondern auf sein Bild im Urteil von sich selber hinblickend sich »gerecht« und »gut« findet — doch noch die Keime der »Sünde« versteckt in sich trägt und sich vom Sünder, der sich selbst als Sünder weiß, oft nur durch die neue Sünde des mangelnden Eindringens in seiner Motive Wurzeln unterscheidet. In diesem Sinne spricht der heilige Paulus (I. Korinth. 4, 3 und 4) das nicht nur alle falsche »Heteronomie«, sondern auch alle stoische und kantische »Autonomie«, alles »Selbstrichtertum« scharf verurteilende Wort: »Es ist mir ganz gleichgültig, ob ich von euch oder von irgendwelchen menschlichen Richtern beurteilt werde; ich wage nicht einmal, mich selbst zu beurteilen. Zwar könnte ich sagen: ich bin mir nichts bewußt — aber darum bin ich noch nicht gerechtfertigt; mein Richter ist der Herr.« Auch in dieser Neigung zu den »Sündern« vermögen wir ein Ressentiment nicht zu finden[1].

Wie es zwei Arten von liebender Herabbeugung gegen

---

[1] N. Malebranche führt diesen Satz des hl. Paulus zur Begründung seiner Lehre vom »sens interne« an, die er gegen seinen Lehrer Descartes und dessen Ansicht vom Evidenzvorzug der Selbstwahrnehmung vor der äußeren Wahrnehmung aufstellt. Siehe Recherches de la vérité, Bd. I.

das Schwächere gibt, so auch (neben anderen) zwei Ur-
sprungsformen asketischer Handlungsweisen und ihrer
Wertschätzung. Es ist einmal jene fremde, ja unter Umständen bis zum Hasse fortschreitende Stellungnahme gegen
den eigenen Leib, die zu einem asketischen Lebensideal
führen kann, und die häufig (wie früher bemerkt) mit ver-
drängtem Haß und Racheimpulsen verbunden ist und
deren Folge darstellt. Ein solches Lebensgefühl mag sich
dann auch wohl in Gedanken, wie daß »der Leib ein Kerker der Seele« sei, ausdrücken, und zu allerhand Formen
der körperlichen Selbstpeinigung führen. Hier ist wiederum
nicht Liebe zum eigenen geistigen Selbst der Ausgangspunkt einer zur Vervollkommnung und Heiligung dieses
Selbst notwendigen Zucht des Leibes, sondern ein pri-
märer Leib-Haß, der sich häufig erst sekundär in den
Schein einer Sorge »für das Seelenheil« zu hüllen sucht.
Und gleichfalls auf Ressentiment beruhen jene Formen
des asketischen Ideals und seiner Übung, die nur eine
Rechtfertigung der Ohnmacht darstellen, die betreffenden
Lebensgüter sich anzueignen: z. B. wenn Ohnmacht zu
gewinnbringender Arbeit zum Imperativ der Armut führt,
erotische und geschlechtliche Ohnmacht zum Keuschheits-
gebot, Ohnmacht der Selbstregierung zum Gehorsam usw.
Im letzteren Sinne meint Fr. Nietzsche auch den Kern
christlicher Asketik deuten zu dürfen[1] Das asketische

---

[1] Hierbei beachtet Nietzsche nicht, daß nach der christlichen Moral n i c h t
Armut, Keuschheit, Gehorsam, sondern nur die selbständigen A k t e d e s
f r e i e n V e r z i c h t e s auf Besitz, Ehe, Eigenwillen, die als bestehend und
als p o s i t v e Güter vorausgesetzt werden, die hohe Schätzung finden. Darum
nennt H. Newman es die »echte« Askese: »das Irdische zu bewundern, indem wir es uns versagen«. Vgl. vor allem hierzu die Abhandlung Nietzsches
»Was bedeuten asketische Ideale?« Sie ist ganz auf diese Mißdeutung
aufgebaut.

Ideal stellt ihm den Wertungsreflex eines niedergehenden, ermatteten Lebens dar; und zwar den Reflex eines Wertens, das für ein solches Leben, das heimlich den Tod sucht (wie immer im Bewußtsein ein Gegenwille hierzu vorhanden sei), zweckmäßig ist. In diesem Falle fiele auch die christliche Asketik unter die Regeln und Wertschätzungen, die in Ressentiment ihren Ursprung haben, ja schon die Wertschätzung, die »Duldung« von Schmerz und Übel und die in der Sphäre unserer Stellungnahme zu anderen, Verzeihung und Demut[1] finden.

Askesis kann aber auch völlig andere Ursprünge und einen völlig anderen Sinn haben. Einmal den Sinn einer bloßen Erziehung zu gewissen festen Volkszwecken, z. B. Krieg, Jagd usw., wie dies der Sinn der spartanischen, stark »asketischen« Erziehung war. Diese kommt hier überhaupt nicht in Frage. Eine weit höhere und edlere Form ist eine Askese, die sowohl aus einer Fülle und Stärke und Einheitlichkeit des Lebens hervorbricht und wieder in seiner Verherrlichung und höchsten Förderung ihren Sinn und Wert besitzt — nicht aber in einem außerhalb seiner gelegenen Zwecke. Eine solche ist freilich ohne letzte gedankliche Fundierung, wenn nicht vorausgesetzt ist, daß Leben überhaupt ein selbständiges, auf Urphänomenen beruhendes Agens ist, das sich weder in Erscheinungen des Bewußtseins (Gefühle, Empfindungen), noch in körperliche Mechanismen, noch in eine Verknüpfung von beiden auflösen läßt. Ist diese Voraussetzung aber gegeben, ist Leben ein gegliederter Bau von Funktionen und Formen, die sich an der anorganischen Materie und

---

[1] Vgl. hierzu den ersten dieser Aufsätze, besonders den Schluß des Absatzes über »Demut«.

ihrem Mechanismus nur darstellen und an ihr in die Erscheinung treten, so birgt das Leben auch eigene Werte
in sich, die sich niemals in Nutzwerte, sinnliche Lust- und
Unlustwerte und in technische Werte auflösen lassen[1].
Innerhalb dieser Voraussetzung (einer Autonomie des
Lebens) wird das stärkste Leben nicht dasjenige sein, das
mit einem Maximum zweckmäßig an seine Umgebung
angepaßter Mechanismen (seien es die Mechanismen im
Körper selbst oder künstlich hergestellte Werkzeuge) sich
betätigt, sondern ein solches, das mit einem Minimum
solcher noch da zu sein, ja zu wachsen und fortzuschreiten
vermag. Und die asketische Moral wird dann sowohl der
Ausdruck eines starken Lebens sein, als ihre Regeln
auch wieder bestimmt sind, die reinen Lebensfunktionen
selbst zu üben und auszubilden, was gerade mit einem
steigenden Minimum von hierzu nötigen Mechanismen
erfolgt[2].

Es ist aber bei einer so tiefsinnigen Hypothese, wie es
jene Fr. Nietzsches über den Ursprung der christlichen
Moral ist, nicht nur genug, sie — wenn man sie als falsch
erkennt — zurückzuweisen, sondern es ist auch gefordert,
zu zeigen, wie Nietzsche zu diesem Irrtum kommen, und
wie er für ihn diesen Grad von Scheinbarkeit annehmen
konnte.

Der Grund hierfür ist gelegen: Einmal in der Verkennung des Wesens der christlichen Moral und insbesondere
der christlichen Liebesidee in Verbindung mit dem an sich
falschen Wertemaßstab, an dem er sie mißt (das letzte

---

[1] Eingehend gerechtfertigt habe ich die Unableitbarkeit der »Lebenswerte«
in »Der Formalismus in der Ethik« usw.

[2] Man nehme als Beispiel die Atemübungen usw. der indischen Yogis.

nicht ein historischer und religiöser, sondern ein philosophischer Irrtum). Sodann aber in tatsächlichen Verbildungen der christlichen Moral, die sie schon früh durch geschichtliche Wechselwirkungen mit Werten eines ganz anderen geschichtlichen Bodens eingegangen hat und die für ihre fernere Geschichte vielfach bestimmend geblieben sind.

Daran ist ja kein Zweifel: Christliches Ethos ist unlösbar von der religiösen Welt- und Gottesanschauung des Christen. Ohne sie ist sie sinnlos, und die gut gemeinten Versuche, ihrem Ganzen auch einen weltlichen Sinn zu geben, der ablösbar von ihrem religiösen Sinn wäre, in ihr die Grundsätze einer allgemeinen »humanen« Moral wiederzufinden oder einer religiös »voraussetzungslosen« Moral, sind — ob sie nun von Freund oder Feind der christlichen Religion gemacht werden, — im Grunde verfehlt. Das Mittelglied, in dem die christliche Religion mit der christlichen Moral zum mindesten verknüpft ist, ist die Annahme eines geistigen Reichs, dessen Gegenstände, Inhalte und Werte nicht nur über alle Sinnessphäre, sondern auch über die gesamte Lebenssphäre hinausragen, eben dessen, was Jesus das »Gottesreich« nennt. Auf den Menschen als Glied des in sich solidarischen Gottesreiches ist das Liebesgebot bezogen; und was in der christlichen Welt an Einheits- und Gemeinschaftsbewußtsein steckt, das ist auch als Einheit und Gemeinschaft im Gottesreiche gemeint, oder doch als darin fundiert anzusehen[1] Mag sich die Liebe und mag sich die in ihr gegründete Gemeinschaft auch wie immer in den irdischen Gemein-

---

[1] Vgl. hierzu den Aufsatz: »Die christliche Gemeinschaftsidee und die gegenwärtige Welt« im I. Band des Buches »Vom Ewigen im Menschen«. Leipzig 1918.

schaftsformen auswirken und sich wie immer auch in der Förderung des sinnlichen Wohles, in Befreiung von Schmerz und der Schaffung von Lust betätigen — so ist dies doch alles nur von Wert, wenn diese Gemeinschaften, und wenn die sie zusammenhaltenden Liebeskräfte im ›Gottesreich‹ ihre lebendigen Wurzeln haben, und auf es wieder zurück-zielen. Mit dieser Behauptung ist noch gar nicht gesagt, in welchem Maße das ›Gottesreich‹ als ›transzendent‹, ›jenseitig‹ oder als ›immanent‹ und in der Welt selbst lebendig, wie weit es als eine Existenzform, erst nach dem Tode beginnend oder immer ›gegenwärtig‹ und dem Frommen zugängig vorgestellt wird. Auf alle Fälle ist es als eine von der Ordnung, den Gesetzen und den Werten des Lebens unabhängige Stufe des Seins gemeint, in der alle anderen Stufen der Existenz wurzeln und in der der Mensch erst den letzten Sinn und Wert seines Daseins findet.

Wird dieses verkannt, so müssen die christlichen Werte (und darum auch alle auf sie gebauten Imperative) auf einen Maßstab bezogen werden, der — wenn er richtig wäre — sie allerdings als Niedergangswerte (im biologi-schen Sinne) müßte erscheinen lassen: auf den Maßstab einer maximalen Lebensförderung. Auf diesen Maßstab bezieht sie Nietzsche auch ohne weiteres. Nun ist aber das Leben und auch das Leben in seiner höchsten Form als menschliches Leben für den Christen niemals ein ›höch-stes Gut‹, sondern ein Gut nur, sofern es (und damit auch die menschliche Gesellschaft und Geschichte) einen Schau-platz bildet für das Hervorbrechen und Erscheinen des ›Reiches Gottes‹.

Wo Lebenserhaltung und Förderung in Widerstreit

tritt zur Realisierung der im Reiche Gottes geltenden und bestehenden Werte, da ist Leben nichtig und wegzuwerfen, eine wie wertvolle Gestalt es nach dem Prinzip des Lebensmaximums auch darstelle. So ist der Leib hier zwar gar nicht dualistisch als ›Kerker der Seele‹ (Plato) gefaßt, sondern als ›Tempel des Heiligen Geistes‹, aber doch nur als ›Tempel‹ für den Heiligen Geist, nicht als letzter Träger des Wertes. Und darum heißt es: ›Wenn dich dein Auge ärgert, so reiße es aus usw.‹

So wird auch hier die Liebe nicht als eine dem Leben dienende geistige Aktivität verstanden, auch nicht als seine ›stärkste und tiefste Konzentration‹ (Guyau), sondern als das, durch dessen Regen und Bewegungen das Leben erst seinen höchsten Sinn und Wert gewinnt, so daß sehr wohl die Forderung ergehen kann, das Leben aufzugeben, ja Leben in seiner Wesensexistenz (nicht bloß individuelles Leben für Gesamtleben, Eigen- für Fremdleben, niederes für höheres Leben) hinzuopfern, wenn dadurch dem Gottesreiche, dessen mystisches Band, dessen geistiger Kraftstrom die Liebe ist, ein Wertzuwachs geschieht[1]. Indem Nietzsche, der das Christentum von vornherein nur als eine ›Moral‹ mit religiöser ›Rechtfertigung‹ konzipiert und nicht an erster Stelle als ›Religion‹, die christlichen Werte an einem Maßstab mißt, den diese selbst bewußt ablehnen, eben am Maßstab der maximalen Lebensquantität, muß er freilich schon die Annahme einer über das Leben hinausragenden, auf es nicht mehr relativen Seins- und Wertschicht überhaupt als ein Zeichen einer Niedergangsmoral deuten. Dieses Verfahren ist aber

---

[1] So stirbt Jesus selbst den Kreuzestod (in der paulinischen Deutung) aus Liebe und im Opferdrang des in Gott Geborgenen für die Menschheit.

ganz willkürlich und auch philosophisch grundfalsch und streng widerlegbar. Die Idee des Guten kann so wenig wie die Idee der Wahrheit auf einen biologischen Wert reduziert werden. Dies kann hier nicht erwiesen werden, sondern wird vorausgesetzt[1].

Aber noch in ganz anderer Richtung mußte Nietzsche aus demselben Grunde zu Irrtum und Verwechslung gelangen. Werden die christlichen Räte und Imperative abgelöst (und besonders die auf Liebe gehenden) von ihrer Bezogenheit auf das Gottesreich und auf die im Menschen in die Erscheinung tretende Sphäre des geistigen Persönlichseins (nicht etwa auf seine naturhafte ›Seele‹), durch das er an jenem Reiche erst teilnimmt, so ist es allerdings die Folge, daß sie nicht nur in einen beiläufigen, sondern in einen konstitutiven Widerstreit zu all jenen Gesetzen gelangen, nach denen Leben sich entwickelt, nach denen es wächst und allein sich entfalten kann.

Ich sage also: die christliche Bruderliebe ist ursprünglich nicht gemeint als ein biologisches, als ein politisches oder als ein soziales Prinzip[2]. Sie ist gerichtet — oder doch primär gerichtet — auf den geistigen Kern des Menschen, seine individuelle Persönlichkeit selbst, in der er allein am Reiche Gottes unmittelbar Anteil nimmt. Darum liegt es Jesus völlig ferne, eine neue Staatsordnung

---

[1] Eine eingehende Begründung dieses Satzes und eine Zurückweisung jeder »biologischen« Ethik, die alle Werte auf das Leben relativ setzt, hat der Verfasser in seinem Buche »Der Formalismus in der Ethik und die materiale Wertethik«, Teil II, (Niemeyer, Halle 1914) gegeben. Vgl. auch des Verfassers Artikel über »Ethik« im Jahrbuch für Philosophie, II. Bd., herausgegeben von Frischeisen-Köhler, Berlin, Mittler & Sohn, 1914.

[2] Vgl. auch die treffenden Ausführungen von Ernst Troeltsch in seiner Schrift: »Politik und christliche Ethik«; desgl. in seinem Werk »Die Soziallehren der christlichen Kirchen und Gruppen«, Bd. I, 1912.

oder eine neue ökonomische Besitzverteilung durch irgendwelche Institute auf seine Liebesforderung zu gründen. Die Standesverschiedenheit von Herr und Sklave, die Herrschaft der kaiserlichen Macht wird ruhig anerkannt; desgleichen alle jene natürlichen Triebfaktoren, die Menschen zu Menschen — im öffentlichen und privaten Leben — feindlich werden lassen. Nichts von der Idee einer ›allgemeinen Menschenverbrüderung‹ oder der Herstellung einer die Verschiedenheiten der Volksindividualitäten auslöschenden ›universellen Lebensgemeinschaft‹ — wie sie die Stoiker mit ihren Ideen eines ›Weltstaates‹ (›Kosmopolites‹ ist ein durch die Stoa geprägter Begriff) eines allgemeinen Vernunft- und Naturrechtes zum Ideal erhoben — hören wir; und ebensowenig eine Tendenz zur Aufrichtung eines selbständigen jüdischen Staates, oder zur Verwirklichung irgendeiner sozialen und politischen Utopie. Das Einwohnen des Gottesreiches im Menschen ist ihm nicht an eine bestimmte Gestaltung der staatlichen Institute und der Sozialstruktur gebunden.

Dies alles zeigt, daß er die Kräfte und Gesetze, durch die Leben sich entfaltet, durch die ferner politische und soziale Gemeinschaften sich bilden und entwickeln, wozu also auch die Kriege[1] der Völker, die Kämpfe der Klassen gehören und alle jene Triebe, die in ihnen tätig sind, als feste Faktoren des Daseins vorausgesetzt und sie nicht durch etwas anderes, etwa gar durch Liebe, ersetzt sehen will. Forderungen wie die nach Weltfrieden oder Aufhören der sozialen Klassenkämpfe um die Staats-

---

[1] Die mögliche Stileinheit von kriegerischer und christlicher Moral findet sich eingehend nachgewiesen in meinem Buche: ›Der Genius des Krieges und der deutsche Krieg‹, 1915.

macht, liegen ganz außerhalb seiner religiös sittlichen Predigt. Der ›Friede auf Erden‹, den er fordert, ist eine letzte selige Stille, die allen jenen Kampf und Streit, durch dessen historisch wechselnde Formen sich alles Leben und auch die menschlichen Gesellschaften weiterbilden, wie von oben her durchleuchten soll, so daß die Zwecke, um derentwillen er geführt wird, nie als letzte und endgültige angesehen werden — sondern es immer in den Tiefen der Personen einen heiligen Ort gäbe, wo mitten im Kampf und Streit Friede, Liebe, Verzeihung herrsche; nicht aber ist damit gemeint, daß jene Kämpfe aufhören und die Triebe, die zu ihnen führen, absterben sollen. So ist insbesondere auch die paradoxe Forderung der Feindesliebe nichts weniger als das moderne ›nur keine Feindschaft!‹ oder eine Anpreisung jener Naturen, die auf Grund ihrer Triebbeschaffenheit zur Feindschaft unfähig sind wie das, was Nietzsche das ›zahmgewordene moderne Herdentier‹ nennt! Im Gegenteil: daß es Feindschaft gibt, daß es in der menschlichen Natur konstitutive und historisch gar nicht umzubildende Kräfte gibt, die unter Umständen notwendig das Feindschaftsverhältnis herbeiführen, ist in der Predigt der Feindesliebe vorausgesetzt. Nur das ist gefordert, daß auch der wahre und echte, mir als solcher bewußte Feind, der Feind, den ich auch mit den mir zu Gebote stehenden Mitteln berechtigter Form bekämpfe, im ›Gottesreiche Bruder‹ sei, daß mitten im Kampfe doch der Haß und der letzte Haß fehle, der gegen seiner Seele Heil selbst sich wendet[1]. Und so ist auch nicht ein Aufhören oder eine Ermäßigung der Rache-

---

[1] Fein und treffend sagt Richard Rothe: ›Christen streiten — als stritten sie nicht.‹

triebe, der Triebe nach Macht, Bewältigung, Unterjochung dasjenige, was als wertvoll gilt, sondern eine freie Opferung dieser zu einem vollwertigen Lebewesen gehörigen und als gehörig anerkannten Triebimpulse und der ihnen entsprechenden Handlungen und Ausdrucksweisen zugunsten des wertvolleren Aktes der »Verzeihung« und des »Duldens«. Wer keinerlei Rache fühlt, der kann ja auch nicht »verzeihen«, und der bloß Unempfindliche nicht »dulden«.[1]

Es gibt daher kaum einen tieferen Irrtum als die christliche Bewegung auf Grund trüber Analogien mit gewissen Formen der modernen sozialen und demokratischen Bewegung aufzufassen und in Jesus selbst eine Art »Volksmann« und »Sozialpolitiker«, einen »Mann, der weiß wo die Armen und Entrechteten der Schuh drückt«, einen »Mammongegner« im Sinne eines Gegners der Geldwirtschaft als sozialer Daseinsform usw. zu sehen, wie dies christliche und nichtchristliche Sozialisten getan haben. Dieses sehr verbreitete Jesusbild seiner Zeit hat nun aber auch Fr. Nietzsches eigenes Bild von der christlichen Bewegung stark beeinflußt; und so meint er, daß eben die Gegenantriebe und die Argumente, die sich in ihm gegen den modernen Sozialismus und Kommunismus rich-

---

[1] »Verzeihen« ist ein positiver Akt freier Opferung des positiven Sühnewertes, ein Akt also, der den Racheimpuls voraussetzt und nicht etwa in seinem Fehlen besteht. Desgleichen ist »Dulden« z. B. einer Beleidigung nicht, wie Nietzsche meint, ein bloß passives Hinnehmen und Geschehenlassen, sondern ein eigentümliches positives Verhalten der Person gegenüber ihrem die Beeinträchtigung abwehrenden Impuls: Eine positive Zurückhaltung dieses Impulses. Darum verwirft auch die christliche Moral das Abtöten der Schmerzempfindlichkeit oder seine urteilsmäßige autosuggestive Umdeutung wie im Sinne der stoischen Lehre, daß »der Schmerz kein Übel« sei, und gibt nur einen neuen Weg an, ihn »richtig« zu leiden. Vgl. hierzu meinen Aufsatz: »Vom Sinn des Leides« in meinem Buche »Krieg und Aufbau«, Leipzig 1916.

10

teten, auch gegen die christliche Moral und ihren Genius
sich richten müßten. Ob man aber Jesus und den Kern
des Christentums preise oder schelte, weil in ihm die
›sozialistischen und demokratischen Tendenzen und Werturteile der neueren Zeit vorgebildet‹ seien, das ist ganz
gleichgültig, da eben die beiderseitige Voraussetzung, die
Nietzsche mit jener Art von ›Sozialisten‹ teilt, ganz und
gar falsch und irrig ist. Auch eine ›Gleichheit der Seelen
vor Gott‹, auf die Nietzsche immer als Wurzel der Demokratie hinweist, hat das Christentum nie behauptet —
wenn damit etwas anderes gesagt werden soll als eine
dem Werturteil Gottes über den Menschen vorhergehende
Ausschaltung der, durch menschliche Situationen, Engen,
Blindheiten, Interessiertheiten sich ergebenden Täuschungen über die wahren Werte der Menschen. Daß die
Menschen vor ›dem Auge Gottes‹ aber gleichwertig sein
sollen und alle Verschiedenwertigkeit, alle Wertaristo-
kratie des menschlichen Daseins nur auf anthropomorphem
Vorurteil, Einseitigkeit, Schwäche beruhe, ist eine dem
Christentum völlig fremde — an Spinoza gemahnende
— Vorstellung; eine Vorstellung, der doch schon durch
die Anschauungen von ›Himmel‹, ›Fegefeuer‹ und
›Hölle‹, durch den innerlich und äußerlich aristokratischen Aufbau der christlich-kirchlichen, im unsichtbaren
Gottesreiche sich kontinuierlich fortsetzenden und gipfeln-
den Gesellschaft radikal widersprochen wird. Viel eher
ist es autochthon christliche Vorstellung zu nennen, daß
hinter der für uns Menschen noch scheinbaren Gleich-
förmigkeit des Wertes der Menschen, der Rassen, der
Gruppen, der Individuen, die unsere an dem Äußeren
haftenden Augen zunächst wahrnehmen, Gott eine unab-

sehbare Fülle von Wertdifferenzen und Verschiedenheiten erkenne — sowie nach Pascals treffendem Worte schon der Mensch seinen ›Geist‹ dadurch ausweist, daß er die innere Verschiedenheit der Menschen unter ihrem gleichförmigen Anschein zu fassen vermag.

Auch die kommunistischen Lebensformen der ursprünglichen christlichen Gemeinden beweisen nicht, daß zwischen christlicher Moral und Güterkommunismus, wie sie die aus dem demokratischen Eudämonismus hergeleiteten kommunistischen Ideale meinen, irgendein Sinn-Zusammenhang bestehe. Hier war der Güterkommunismus nur ein äußerer Ausdruck für jene Einheit des ›Herzens und der Seele‹, von dem die Apostelgeschichte redet; und es war jedem einzelnen frei überlassen, seine Grundstücke und Häuser zu verkaufen und den Erlös den Aposteln zu Füßen zu legen. Von einer künstlichen, durch Staatszwang durchgeführten Enteignung mit dem bewußten Plane, hierdurch die allgemeine Wohlfahrt sicherzustellen, war gar keine Rede; noch weniger herrschte die Vorstellung, daß die sittliche Beschaffenheit der Menschen durch Herstellung einer neuen Ordnung des Eigentums irgendwie verändert werden könnte. Ananias wird von Petrus (siehe Apostelgeschichte 5, 3 und 4) nicht darum getadelt, weil er nicht den vollen Erlös des verkauften Gutes dem Apostel gegeben, sondern ausdrücklich nur für seine ›Unaufrichtigkeit‹, daß er die Summe, die er dem Apostel brachte, für die ganze Verkaufssumme ausgab. Sein Eigentumsrecht wird ausdrücklich anerkannt: ›Blieb es (sc. das Gut) nicht dein, auch wenn du es unverkauft ließest, und hattest du nicht auch nach dem Verkauf darüber zu verfügen?‹ Auch dieser Kommunismus

10*

beruht auf freiwilligen Gaben, deren religiös sittlicher Wert im Akte des Opferns und ›Gebens‹ lag, und nur die ungezwungene, zufällige Zusammenstimmung der Individuen in der inneren gemeinsamen Anerkennung des Wertes solchen Tuns ergab für diese kleinen Kreise, die nach allen Seiten hin von nichtkommunistischen Gemeinwesen umschlossen waren, die ferner nie versuchten ihre Lebensform über das Ganze des Staates zu verbreiten oder dafür eine Agitation zu entfalten, wie von selbst die kommunistische Form der Bedürfnisbefriedigung — der keine kommunistische Produktionsform entsprach und entsprechen sollte. So aber setzt überall auch jene Umbiegung der christlichen Liebesidee ins ›Soziale‹, die später ›Caritas‹ genannt wurde, die individualistische Eigentumsordnung voraus.

Nur wer die Gleichheit von Namen für die Gleichheit der Sachen nähme, könnte dies verkennen. Weder im Namen der ›Gerechtigkeit‹ der Verteilung der Güter, noch als ein naturnotwendiges Ergebnis einer Entwicklung zu immer gesteigerter Verzahnung der Interessen, ward je von Christen aus dem sittlichen Geiste des Evangeliums heraus der Kommunismus gefordert. Wo er auftritt, ist er lediglich durch freie Liebes- und Opferakte (so auch in den kommunistischen Lebensformen der Klöster) getragen, deren Wert allein in ihnen selbst liegt, sowie in ihrem Wert als Zeugnis der geistigen und geistlichen Freiheit und Hoheit der Opfernden als Personen. Erst da, wo die ›Gerechtigkeit‹ auf Grund der jeweilig vorhandenen positiven Gesetzgebung Forderungen zu diktieren aufhört, beginnt die christliche Liebes- und Opfertätigkeit. Eine Vorstellung wie die vieler moderner Philo-

sophen[1], nach der Liebe immer überflüssiger gemacht
werde dadurch, daß immer mehr gesetzlich berechtigte
Forderungen an die Stelle freier Liebes- und Opfertätigkeit treten, läuft dem Geiste der christlichen Moral schnur-
stracks entgegen. Auch wo eine Fürsorge gesetzlich wird,
die vorher auf freier Liebestätigkeit beruhte — wie z. B.
beim Übergang der Armenfürsorge und -pflege von Kirchen
und Privaten an den Staat oder bei der modernen deutschen Sozialgesetzgebung — da besagt dies für den durch
die christliche Moral Geleiteten nur, daß sich nun die
Liebe noch weiteren, geistigeren und höheren Zielen
zuzuwenden habe, nicht aber, daß sie selbst hierdurch
›überflüssig‹ und durch Gesetz und Gerechtigkeit gleichsam ersetzt werde.

Erst da, wo bloße Verzahnung der Interessen, die
Wollen und Handeln so bestimmt, daß die Handlung, die
A nützlich ist, auch B und C nützlich ist, für das Wohl der
Allgemeinheit zu wirken aufhört, beginnt die christ-
liche Liebestätigkeit in ihrer Reinheit sichtbar zu werden.
Sie ist daher an die Vorstellung eines endgültigen
›Opfers‹, nicht also eines vorläufigen gebunden, d. h. eines
solchen, das in der Gesamtabrechnung doch wieder zu
einer Vergrößerung der Lustsumme der Gesellschaft führt.

Wenn daher Philosophen, wie z. B. H. Spencer, die
›altruistische Neigung‹ (die sie an Stelle der Liebe setzen)
durch die Steigerung der Interessenverzahnung sich entfaltet und ›entwickelt‹ denken und schließlich dabei ein

---

[1] Nach diesem Grundsatz konstruiert z. B. Herbert Spencer die gesamte
historische Entwicklung des Sittlichen. Vgl. über das Irrige der genetischen
Ansicht, daß sich die Sympathie- und Liebesgefühle erst als Epiphänomene
zu sich steigernder Interessensolidarität ausbilden, mein Buch zur ›Phänomenologie und Theorie der Sympathiegefühle‹, 1913.

›ideales‹ Ziel[1] der Entwicklung annehmen, in der jede
Art von ›Opfer‹ ausgeschaltet ist, so hat jedenfalls der
sich aus dieser Verzahnung emporbildende Trieb mit
echter ›Liebe‹ nicht das mindeste zu tun.

IV. Ressentiment und moderne Menschenliebe.

Die Nichtbeachtung der Tatsache, daß Liebe im christlichen Sinne immer nur primär auf das ideale geistige
Selbst im Menschen und seine Mitgliedschaft im Gottesreich bezogen ist, brachte es auch mit sich, daß Nietzsche
die christliche Liebesidee mit einer völlig verschiedenen,
auf einem ganz anderen historischen und psychologischen
Boden gewachsenen Idee gleichsetzen konnte, die auf Wertschätzungen beruht, von denen auch wir mit Nietzsche annehmen, daß Ressentiment ihre eigentliche Wurzel gewesen ist: Das ist die Idee und die Bewegung der
modernen allgemeinen Menschenliebe, des ›Huma-
nitarismus‹ oder auch ›Liebe zur Menschheit‹, oder pla-
stischer ausgedrückt, die ›Liebe zu allem, was Menschen-
angesicht trägt‹. Hält man sich nicht an den Gleichklang
der Wörter, sondern an ihre Bedeutung und geistige Atmo-
sphäre, so wird man sofort die Luft einer ganz anderen
Welt atmen, wenn man von ›christlicher Liebe‹ zur ›allgemeinen Menschenliebe‹ übergeht. Die moderne Menschenliebe ist zunächst nach allen Richtungen ein pole-
mischer und protestlerischer Begriff. Sie protestiert gegen
die Gottesliebe, und damit auch gegen jene christliche
Einheit und Harmonie von Gottes-, Selbst- und Nächstenliebe, welche das ›größte Gebot‹ des Evangeliums ausspricht. Nicht auf das ›Göttliche‹ im Menschen, sondern

---

[1] Den Zustand des »sozialen Gleichgewichts«.

auf den Menschen bloß als »Menschen«, sofern er äußerlich als Glied dieser Gattung kenntlich ist, auf den »Träger des Menschenangesichts« soll sich die Liebe richten[1] Und wie diese Idee die Liebe nach »oben« hin partikularisiert auf die von allen höheren Kräften und Werten abgelöste »Menschengattung«, so auch nach »unten« hin gegen die übrigen belebten Wesen, ja die übrige Welt. Wie in ihr der »Mensch« losgelöst erscheint vom »Gottesreich«, so auch losgelöst von den Gebilden und Kräften der übrigen Natur[2] Gleichzeitig tritt an die Stelle der Gesamtheit der Engel und der Seelen, die nach christlicher Anschauung auch die Verstorbenen umfaßt, d. h. die gesamte geistig lebendige Menschheit, geordnet nach der Aristokratie ihrer sittlichen Personwerte und Verdienste — so also, daß das eigentliche Objekt der Liebe in die sichtbare gegenwärtige Menschheit wohl hineinreicht, soweit göttlich geistiges Leben in ihr aufgegangen ist, aber doch weit umfassender und größer ist als diese und immer zugänglich in der lebendigen Wechselwirkung von Gebet,

---

[1] J. G. Fichte scheidet beide Ideen in äußerster Schärfe in seiner »Anweisung zum seligen Leben« (10. Vorlesung): »Wiederfindend ihr Sein in Gott wird er ihr Sein lieben; ihr Sein außer Gott hasset er innig und dies ist eben seine Liebe zu ihrem eigentlichen Sein, daß er ihr beschränktes Sein hasset«. Siehe auch das Vorhergehende! Die »allgemeine Menschenliebe« wird von Fichte als eben das aufgewiesen, was nach seiner Liebesidee »Menschenhaß« heißen müßte.

[2] Auch die Liebe zur Natur, zu Tieren und Pflanzen führen die herkömmlichen Theorien der »allgemeinen Menschenliebe« auf die »Einfühlung« menschlicher Erlebnisse in die Naturgebilde zurück. Vgl. über diese sachlichen Irrungen mein Buch über »Sympathiegefühle etc.«, S. 55. Während die Liebe zur Menschheit als Gattung nach christlicher Anschauung in der Weltliebe fundiert ist, ist ein spezifischer Welthaß überall mit der modernen Menschenliebe einhergegangen, vermöge dessen »Welt« und »Natur« ganz einseitig nur als das für menschliche Zwecke zu Beherrschende erscheint.

Fürbitte, Verehrung — die ›Menschheit‹ als nur je gegenwärtiges, sichtbares, begrenztes, irdisches Naturwesen. So wird die ›Menschenliebe‹ auch polemisch und pietätlos gegen die Liebe und Verehrung der Toten, der vergangenen Menschen und gegen die Tradition ihrer geistigen Werte und Willensäußerungen in jeder Form. Und auch darin ändert sich ihr Objekt, daß nun an die Stelle des ›Nächsten‹ und des ›Individuums‹, in dem sich die personhafte Tiefe des Menschseins allein darstellt, ›die Menschheit‹ als Kollektivum tritt und jede Art von Liebe zu einem Teile ihrer, Volk, Familie, Individuum wie eine widerrechtliche Entziehung dessen erscheint, was man nur dem Ganzen als Ganzem schuldet. Eine ›Liebe zur Menschheit‹ kennt die christliche Sprache, charaktéristisch genug, nicht! Ihr Grundbegriff heißt ›Nächstenliebe‹. Dagegen ist die moderne Menschenliebe weder zunächst auf die Person und auf bestimmte Werte geistiger Aktbetätigung gerichtet (und auf den ›Menschen‹ nur soweit, als er ›Person‹ ist und jene Akte durch ihn vollzogen werden, als sich durch ihn also die Gesetzmäßigkeit des ›Gottesreiches‹ vollzieht), noch auf die ›nächsten‹ anschaulichen Wesen, die allein jenes tieferen Eindringens in die Schicht des geistig Persönlichseins fähig sind, in deren Erfassung die höchste Form der Liebe besteht, — sondern auf die Summe der menschlichen Individuen als Summe. Das Prinzip Benthams: ›Jeder gelte für einen und keiner für mehr als einen‹ ist nur eine bewußte Formulierung der in der Bewegung der modernen ›Menschenliebe‹ von Hause aus liegenden Richtung. Darum erscheint hier jede Liebe zum kleineren Kreise a priori — ohne daß nach den in ihm investierten Werten,

ohne daß nach seiner ›Gottesnähe‹ gefragt ist — als
eine Entrechtung des größeren Kreises; Vaterlandsliebe z. B. als Entrechtung der ›Menschheit‹ usw.[1]

Wie der Gegenstand der Liebe, ist aber auch die subjektive Seite des Vorgangs in der modernen Menschenliebe ganz verschieden von dem, was in der christlichen
Sprache ›Liebe‹ heißt. Die neue Menschenliebe ist nicht
zuvörderst Akt und Bewegung, und zwar Akt und Bewegung geistiger Art — nicht minder wesensunabhängig
von unserer sinnlich-leiblichen Konstitution wie die
Akte des Denkens und ihre Gesetzmäßigkeit —, sondern
sie ist Gefühl, und zwar zuständliches Gefühl, wie es in
erster Linie an der sinnlichen Wahrnehmung des äußeren
Ausdrucks von Schmerz und Freude durch die Übertra-
gungsform der psychischen Ansteckung erwächst. Leiden
an den sinnenfälligen Schmerzen und Freude an den
sinnenfälligen angenehmen Empfindungen ist der Kern
dieser neuen Menschenliebe — nicht einmal Mit-leiden
mit ihrem Gelittenwerden. Es ist daher kein Zufall, daß
die philosophischen und psychologischen Theoretiker des
17. und 18. Jahrhunderts, die das neue Ethos allmählich
theorethisch formulierten, das Wesen der Liebe aus den
Erscheinungen der Sympathie, des Mitleids, und der Mit-
freude verstehen wollen, diese selbst aber aus dem Phänomen der psychischen Ansteckung[2] So insonderheit die
großen Engländer von Hutcheson, Adam Smith, D. Hume

---

[1] Über den Grund des tiefen Irrtums, Liebe zum größeren Kreise für an
sich besser zu halten als Liebe zum kleineren, siehe mein Buch über Sympathiegefühle etc., S. 91, besonders das Kapitel: ›Die Tatsachen der Inter-
essenperspektive‹.

[2] Eine eingehende Entwirrung und Aufweisung der grundverschiedenen
Phänomene, welche in der modernen philosophischen Literatur ›Mitgefühl‹

bis zu Bain. So auch Rousseau[1] Das Pathos der modernen
Menschenliebe, ihr Aufschrei nach einer sinnlich glück-
seligeren Menschheit, ihre unterirdisch glühende Leidenschaft, ihr revolutionäres Sichaufbäumen gegen alles, was
sie für die Steigerung der sinnlichen Glückseligkeit als
Hemmung ansieht an Institution, Tradition, Sitte, das
›revolutionäre Herz‹, das in ihr pulsiert, steht in einem
charakteristischen Gegensatz zu dem hellen und fast kühlen
geistigen Enthusiasmus der christlichen Liebe. Es darf
uns nicht wundern, daß nun auch die Theorie — dieser
historischen Erlebniswendung Gefolgschaft leistend — das
Phänomen der Liebe überhaupt, in steigendem Maße, in
eine Mechanik notwendiger Täuschungen auflöst. Das
Mitgefühl wird entweder auf eine künstliche Hineinversetzung in den fremden Seelenzustand gemäß der Frage:
›was würdest du fühlen, wenn es dir so erginge?‹ und
eine Reproduktion eigener Gefühlszustände, die wir bei
analogen Anlässen erlebten, zurückgeführt; oder auf ein
Hineingerissensein in den fremden Gefühlszustand,
eine Art Gefühlshalluzination (Bain) — als litten wir momentan selbst, was wir leiden sehen —; oder auf eine
›Einfühlung‹ eigener reproduzierter Gefühlserlebnisse,
die durch Nachahmung des fremden Gefühlsausdrucks unmittelbar — ohne besondere ›Hineinversetzung‹ — an-
geregt werden[2]; oder schließlich nur auf eine seelische
Begleiterscheinung primär entstandener und fixierter gat-

genannt und häufig verwechselt werden, sowie eine Kritik der herrschenden
Theorien über den Ursprung des Mitgefühls enthält das oben zitierte Buch
des Verf. über Sympathiegefühle, S. 1—41.

[1] Auch J. J. Rousseau leitet die Liebe ausdrücklich aus dem Mitleid ab und
wird von A. Schopenhauer für seine eigene Theorie darum als Gewährs-
mann herangezogen.

[2] Eine genaue Darstellung der historischen Entwicklung der englischen

tungsnützlicher Handlungsimpulse, d. h. als Folgeerscheinung des schon im Tierreich wahrnehmbaren Herdentriebs, zurückgeführt[1]. So sinkt Schritt für Schritt auch in der Theorie die Liebe herab von der Höhe, Symbol und Zeichen einer übernatürlichen Ordnung, ja der dem Gottesreiche inwendige Kraftstrom zu sein, zu einer feineren und vermöge der intellektuellen Entwicklung immer verwickelteren Ausbildung eines tierischen Triebimpulses, der von der sexuellen Sphäre seinen Ursprung nehmend sich immer reicher gegenständlich spezialisiert und immer größere und größere Kreise durch die steigende Ausbildung des Verstandeslebens und der sozialen Entwicklung zu umfassen tendiert. Eine solche Zurückführung der höchsten Erscheinungen der Liebe auf die, in tierischen Gesellschaften schon angelegten Triebe eines gattungsfördernden Handelns — wie sie dann schließlich Darwin und H. Spencer unternahmen —, war erst möglich, nachdem das Wesen dieser Erscheinungen völlig verkannt war; und nachdem sich in der historischen Bewegung selbst Gefühle emporgearbeitet hatten, — und eine ihnen entsprechende Idee, — in denen vielleicht in der Tat nicht so wesentlich verschiedene seelische Tatbestände von denjenigen den Kernbestand bilden, die wir bei herdenmäßig lebenden Tieren anzunehmen Grund haben[2].

Endlich ist aber auch die Wertschätzung, die der ›allgemeinen Menschenliebe‹ zuteil wird, eine ganz anders fundierte, als diejenige ist, die innerhalb der christlichen

Sympathielehren gibt Gustav Störring in seinen ›Moralphilosophischen Streitfragen‹, I. Teil, Leipzig 1903.
[1] Siehe Charles Darwin ›Die Abstammung des Menschen‹, V. Kapitel.
[2] Über die sachlichen Irrungen Darwins und Spencers siehe mein Buch über Sympathiegefühle, S. 81—117.

Moral die Liebe findet. Nicht in der Gewinnung des Heils
der Seele des Liebenden als Glied des Gottesreichs und
der in ihr erwirkten Förderung des fremden Heils, sondern in der Förderung des sogenannten ›Gesamtwohls‹
bestünde hiernach der Wert der Liebe. Die Liebe erscheint hier nur als das X im Gefühlsleben, das zu gemeinnützigen Handlungen führt, bzw. als die ›Disposition‹ zu solchen Gefühlen. Nur sofern sie diesen möglichen
Wirkungswert hat, wird ihr selbst ein positiver Wert
beigemessen. Und während nach christlicher Anschauung
eine Welt die beste wäre, in der möglichst viel Liebe
ist — selbst wenn die zu gemeinnützigen Handlungen,
die Liebe bewirken kann, ja ebenso notwendige Einsicht
in die fremden Gemützustände, d. h. die Fähigkeit des
›Verstehens‹ anderer Menschen und die nicht minder notwendige Einsicht in die natürlichen und sozialen Kausal-
verhältnisse fehlen würde, und durch diesen Mangel ge-
meinschädliche Handlungen bestimmt würden — gilt hier
die Menschenliebe selbst nur als einer der kausalen Faktoren, die das allgemeine Wohl zu vergrößern vermögen.
Gegenüber der Tatsache aber, daß andere Gefühle und
Triebe, wie Selbsterhaltungstrieb, Geschlechtstrieb, Eifersucht, Herrschsucht, Eitelkeit vom kausalen Standpunkt
die ›Wohlfahrt‹ und ihre Entwicklung noch weit mehr
wie Liebe fördern[1], muß der Vertreter der modernen
Menschenliebe antworten, daß sich die Wertschätzung der
Liebe nicht nur nach dem Maße des allerdings verschwin-
denden Nutzens, den sie schafft — Narkotika und Lister-

---

[1] Nicht erst Fr. Nietzsche, sondern (wie auch Vaihinger und Riehl in ihren
Büchern über Nietzsche hervorheben) schon J. Kant hat dies in seiner Anthro-
pologie treffend ausgeführt. Schon Mandevilles Bienenfabel ist die sehr berechtigte Ironisierung jener englischen Sympathietheorien.

verband haben doch mit ähnlichen Erfindungen weit mehr
›Schmerzen gestillt und Tränen getrocknet‹ als Liebe!
— bemißt, sondern auch danach, daß sie gegenüber der
Verbreitung jener Triebe eine so seltene Sache ist, daß
sie einer Vermehrung bedarf, die wiederum durch die
Prämie, die das soziale Werturteil darauf setzt, erzielt
werde. Würden die ›altruistischen‹ Regungen, die ja hier
mit ›Liebe‹ zusammenfallen sollen, einmal zufällig das
quantitative Übergewicht über die egoistischen erhalten,
so würden auch die letzteren die höhere Schätzung finden.
Daß diese ›Theorie‹ aber dem evidenten Sinne unserer
Wertschätzung der Liebe völlig widerspricht, bedarf keiner
Ausführung.

Aus dieser tiefsten und innersten Verschiedenheit der
Tatsachen und Begriffe der christlichen Liebe und der
allgemeinen Menschenliebe läßt es sich — was Nietzsche
ganz entgangen zu sein scheint — nun auch verstehen,
daß im Namen der modernen Menschenliebe toto coelo
verschiedene Forderungen ergangen sind als im Namen
der christlichen Liebe; ja häufig sogar diametral entgegen-
gesetzte Forderungen. Die hochchristlichen Zeiten des
Mittelalters, in denen die christliche Liebe als Lebensform und Idee die reinsten Blüten trieb, empfanden keinen
Gegensatz dieses Prinzips zu der feudalen und aristokratischen Standesordnung der staatlichen und kirchlichen
Gesellschaft, zu Hörigkeit; keinen Gegensatz zu dem wenig
›gemeinnützigen‹, contemplativen Leben der Mönche[1],

---

[1] Richtig urteilt W. Dilthey: ›Von außen angesehen kann es als ein Widerspruch erscheinen, daß hier (sc. bei Bernhard von Clairvaux und Franz
von Assisi) die religiöse Contemplation mit der tätigen Liebe im Dienste
der Brüder verbunden ist. Der Schein des Widerspruches ist darin gegründet, daß im Christentum die Hingebung der Seele an den unsicht-

zu den vielen Bildungen der Territorialstaaten und Herrschaften, der Fülle der heimatlich gebundenen Sitten; zu der scharfen Zucht in den Formen der Erziehung; zu kriegerischem und ritterlichem Wesen und Wertschätzungen; keinen Gegensatz zu qualifizierter Todesstrafe und Folter und dem sonstigen harten Strafkodex; ja nicht einmal zu Inquisition und Autodafé! Wurden doch die Urteile der Inquisition sogar »im Namen der Liebe« verhängt, nicht nur mit der Intention der Liebe auf die gläubige Gesamtheit, die durch den Ketzer vergiftet und um ihr Heil betrogen würde, sondern mit der ganz ehrlichen — wenn auch von unserem Standpunkte in Aberglauben gegründeten — Intention der Liebe auf den Ketzer selbst, dessen Seele durch seine leibliche Verbrennung gerade im besonderen Maße der göttlichen Gnade empfohlen werden sollte. Alle diese Tatsachen, die sich mit dem christlichen Liebesprinzip wohl vertrugen[1], ja zum Teil sich als Erziehungsmittel zur christlichen Liebe aus ihm — freilich zum Teil nur unter abergläubischen Voraussetzungen — rechtfertigen ließen, werden im Namen der allgemeinen Menschenliebe zurückgewiesen, bekämpft und umgeworfen. Von vornherein eine gleichmacherische Kraft, wird in ihrem Namen die Auflösung der feudalen und aristokratischen Ordnung der Gesellschaft, aller Formen der Hörigkeit und persönlichen Unfreiheit, die Abschaf-

---

baren Zusammenhang, diese Seele der Welt und den Menschen gegenüber souverän und gänzlich unabhängig macht, dieselbe aber zugleich eben vermittels dieses unsichtbaren Zusammenhangs in ganz neue Beziehungen zu den anderen Menschen versetzt.« (»Das natürliche System der Geisteswissenschaften«, Werke II, S. 209.)

[1] In dem Sinne, daß aus dem Liebesprinzip weder für noch gegen sie etwas folgt.

fung der ›faulen‹, sich dem gemeinnützigen Leben entziehenden Mönchsorden gefordert. Während es noch für Bossuet selbstverständlich war, daß die Liebe zum Vaterland den Vorzug vor der Liebe zur Menschheit verdiene, da die im Vaterland investierte Wertfülle Werte von wesenhaft höherem Rang enthalte, als es die Werte sind, die alle Menschen noch gemeinsam ihr eigen nennen können, wird es nun selbstverständlich, daß die Liebe um so wertvoller sei, je größer der Kreis ist, auf den sie sich bezieht; auch hier verdrängt der quantitative Maßstab den qualitativen; und demgemäß heischt die ›allgemeine Menschenliebe‹ immer mächtiger bis zur französischen Revolution, wo im ›Namen der Menschheit‹ Kopf für Kopf heruntergeschlagen wurde, die Ablegung der nationalen und territorialen ›Scheuklappen‹, die staatsbürgerliche und schließlich auch ökonomisch-soziale Gleichheit der Menschen; die Uniformierung des Lebens in Sitte und Brauch, die ›humanere‹ und gleichartigere Form der Erziehung. In ihrem Namen ergeht steigend die Forderung eines allgemeinen Weltfriedens und ein erbitterter Kampf gegen alle Lebensformen und Werturteile, die aus dem ritterlichen Leben, ja aus der Kriegskaste überhaupt stammen. In ihrem Namen wird die Milderung der Strafjustiz, Abschaffung der Folter und der qualifizierten Todesstrafe verlangt, und in der Inquisition können ihre Vertreter — anstatt eine auf Aberglaube fundierte Einrichtung — nur Spott und Hohn auf das Liebesgebot überhaupt erblicken. Auch das Verhalten zu den Armen, Kranken, sittlich Schlechten wird aus der modernen Menschenliebe oder Humanität heraus ein innerlich grundverschiedenes. Es ist nicht die persönliche Liebestat von Mensch zu

Mensch, sondern an erster Stelle die unpersönliche ›Ein·
richtung‹, die Wohlfahrtseinrichtung, die gefordert und
gewertet wird. Und es ist nicht das überquellende Leben,
das selig aus seiner Fülle, seinem Überfluß heraus
— seiner inneren Gewappnetheit und Sicherheit heraus
liebend dahingibt, sondern die in der Anschauung der
äußeren Ausdruckserscheinungen von Schmerz und Armut sich ergebende Hineinziehung und Ansteckung durch
das in diesen Erscheinungen sich darstellende Depressionsgefühl, das spezifisch moderne ›Scheinmitleid‹ und
›Dauern‹, das durch die helfende Tat aufgehoben werden
soll[1]. An Stelle der christlichen ›Barmherzigkeit‹ (man
fühle die Kraft und den Atem dieses unmodernen Wortes)
tritt das ›Es dauert mich[2]!‹ Goethe konnte schon 1787
sein Fragezeichen machen zu jener Art, von Herder unter
Rousseaus Einfluß gepredigter ›Humanität‹   ›Auch halte
ich es für wahr, daß die Humanität endlich siegen wird.
Nur fürchte ich, daß zu gleicher Zeit die Welt ein großes

---

[1] Jedes durch bloße Gefühlsansteckung bewirkte Leid oder Schmerzgefühl,
wie es z. B. durch direkte Reproduktion eines Schmerzgefühls vermöge
des Bildes der Ausdrucksgebärde entsteht, bestimmt eine Tendenz zur Beseitigung seiner Ursache nicht anders wie ein e i g e n e r Schmerz, d. h. die
Handlung bleibt durchaus ›egoistisch‹. Echtes ›Mitleid‹ hat mit solcher
›Ansteckung‹ nicht das mindeste zu tun! Es setzt voraus, daß wir n i c h t
in den Schmerz des Anderen ›hineingerissen‹ werden, sondern dieser uns
gegenständlich bleibt. Alte Weiber, die sich gegenseitig in ihrem Weinen
anstecken, ›bemitleiden‹ sich doch wahrlich nicht. Vgl. hierzu mein Buch
über ›Sympathiegefühle‹, S. 11.
[2] Die Gemütslage der typischen christlichen Krankenschwester ist Festigkeit, Heiterkeit, Frische und Glück im Wohltun, gute ›Nerven‹ und gar
nicht dieses rührselige Hineingezogensein in den Zustand des Kranken.
Diese Art ›Mitleid‹ entwickelt andererseits wieder den mitleidheischenden
Gestus, so daß eine gegenseitige S t e i g e r u n g des unechten Leides zwischen
Mitleidenden und Bemitleidetem erfolgt. Vgl. auch den Aufsatz über ›Ren-
tenhysterie‹

Hospital und einer des Anderen humaner Krankenwärter sein werde.‹ Ihren literarischen Ausdruck gewann dann die Bewegung der modernen Menschenliebe zuerst in gewaltigster Form in Rousseau, in den reichen und mannigfaltigen Bindungen dieses großen Geistes freilich oft versteckt, aber doch offensichtlich genug durch das Feuer eines riesenhaften Ressentiment getrieben, aber so suggestiv dargestellt, daß außer Goethe kaum ein großer Deutscher jener Zeit der Ansteckung durch Rousseaus Pathos entging (Fichte, Herder, Schiller, Kant z. B. haben alle ihre Rousseauphase). Ihren philosophischen Ausdruck und ihre Formulierung gewann sie vor allem in den positivistischen Kreisen, von A. Comte angefangen, der ›die Menschheit‹ als ›Grand-Etre‹ an die Stelle Gottes setzt. Ihren widerwärtigsten Ausdruck endlich, der freilich nur enthüllt, was an Keimen von Anfang an in der Idee lag, im modernen realistischen ›sozialen‹ Roman und in der dramatischen und lyrischen Hospital- und Lazarettpoesie, sowie der modernen ›sozialen‹ Rechtsprechung. Fr. Nietzsche lebte in einer Zeit, da gerade diese derbsten Formulierungen und Ausgeburten der ›modernen allgemeinen Menschenliebe‹ Ansehen und Beifall fanden. Und man versteht hieraus seinen Kampf gegen diese Bewegung!

Denn darin hat er unseres Erachtens recht, wenn er diese Idee, besonders in der Richtung, in der sie sich in der modernen sozialen Bewegung entfaltet hat, — nicht aber die christliche Liebesidee — auf historisch cumuliertes und durch Tradition wachsendes Ressentiment zurückführt und ein Anzeichen und einen Ausdruck niedergehenden Lebens in ihr erblickt. Der Kern in der Bewegung der modernen allgemeinen Menschenliebe ist schon dadurch als auf Ressentiment beruhend erkennbar, daß diese sozial-historische Gemütsbewegung durchaus nicht auf einer ursprünglichen, spontanen Hinbewegung zu einem positiven Werte beruht, sondern auf einem Protest, einem Gegenimpuls (Haß, Neid, Rachsucht usw.) gegen herrschende Minoritäten, die man im Besitze positiver Werte weiß. Die ›Menschheit‹ ist nicht das unmittelbare Objekt der Liebe in ihr (schon da nur Anschauliches die Liebe bewegen kann), sondern sie wird in ihr bloß ausgespielt gegen ein Gehaßtes. An erster Stelle ist diese Menschenliebe die Ausdrucksform einer verdrängten Ablehnung, eines Gegenimpulses gegen Gott[1] Sie ist die Scheinform eines verdrängten Gotteshasses! Immer wieder führt sie sich mit der Wendung ein, es sei doch ›nicht genug Liebe in der Welt‹, als daß man einen Teil noch an außermenschliche Wesen abgeben könnte — eine echte von Ressentiment diktierte Wendung! Gefühle der Erbitterung gegen die Idee des höchsten Herrn und jenes Nichtertragenkönnen des ›allsichtigen Auges‹, Aufstandsimpulse gegen ›Gott‹ auch als der symbolischen Einheit und Zusammenfassung aller positiven Werte und ihrer berechtigten Herrschaft ist in ihr das erste; die ›liebevolle‹ Herabbeugung zum Menschen als Naturwesen, als dem Wesen, das durch seinen Schmerz, durch sein Übel und Leid an sich schon einen freudig ergriffenen Einwand gegen Gottes ›weise und gütige Regierung‹ bildet — das zweite! Überall wo ich Zeugnisse dieses Gefühls historisch antreffe, finde ich jene

---

[1] Meisterhaft hat Dostojewski in seinen ›Brüdern Karamasow‹ in der Lebensanschauung und den Wertungsweisen des Iwan diesen Gedanken künstlerisch zur Anschauung gebracht.

geheime Lust, Anklage erheben zu können gegen die göttliche Regierung[1]. Da die positivsten Werte schon durch die Macht der Tradition — auch in den Ungläubigen — in der Idee Gottes verankert sind, so ist es auch verständlich und notwendig, daß der Blick und das Interesse dieser auf Protest und Ablehnung begründeten »Menschenliebe« zuvörderst auf die niedrigsten und tierischen Seiten der Menschennatur — und diese sind es ja zunächst, die »alle« Menschen gemein haben — fällt. Diese Tendenz gewahren wir deutlich in den Gelegenheiten, bei denen noch heute auf das »Menschsein« eines Individuums wörtlich hingewiesen wird. Das geschieht jedenfalls viel seltener, wenn jemand etwas Gutes und Vernünftiges getan hat oder etwas, was ihn vor anderen im positiven Sinne auszeichnet, als in solchen Fällen, da man ihn entschuldigen will gegen einen Vorwurf oder eine Anklage: »Er ist eben auch ein Mensch«, »Menschen sind wir alle«! »Irren ist menschlich« usw. Wer sonst nichts ist und hat, ist in der Gefühlstendenz dieser für die moderne Menschenliebe charakteristischen Wendungen immer-noch »ein Mensch«. Schon diese Richtung der Menschenliebe auf das Gattungsmäßige macht sie zugleich wesentlich auf das Niedrige gerichtet, auf das, was »verstanden« und »entschuldigt« werden muß. Wer sähe aber darin nicht den im geheimen glimmenden Haß

---

[1] Wo Religion und Kirche selbst Sinn und Wert der Gottesliebe auf die in der Welt vorhandenen, empirisch vorfindbaren positiven Güter und sinnvollen Einrichtungen begründen (und nicht umgekehrt die Liebe zur Welt darauf, daß sie »Gottes Welt« ist), da ist freilich auch schon von religiöser Seite aus die Idee der Gottesliebe in der Richtung der modernen Menschenliebe verfälscht; und es wendet sich dann die neue »Menschenliebe« mit Recht anklägerisch gegen diese Idee.

11*

gegen die positiven höheren Werte, die eben wesenhaft nicht an das ›Gattungsmäßige‹ gebunden sind, und der sich unter dieser ›milden‹, ›verstehenden‹, ›menschlichen‹ Haltung in der Tiefe verbirgt?

Dem Ressentiment ist die ›allgemeine Menschenliebe‹ aber auch noch in einem anderen zwiefachen Sinne entsprossen: einmal als eine Form, in der sich ein innerer Gegensatz und eine Aversion gegen den jeweilig nächsten Kreis der Gemeinschaft kundgibt und ihren inneren Wertgehalt, der ›Gemeinschaft‹, aus der der Mensch hervorwuchs in körperlichem und geistigem Sinne. Die Erfahrung zeigt es ungemein häufig, daß Kinder, die vergebens um die Zärtlichkeit der Eltern sich bemühten, oder die sich zu Hause (aus irgendeinem Grunde) ›fremd‹ fühlten, oder in ihren Ansprüchen an Zärtlichkeit Zurückweisung erlitten, aus innerem Protest schon früh eine gesteigerte Gefühlsbegeisterung für die ›Menschheit‹ an den Tag legten. Auch hier ist diese unbestimmte, unklare Begeisterung eine Folge des verdrängten Hasses zur Familie, zur nächsten Umgebung[1]. Im großen entstand auf diese Weise in dem alternden römischen Reiche im selben Maße, als sich das Individuum — herausgerissen aus der nährenden und tragenden Kraft des Stadtstaates — einsam und aller Stützen beraubt fühlte, jene

---

[1] Ich kenne kein deutlicheres Beispiel hierfür als die Lebens- bes. Jugendgeschichte des vortrefflichen Fürsten Krapotkin (siehe Selbstbiographie). Schritt für Schritt wird diese von Hause aus und dem Wesen nach dauernd vornehme und weiche Natur auf Grund seines frühen inneren Konfliktes mit dem Vater, der nach dem Tode der geliebten Mutter eine zweite Frau nahm, zuerst zu einer steigenden Parteinahme für die Diener des Hauses und dann schließlich zu einer prinzipiellen Negation aller positiven Werte und Ideale des russischen Volkes und Staates gedrängt — bis er in den Ideengängen des Anarchismus landet.

Liebe zur ›Menschheit‹, jener ›kosmopolitische‹ Affekt, der sich in den Schriften der jüngeren Stoa so scharf bemerklich macht[1]. Und eben dieses Motiv bestimmt auch wieder die ›moderne Menschenliebe‹. So ist sie vor allem als Protest gegen die Vaterlandsliebe entstanden, und wurde schließlich Protest gegen jede organisierte Gemeinschaft überhaupt. Sie ist also an zweiter Stelle als verdrängter Vaterlandshaß entsprungen.

Endlich ist die moderne Menschenliebe als auf Ressentiment beruhend auch dadurch erwiesen, daß sie als ›Altruismus‹ von ihren bedeutendsten Wortführern (A. Comte) bestimmt wird. Für den christlichen Liebesbegriff ist Hingabe an den ›Anderen‹ bloß als des ›Anderen‹ allein so falsch und irrig, als es die liberal-individualistische Vorstellung ist, man diene dadurch am besten dem Ganzen und der Gemeinschaft, daß man sich selbst vervollkommnet im Sinne des Wortes: ›Wenn die Rose selbst sich schmückt, schmückt sie auch den Garten.‹ Denn dieser christliche Liebesbegriff ist ja bestimmt als Aktus einer bestimmten Qualität zur geistigen idealen Person als solcher, und es ist dabei noch gleichgültig, ob dies die Person des Liebenden oder die des ›Anderen‹ ist! Darum ist eine Hingabe des eigenen ›Seelenheils‹ für den Anderen für den Christen Sünde! Und darum spielt das eigene ›Seelenheil‹ für ihn keine kleinere Rolle, als die Liebe zum Nächsten. ›Liebe Gott und deinen Nächsten als dich selbst‹, lautet der christliche Satz. Es ist charakteristisch, daß ein Hauptwortführer der

---

[1] Überhaupt ist die Lehre der jüngeren Stoa, so besonders Epictets und Marc Aurels, ungemein stark von Ressentiment bestimmt, und es wäre eine interessante Aufgabe, das im einzelnen aufzudecken.

modernen Menschenliebe, Auguste Comte — der Erfinder des Barbarismus ›Altruismus‹ — an diesem Satze Anstoß nimmt, ja das Christentum seines Gebotes wegen, auch für das eigene Seelenheil zu sorgen, der Unterstützung der ›egoistischen Impulse‹ anklagt, und den Satz durch den neuen positivistischen ersetzt sehen will: ›Liebe deinen Nächsten mehr als dich selbst.‹ Er bemerkt dabei nicht, daß ›Liebe‹ im christlichen Sinne als eine Aktart verstanden wird, die geistiger Natur und ihrem Wesen nach auf die geistige Person (Gottes und der Menschen) primär gerichtet ist (auf den Leib also erst als Träger und ›Tempel‹ dieser), daß mithin der Bezug auf den Anderen für ihr Wesen gar nicht charakteristisch ist; daß das Christentum eben auch darum eine von allem ›Egoismus‹ wesensverschiedene ›Selbstliebe‹ kennt und kennen muß! Er beachtet nicht, daß es ganz unbegreiflich ist, wieso dem Anderen ein Anspruch auf Wohltat — und nur als ›Ursache‹ für solche hat ihm ja die Liebe Wert — zukommen soll, aus dem einfältigsten aller Gründe: weil er ein ›Anderer‹ ist. Wieso soll — bin ich nicht um eines positiven Wertes willen der Liebe würdig — der ›Andere‹ es sein? Als wäre der Andere nicht auch ein ›Ich‹ — für sich nämlich — und ich nicht auch ein ›Anderer‹ — für ihn nämlich! Er beachtet nicht, daß er mit seinem Satze entweder eine sich übersteigende pathetische Phrase aufstellt, oder eine Forderung, die für alles lebendige Leben tödlich ist, ja nihilistisch und auflösend für jede positive Seinsgestalt überhaupt! Aber die Frage ist: wie ist eine solche Forderung psychologisch begreiflich?

Es gibt eine Täuschung, etwas für Liebe zu nehmen,

was wiederum nur eine eigentümliche, auf Haß gegründete Scheinform von Liebe ist, gegründet nämlich auf Selbsthaß und Selbstflucht. In klassischer Weise hat Blaise Pascal in seinen ›Pensées‹ einen Menschentypus gezeichnet, der in alle möglichen Formen des äußeren Lebens, in Spiel, Sport, Jagd usw. verstrickt ist, auch in die ›Geschäfte‹ oder in endlose Arbeit für die ›Gemeinschaft‹ — aus dem einzigen Grunde, weil sein Vertreter das Auge auf sich selbst nicht weilen lassen kann, und immerfort der Leere, immerfort dem Zustande seines ›in seines Nichts durchbohrenden Gefühles‹ zu entrinnen sucht. Wir kennen bei manchen Psychosen, z. B. in der Hysterie, eine Art von ›Altruismus‹, die darin besteht, daß der Kranke gar nicht mehr ›selbst‹ zu fühlen und zu erleben vermag, sondern jedes Erlebnis sich erst auf das Miterleben des Erlebens eines Anderen, auf seine mögliche Auffassung, seine mögliche Erwartung, seine mögliche Reaktion auf irgendwelche Vorkommnisse aufbaut. Der Kranke verliert hier jeden ›Mittelpunkt‹ der eigenen Existenz, vernachlässigt alle seine Angelegenheiten, ist vollständig in das Erleben dieses ›Anderen‹ hineingezogen — und leidet darunter. Er ißt nichts oder verletzt sich z. B., um den ›Anderen‹ zu ärgern. In abgeschwächtem Maße findet sich dieser Tatbestand auch als Moment in der Bewegung der ›allgemeinen Menschenliebe‹. Ja, auch die Form eines Gruppenwahnes nimmt dies Verhalten zuweilen an, so z. B. innerhalb der russischen Intelligenz, besonders der akademischen, männlichen und weiblichen Jugend, die ihre krankhafte Opfersucht und Selbstflucht gern in politische und sozialpolitische ›Ziele‹ eingießt, und sich dann ihre Krankhaftigkeit als »sittlichen Heroismus« ausdeutet[1]. Überhaupt ist jener Typus des »Sozialpolitikers«, dem wir neuerdings mehr und mehr begegnen, der sich um alles mögliche kümmert, nur nicht um sich und seine Angelegenheiten, meist nichts als ein armer, leerer, von Selbstsucht bewegter Mensch[2]. Daß diese Art zu leben und zu fühlen krankhaft ist, und nur den Schein einer »höheren« Sittlichkeit vortäuscht — daß sie zugleich ein Zeichen niedergehenden Lebens und eines versteckten Wertnihilismus ist, hat Nietzsche mit vollem Recht hervorgehoben. Nur traf er damit eben gar nicht die christliche Nächstenliebe, sondern vielmehr einen Wesensbestandteil der modernen »Menschenliebe«, die in ihrem Kern in der Tat eine sozialpsychische Ent-artungserscheinung darstellt.

Während die christliche Liebesidee ein organisierendes, höchstes geistiges Prinzip für das menschliche Leben dar-stellt, das — so wenig es sich auf die Idee des Lebens-förderlichen als Zweck beruft — tatsächlich auch einen Ausdruck »aufsteigenden« Lebens darstellt, ist dieses weichliche sinnliche Gefühl wahlloser Anteilnahme an dem »Anderen«, bloß weil er ein Anderer ist — und zwar zu-nächst an seinen »Leiden« — ein im höchsten Maße ni-

---

[1] So wenig erfreulich, ja in mannigfacher Hinsicht abstoßend der in Ruß-land so erfolgreiche und schicksalsreiche Roman »Sanin« ist, so hat er doch in der Bekämpfung dieser krankhaften, hysterischen politischen Opfer-sucht großer Teile der russischen Jugend einen wohlberechtigten Kern. Das Traurige ist nur, daß er an die Stelle der durch diese Sucht diktierten Ziele keine höheren Lebensaufgaben, als erotische, zu setzen weiß.

[2] Hierher gehört auch jener widerliche religiöse Pädagogismus, der — noch dazu auf ehrliche Weise — den religiösen Kirchenglauben als bloßen Kitt für die Volkstradition und Erziehungsmittel den »Anderen« zu emp-fehlen wagt, ohne daß der Herr Volkspädagoge selbst ihn teilte. »Je suis athéiste, — mais je suis catholique« soll Maurice Barrès einmal in der französischen Kammer gesagt haben.

vellierendes, auflösendes Prinzip für menschliches Leben — obgleich es sich ausdrücklich den Zweck der ›Lebensförderung‹ vorspannt. Und es ist trotz dieses bewußten Zweckes gleichzeitig Ausdruck niedergehenden Lebens. Indem die ›moderne Menschenliebe‹ sich selbst zu einem bloß technischen Wert für allgemeine Wohlfahrt erniedrigt, ist ihre Wertschätzung in der Tat eine unerhörte ›Fälschung der Werttafeln‹, da sie ja damit den überragenden Wert der Liebe und die mit ihrem Akte verbundene ›Seligkeit‹ jeder beliebigen sinnlichen Lust — und das unabhängig vom Werte der Person, die sie genießt — unterordnet. Nun erscheinen die großen Liebenden, die heiligsten Erscheinungen dieser Geschichte, in denen nach christlicher Anschauung das Gottesreich selbst sich anschaulich öffnet, nicht mehr als die ragenden Vorbilder, an denen sich die ›Menschheit‹ immer neu zu orientieren hat; durch deren Teilnahme an der ›Gattung‹ Mensch eben dieser Gattung Sein selbst einigermaßen gerechtfertigt und gleichzeitig nach der Höhe getragen wird: sondern als Diener der Luststeigerung der Masse! Das ist in der Tat im wörtlichen Sinne ›Sklavenaufstand‹ in der Moral! Ein Aufstand nicht von ›Sklaven‹, sondern der Sklavenwerte.

So grundverschieden nach Wesen und Ursprung die Ideen der christlichen Liebe und der ›modernen Menschenliebe‹ sind, so haben sie indes doch im Konkreten des historischen Tatbestandes vielfache und komplizierte Verbindungen eingegangen, welche die von Nietzsche vollzogene Gleichsetzung beider Ideen zwar nicht rechtfertigen, aber begreiflich erscheinen lassen. Und dasselbe gilt für die mannigfachen Formen der ›Askese‹.

Schon vor dem Aufkommen der spezifisch modernen
Humanität war es insbesondere das Ideengefüge der jüngeren Stoa, das innerhalb der sich konstituierenden uni-
versalen Kirche mit der christlichen Liebesidee eine starke
Verbindung einging: Kosmopolitismus, Naturrecht und
natürliche Moral wurden, je weiter die Kirche ihre Tore
öffnete, je universaler sie sich gestaltete, in ihre Philosophie und Lehre aufgenommen und dies weit weniger ihres
positiven Gehaltes wegen, als deswegen, weil sie gegen
die Herrschaft der Staaten, der nationalen und territorialen Rechtsbildungen und Sitten sich leicht als Waffen gebrauchen ließen[1]. In die christliche Ideenwelt selbst drang
zum Teil das nivellierende, auflösende Prinzip der neuen
»Menschenliebe« ein[2]; gleichzeitig die Umbiegung der
Gottesliebe ins Eudämonistische[3]!

Je reiner sich aber die christliche Moral in Erkenntnis
und Leben darstellte, desto weniger finde ich die Vorstellung einer geistigen Struktureinheit der menschlichen
Gattung und die Annahme einer überall gleichen Disposition zum »Heile« ausgeprägt. Ich finde, daß die echte

[1] Vgl. hierzu E. Troeltsch: »Die Soziallehren der christlichen Kirchen und
Gruppen«, 1912.

[2] Am eingreifendsten geschah dies freilich erst durch die Theorie und
Tätigkeit des Jesuitenordens, der im Gegensatze zu den Prinzipien der
»Selbstheiligung«, welche die älteren Orden, vor allem die Benediktiner
regierten, die »Menschenliebe« als Prinzip voranstellt. Auch darin erweist
sich der Jesuitismus als ein Sohn des modernen Humanismus auf dem
Boden der christlichen Kirche. Liest man Pascals »Lettres provenciales«,
so findet man in dem dort gegeißelten Paktieren der jesuitischen Moralisten mit der menschlichen Schwäche ein steigendes Vordringen der »modernen Menschenliebe« gegen die christliche Liebesidee.

[3] Augustin verwirft jede sittliche Motivation, die auf »Hoffnung, auf Lohn
und Furcht vor Strafe« beruht; später wird diese aus pädagogischen Gründen zugelassen. Thomas von Aquino scheidet dann eine »kindliche« Furcht
von der »knechtischen Furcht«, welch letztere auch er verwirft.

christliche Lebenslehre diese Einheit ›gleicher Vernunft-
anlagen‹ so wenig anerkennt, als die echte Antike[1]. Nach
der antiken Vorstellung (Aristoteles formuliert sie scharf)
ist es der Unterschied von Sklaven und Freien, der als
›natürlicher‹ angesehen wird, und den alle Unterschiede
der positiven Standesrechte nur möglichst adäquat zur
Darstellung bringen sollen: nicht also umgekehrt sind
die verschiedenen positiven Standesrechte nur schlechte,
den jeweiligen Machtverhältnissen Rechnung tragende
Darstellungen eines Ideals gleicher Rechte, die jedes
Individuum von Hause aus mitbringt: sondern, unter den
jeweilig faktisch bestehenden ›gleichen‹ Rechten verbergen sich ganz verschiedene natürliche Rechtsansprüche,
die im Wesen der ›Freien‹ und ›Sklaven‹, in ihrer un-
veränderlichen Naturanlage wurzeln, und die nur durch
die subjektive und technische Schwierigkeit, diese We-
sensqualitäten an den Menschen zu erfassen und in die
Einheit bestimmter definitorischer Merkmale zu binden,
im positiven Rechte nicht immer Ausdruck finden können. Der antike Mensch denkt unter der axiomatischen Voraussetzung, daß gleiche Rechte auf alle Fälle ungerecht
sind, und daß nur der Opportunismus zu ihnen führen
kann — sich aber immer verschiedene ›gerechte‹ Rechtsansprüche der Gruppen hinter ihnen verbergen. Gewiß
zerstört diese Vorstellung das Christentum. Aber doch
nur so, daß es einen noch schärferen qualitativen Unterschied, eine noch viel mehr ins Innere und Ontologische

---

[1] Nach Platon werden die eingeborenen Ideen einer überweltlichen Erfahrung verdankt, die bei den verschiedenen Ständen und Berufstypen
verschieden groß und reich ist. Darin ist Platons Lehre von den ›eingeborenen Ideen‹ völlig verschieden von der modernen Lehre gleichen
Namens, wie sie sich seit Descartes gestaltet.

der Person gehende Grenze innerhalb der Menschheit
macht, die nun die Grenze der ›Vernünftigkeit‹ und ›Ver-
nunftlosigkeit‹, welche nach antiker Vorstellung zwischen
Mensch und Tier besteht, ganz und gar hinter sich läßt
und als relativ gleichgültig erscheinen läßt. Das ist der
Unterschied des ›Natur-‹ und ›Gnadenstandes‹, des
›fleischlichen‹ und ›wiedergeborenen‹ Menschen, des,
der ›im ewigen Leben‹ steht, der ›ein Kind des Gottesreiches‹ ist und der es nicht ist; in der schärfsten Formulierung Augustins, welche die Kirche gerade vermöge
des wachsenden stoischen und rationalen Einschlages ihrer
Ideenwelt später verwarf: des ›Verworfenen‹ und ›Aus-
erwählten‹. Der ›fleischliche und natürliche Mensch‹
unterscheidet sich nach altchristlicher Anschauung vom
Tiere nur graduell, nicht wesenhaft: erst im ›Wiedergeborenen‹ bricht eine neue Ordnung und eine neue absolute Seins- und Wesenschicht zutage. Erst hier erscheint
eine neue Art des Seins und Lebens, ein ›übermensch-
liches‹, ›übertierisches‹; wogegen ›Vernunft‹ nur als
eine Höherbildung natürlicher, auch im Tierreich vorhan-
dener Anlagen gilt. Die Vorstellung also, daß jeder Mensch
eine ›geistige, vernünftige, unsterbliche Seele‹ habe mit
denselben Anlagen, denselben Ansprüchen zum Heile, —
sei es nur mit denselben ›Fähigkeiten‹ oder mit denselben ›eingeborenen Ideen‹ — und darum schon — ohne
›Gnade‹, ›Offenbarung‹, ›Wiedergeburt‹ sich wesenhaft über das Tier und die übrige Natur erhebe — ist
wohl schon früh in die christliche Ideenwelt hineingetragen worden, ist aber nicht aus ihren lebendigen Wurzeln herausgewachsen[1] Sie wird angenommen zunächst

---

[1] Diese Vorstellung, sowie die Abgrenzung einer unabhängig und unterhalb

nur als eine pragmatisch-pädagogische Annahme,
unter der allein eine missionierende Tätigkeit möglich und
sinnvoll ist; nicht aber als »Wahrheit«; aus demselben
Grunde, aus dem schließlich die antike Logik und Dialektik — zuerst als »teuflisch« verworfen — zum Haupt-
inhalt der Unterweisung in der kirchlichen Schulphiloso-
phie wurde[1]. So bemerkt z. B. Augustinus — um seine
Lehre von der Gnadenwahl mit der Praxis des Priesters
auszugleichen — daß der Wesensunterschied zwischen
»Erwählten« und »Verworfenen« zwar bestehe, daß aber
kein Priester, ja die betreffende Person selbst nicht wissen
könne, wer auserwählt oder verworfen sei; und daß der
praktische Priester darum jeden Menschen so zu behandeln habe, »als ob« er ein Nichtverworfener sei. Von
einer pädagogisch-pragmatischen Annahme wird aber die
Lehre von der Gleichheit der menschlichen Natur immer
mehr eine Annahme, die auf metaphysische Wahrheit
Anspruch macht. Es ist eine bemerkenswerte Tatsache,
daß gerade in diesem so wesentlichen Punkte die ursprüngliche christliche Vorstellung mit derjenigen der modernen
Entwicklungstheorie zusammenstimmt, daß der »Mensch

---

der Gnadensphäre bestehenden und berechtigten »vernünftigen« Welt-
sphäre (in Religion, Recht, Moral usw.) gewinnt ihren vollen Sieg erst durch
Thomas von Aquin, der die paulinisch-augustinische Liebes- und Gnaden-
religion zur Gesetzesreligion in das Verhältnis zweier »Zweckstufen« bringt
(E. Troeltsch). Diese neuen Fassungen sind aber bereits als der erste
Durchbruch der Ideale des jungen Bürgertums im Gedankensystem der
christlichen Kirche anzusehen. Vgl. dazu das vielfach Treffende bei W.
Sombart, Der Bourgeois, 1913, bes. S. 303 und 307. Desgl. der folgende
Aufsatz über den »Bourgeois«, II. Daß die Väter der Kirche auch eine
scharfe Abgrenzung der natürlichen Theologie von der offenbarten positiven
Theologie noch nicht kannten, dazu vergl. die interessanten Nachweise bei
Möhler: »Die Einheit der Kirche.«
[1] Siehe Prantl: Geschichte der Logik im Abendlande, Bd. I. Siehe auch
die treffliche Einleitung in J. A. Möhlers Patrologie, 1840.

als solcher nur ein höher entwickeltes Tier‹ sei — solange er nämlich — wie die christliche Lehre hinzufügt
— nicht als Glied in das ›Gottesreich‹ aufgenommen ist.
Wenn Fr. Nietzsche eine qualitative Wesensgrenze
innerhalb der Menschheit ziehen will, die Grenze zwischen
›entartetem Tier‹ und ›Übermenschen‹, so scheidet ihn
nicht dieser Versuch als solcher von der echten christlichen Ideenwelt — sondern nur seine positive Antwort,
wonach der Übermensch ein willkürlich hervorzubringen-
der neuer ›Typus‹ sein soll, nicht aber sich in der Teilnahme am Gottesreich konstituieren soll. Der ›Antihuma-
nismus‹ aber ist ihm gerade mit der echten christlichen
Móral gemeinsam. Wie überall, so hat auch hier die Kirche
bloß pragmatische Maximen zur Mission, zur Regierung
der Kirche, zur Leitung der Seelen, zur regimentalen
Herstellung ihrer Einheit, später zu metaphysischen Wahrheiten umgestempelt; und der auf Ressentiment beruhende Rationalismus und Humanismus des modernen
Bürgertums blieb dann ein Element ihrer Gedankenwelt,
auch in ihrer höchsten Blüte, so sehr sie ihn in den Grenzen zu halten wußte. Luthers Zerstörung ›der natürlichen
Theologie‹, sein Vernunfthaß, sein Gegensatz und Kampf
gegen die Rationalisierungsversuche der christlichen Ideen
durch die Scholastik sind Zeugnisse, wie klar er in diesem
Punkte im Gegensatze zu dem ›praeceptor Germaniae‹
Melanchthon das Echte von dem äußerlich Hinzugetre-
tenen zu trennen wußte. Aber indem er der Liebe einen
übernatürlichen und ursprünglichen Charakter neben dem
Glauben verweigerte und schon den inneren Liebesakt
in die Sphäre der ›Werke‹[1] rechnete, die keinen echten

---

[1] Nicht bloß die äußere sittlich relevante Handlung, oder gar nur die in

Heilsweg bilden, hat er die christliche Liebesidee noch tiefer verleugnet wie die Institution, die er bekämpfte, und dem puren modernen Humanismus der Liebe, der eine rein innermenschliche fleischlich-sinnliche Kraft in ihr sieht, noch stärker vorgearbeitet, als es die Kirche je getan hatte[1]. Mit Luther bricht das Solidaritätsprinzip[2] auf religiös-sittlichem Boden vollständig zusammen. Die Fremdliebe wird nun der Selbstliebe untergeordnet; und dies doch ohne Bewußtsein. Denn wie könnte das Streben nach dem »Bewußtsein eines gnädigen Gottes«, nach dem »Bewußtsein von Rechtfertigung und Versöhnung«, nach jenem tiefsten innersten Frieden, die Luther als Folge des rechten und »bloßen« Glaubens an Jesu Opfertod ansieht, je aufkommen, als fundiert auf einen Liebesakt? Auf den Liebesakt gegen sich selbst, auf der daraus fließenden Sorge für das eigene Heil der Seele? Indem Luther nun aber die Fremdliebe auf die schon gewonnene Rechtfertigung »nur« durch den Glauben — gewonnen im einsamen Verkehr jeder Seele mit ihrem Gotte — fundiert sein läßt — sie also als notwendigen Weg zu dieser Rechtfertigung ausschließt, die Rechtfertigungsbestrebung aber doch faktisch auf Selbstliebe zurückgeht, wird die Fremdliebe völlig der Selbstliebe unter-

kirchlichen kultischen Werken sich betätigende Handlung verwirft Luther als nutzlos für die Heilsgewinnung; sondern sein Begriff des »Werkes« umfaßt auch den inneren Liebesakt.

[1] Diese Tatsache und ihre gewichtigen Folgen (sie besteht in anderer Form noch in höherem Maße für den Calvinismus) scheint mir W. Sombart zu übersehen, wenn er dem Thomismus (im Gegensatze zu Max Weber) einen größeren Einfluß auf die Gestaltung des »kapitalistischen Geistes« einräumen will, als dem ursprünglichen Protestantismus, Vgl. hiezu in Bd. II: »Der Kapitalismus und die religiösen Mächte«.

[2] In einem dem Satze: »Liebe deinen Nächsten als dich selbst« widersprechendem Sinne!

geordnet, ja die ›Fremdliebe‹ schließlich auf die bloß sinnliche triebhafte Sympathie unter den Menschen beschränkt. So daß sich der eigentliche Heilsprozeß nur mehr zwischen jeder Seele und ›ihrem‹ Gott abspielt; die lebendige Gemeinschaft in Glauben und Liebe — und damit das Fundament der Idee der Kirche als Heilsanstalt — als gleich wesensnotwendiger Ort des Heilsprozesses aber prinzipiell verleugnet ist[1]. Die Ordnung der Gemeinschaft in Recht und Sittlichkeit muß nun ganz und allein dem Staate (›der Obrigkeit‹) oder naturhaften Triebfaktoren zufallen — ohne alle Orientierungsmöglichkeit an eine geistig sittliche, auf weltliche Gewalt prinzipiell verzichtende Autorität. Gewiß und natürlich sind hierdurch allen jenen Irrungen und Mißgriffen, durch die in der vorreformatorischen Kirche für das fremde Seelenheil häufig ›gesorgt‹ wurde — von Ablaß bis zu Autodafé — die Quellen abgegraben, aber dies doch nur auf Grund eines prinzipiellen Verzichtes auf alle innere, bis in die Sphäre des Gottesreiches selbst hineinragende Vergemeinschaftung, die nur da vorhanden ist, wo das Seelenheil des Bruders mit gleicher Liebe wie das eigene umfaßt und ergriffen ist. Indem Luther die tiefste Wurzel christlicher Moral, eben die Aktion der christlichen Selbstliebe und Fremdliebe, aus den Wesensfaktoren des ›Heilsweges‹ ausschließt, bricht bei ihm Religion und Sittlichkeit entzwei; wird die Liebe eine bloß und nur menschliche, auf natürlichem Mitgefühl beruhende Kraft — und eben hierdurch die moderne positive Humanitätsidee und Menschenliebe indirekt aufs mächtigste vorbereitet.

---

[1] Siehe hierzu das viele Treffende in der ›Symbolik‹ von J.A.Möhler, neue Ausgabe, Regensburg 1914; siehe bes. § 25 ›Höchster Punkt der Untersuchung‹.

Aber noch viel eingreifender verzerrt, als durch die
Verbindung mit der spätantiken Humanitätsidee, wurde
die christliche Liebesidee durch jene Verbindungen, die
sie nicht nur in einer, sondern in steigendem Maße in
allen christlichen Konfessionen mit der modernen Idee
der allgemeinen Menschenliebe auch positiv einging. Verbindungen so inniger Art, daß die Durchschnittsbildung
der Gegenwart bis hinein in die Theologie den radikalen
Unterschied dieser Ideen übersehen und beide bis zur
peinlichsten Zusammenmischung in eine charakterlose
Allerwelts»liebe« gebracht hat, die mit Recht Nietzsches
Ekel und Kritik erweckte; die überdies schon lange vorher große Geister von Geschmack wie I. Kant zur begreif-
lichen Irrung führte, die Liebe vollständig aus den sittlichen Agentien auszuschalten[1].

Diese trübe Vermischung fand in charakteristischer
Form statt in allen Arten und Abarten des sogen. »christlichen Sozialismus« und der »christlichen Demokratie«,
wie sie sich auf katholischem Boden nach der französischen Revolution und nach dem Friedensschluß der Kirche
mit der Demokratie, dann in steigendem Maße nach der
neuen Wendung der kirchlichen Politik zur Benutzung der
demokratischen Massenbewegungen und sozialistischen
Organisationen durch die Kirche für ihre Zwecke anbahnte.
Sowohl die moderne, spezifisch demokratische Abart des
Ultramontanismus als die evangelisch soziale Bewegung
sind Ausdruck und Früchte dieser Ideenverschmelzung.
Alle Versuche, der christlichen Moral »sozialpolitische

---

[1] Liebe ist nach Kant ein »sinnlicher pathologischer Affekt«, der unter den
echten Triebfedern sittlichen Handelns keine Stelle beanspruchen darf.
Auch könne man sie nicht »gebieten«. In diesem Urteil ist natürlich I. Kant

Programme‹ zu entlocken, neue Verteilungsprinzipien von Besitz und Macht sind aus dieser trüben Verquickung von Utilismus und christlicher Moral herausgeflossen. Es braucht nach dem Vorhergegangenen kaum gesagt zu werden, wie verwerflich vom Standort der echten christlichen Liebesidee diese Vermischung von christlicher Liebe mit Interessengemeinschaften sozialer und wirtschaftlicher Art ist. Und wie hoch erhaben gerade im sittlichen Sinne hingegen sogar noch diejenigen Formen des Sozialismus dastehen, die ihren Sieg weder von ›Humanität‹ noch von ›Liebe‹, sondern von einseitigster Organisation der puren Wirtschaftsinteressen und ehrlichem Kampfe der Klassen untereinander erwarten. Diesen Kreisen mag das Christentum mehr oder weniger abhanden gekommen sein; aber auch dann noch ehren sie es in ihrer Art tiefer als jene, die diese Kämpfe vermeiden wollen und die ›Liebe‹ zu einem sozialpolitischen Prinzip machen wollen. Denn diese verunstalten seinen Kern und machen — soweit sie durchdringen — daß es auch jene, denen es abhanden kam, nie wieder gewinnen können. Die christliche Moral verbietet den Klassenhaß, nicht aber ehrlichen und zielbewußten Klassenkampf. Es ist daher eines der treffendsten — gerade in seiner Kürze treffendsten Worte — jenes, das Kaiser Wilhelm II. über die ›sozialen Pastoren‹ gesagt hat. ›Evangelischsozial ist Unsinn; wer

---

von Bestand und Theorie der modernen Menschenliebe bereits abhängig. Für die christlichen Schriftsteller ist Liebe eben kein ›Affekt‹ noch ein ›Gefühlszustand‹, sondern ein intentionaler geistiger Akt. Vgl. meinen eingehenden Nachweis der schweren Mißdeutungen, die I. Kant an dem Satze: ›Liebe Gott über Alles und Deinen Nächsten als Dich selbst‹ vornimmt, um ihn mit seiner Ethik künstlich in Einklang zu bringen, in meinem Buche ›Der Formalismus in der Ethik und die materiale Wertethik‹, II. Teil, Niemeyer, Halle 1914.

evangelisch ist, ist auch sozial‹ [1]. Es scheint mir keinen Zweifel zu dulden, daß Fr. Nietzsche diese Ideenverquickungen im Auge hatte, als er so verschiedene moralische Grundansichten, wie jene des Positivismus von Comte und die christliche Liebesmoral, unterschiedslos als Formen einer Moral ›niedergehenden Lebens‹, als ›Sklavenmoral‹ bezeichnete und überhaupt zu einer Einheit zusammenfaßte. Aber anstatt zu sehen, daß jene sittlichen Strömungen, die gegenwärtig in den christlichen Kirchen faktisch auf Ressentiment beruhen, und wirklich eine Reihe von Kennzeichen niedergehenden Lebens darstellen, diesen Charakter nur vermöge der trüben Vermischung tragen, die sie mit spezifisch modernen Ideen, insbesondere mit der modernen demokratischen Humanitätsidee eingegangen sind, verfiel er in den Grundirrtum, jene modernen Ideen und Bewegungen als Folgen der christlichen Moral anzusehen! Was eine tatsächliche Überwindung des echt Christlichen durch die moderne Zivilisation darstellt, eine steigende Verzerrung und Vergemeinerung durch sie — das hielt er merkwürdigerweise für die echte christliche Moral und diese für den ›Ursprung‹ jener Zivilisation!

Analoges gilt für das, was in das Christentum an ›asketischen Idealen‹ eingegangen ist. Als aus den Wurzeln der evangelischen Moral entsprossen, kann auch hier nur gelten diejenige Askese, die sich in den Dienst der Befreiung der geistigen Persönlichkeit stellt, und sekundär in den Dienst, die Lebensfunktionen unabhängig von den

---

[1] Auch die sog. »ethische« Richtung der Nationalökonomie und bes. die »christlich ethische« ist nur ein Produkt dieser trüben Vermischung, die nur zeigt, daß ihre Anhänger von »echter Ethik« am allerwenigsten verstehen. Mit vollem Recht ist daher neuerdings eine »wertfreie« Wirtschaftswissenschaft gefordert worden.

ihnen dienenden Mechanismen selbständig zu entfalten und zu üben, und so das Lebewesen möglichst unabhängig von der jeweiligen Besonderheit äußerer Reizkombinationen zu machen. Dagegen ist alle auf Leibhaß und Leibverachtung gegründete Askese, jede auch, welche die ›persönliche‹ Lebensform überhaupt überwinden will, um in einer durch Askese erst gewinnbaren ›Erkenntnisart‹ in ein ›unpersönliches Sein‹ mystisch einzugehen; jede auch, in der die Enthaltung auch auf geistige Güter der Kultur und ihren Genuß ausgedehnt wird, oder in der auch die ›Seele‹ einer willkürlichen ›Disziplin‹ unterworfen werden soll, in welcher Gedanken, Gefühle, Empfindungen wie Soldaten angesehen werden, die beliebig für gewisse ›Zwecke‹ aufzustellen sind: nicht auf christlichem Boden gewachsen, sondern — soweit sie sich in der christlichen Sphäre findet — eine Verbindung, die die evangelische Moral mit dem Ressentiment der untergehenden Antike, besonders des Neuplatonismus und des Essenertums eingegangen ist .— soweit sie nicht wie die durch Ignatius von Loyola inaugurierte ›Askese‹ eine ganz moderne Technik der ›Unterwerfung unter die Autorität‹ darstellt, die überhaupt kein sachliches Ziel mehr hat, sondern bloß den auf militärischem Boden gewachsenen Gedanken der ›Disziplin‹ und des ›blinden Gehorsams‹ auf das Verhältnis des Ich zu seinen Gedanken, Strebungen, Gefühlen überhaupt, ausdehnt[1].

Ganz gewiß ist an Verachtung des Leibes und besonders der geschlechtlichen Dinge innerhalb der Geschichte

---

[1] Ein Grundelement in den ›Übungen‹ des Ignatius ist die Übertragung des militärischen Disziplinverhältnisses von Feldherr und Armee auf das Verhältnis von ›Ich‹ und ›Gedanken‹.

des Christentums Schrecklichstes in die Erscheinung getreten. Aber der Kern der christlichen Lehre und Praxis blieb von diesen Erscheinungen frei. In der Anschauung von »der Auferstehung des Fleisches« ist das Fleisch selbst, ist die Idee des »Leibes« geheiligt und in das Gottesreich selbst mithereingenommen. Und auch die christliche Philosophie hielt sich dem »Dualismus« von Seele und Leib im Kerne fern. So bildet für Thomas Aquinas die »Seele« als belebendes Prinzip des Körpers und als geistige Kraft eine untrennbare Einheit. Erst in der modernen Philosophie (Descartes usw.) erscheint — vorbereitet durch gewisse franziskanische Lehren — jene neue Haltung, in der das »denkende Ich« losgelöst von allen seinen vitalen Unterlagen, auf den »Leib« wie auf einen beliebigen Gegenstand — in derselben Gegenstandsdistanz wie auf Außenkörper — herabblickt[1].

Die christliche Askese — soweit sie unbeeinflußt durch hellenistische Dekadenzphilosophie ist — hatte als Ziel nicht die Unterdrückung der natürlichen Triebe oder gar ihre Ausrottung, sondern lediglich Macht und Herrschaft über sie und ihre vollendete Durchdringung mit Seele und Geist. Sie ist positive, nicht negative Askese — und wesentlich gerichtet auf die Freiheit der höchsten Persönlichkeitskräfte von den Hemmungen des niederen Triebautomatismus[2].

---

[1] Über den Wesensunterschied von »Leib« und »Körper«, siehe den zweiten Teil des oben zitierten Buches über »Der Formalismus in der Ethik...«, letztes Kapitel.

[2] Zu dem Unterschiede positiver und negativer Askese vgl. auch meine Aufsätze: »Über westliches und östliches Christentum« und »Vom Sinn des Leides« in meinem Buche »Krieg und Aufbau«, 1916; ferner E. Troeltsch: »Die Soziallehren der christlichen Kirchen und Gruppen«, 1912.

Es ist sehr lächerlich, wenn man die ›düstere christliche lebensfeindliche Askese‹ dem ›heiteren griechischen Lebensmonismus‹ entgegenstellt. Denn gerade ›griechisch‹ und ›hellenistisch‹ ist die Askese, die jenen Namen verdient. Das Gefühl, daß der Leib als solcher ›schmutzig‹ sei, ›Quell der Sünde‹, eine zu überwindende Enge, ein ›Kerker‹ usw. hat seinen Ursprung im Niedergang der antiken Welt, und drang erst von hier aus in die christliche Kirche zuweilen ein. Die christliche Askese ist heiter, froh: ist ritterliches Kraft- und Machtbewußtsein über den Körper! Nur das durch eine höhere positive Freude geweihte ›Opfer‹ ist in ihr Gott genehm!

V Ressentiment und andere Werteverschiebungen in der modernen Moral.

Wir hatten bisher nur einen Grundwert der in der Neuzeit in steigendem Maße zur Geltung gekommenen ›Moral‹ auf die Kräfte des Ressentiment zurückgeführt: ›die allgemeine Menschenliebe‹. Es soll nun noch an drei weiteren Grundelementen der modernen ›Moral‹ die wertefälschende Tätigkeit des Ressentiment nachgewiesen werden. Wir nehmen drei Elemente heraus, die wir für besonders wichtig erachten, ohne damit zu behaupten, daß durch sie die moderne Moral auch nur ausreichend charakterisiert, geschweige darin erschöpft sei. Aber auch hinsichtlich dieser drei Elemente müssen wir uns hier nur an die Verkehrung der Prinzipien halten, ohne zeigen zu können, wie der konkrete Ablauf der Wertschätzungen auf den verschiedenen Wertgebieten durch sie regiert ist. Dieses letztere Unternehmen, zu dem der Verfasser rei-

ches Material gesammelt hat, muß der Veröffentlichung
an anderer Stelle vorbehälten werden[1]

1. Der Wert des Selbsterarbeiteten und Erworbenen.

Wir beginnen unsere Betrachtung mit einer Vorzugsregel, die für die Moral der modernen Welt bestimmend
geworden ist. Sie heißt: Sittlicher Wert kommt nur
den Eigenschaften, Handlungen usw. zu, die der
Mensch als Individuum sich durch seine Kraft und
Arbeit erworben hat. Es gibt also hiernach weder be-

---

[1] Dieser Arbeit lag von Hause aus das Ziel, eine Genealogie der modernen,
»bürgerlichen« Moral überhaupt zu geben so ferne, als eine rein historische Erkenntnis über die letzten Triebkräfte ihrer Bildung. Es ist mir aber
darum nicht weniger erfreulich, daß Werner Sombart in seinem Buche »Der
Bourgeois« (vgl. auch den folgenden Aufsatz) meine eigenen Aufstellungen
und Analysen in seinem, diesen Gegenstand behandelnden Teile seines
Werkes, über mein eigenes Erwarten hinaus, bestätigen und bekräftigen
konnte. Sagt er doch an obigen Aufsatz anknüpfend geradezu, daß in den
Familienbüchern des Mannes, in denen er zuerst (lange vor B. Franklin
und Defoe usw.) den Geist der modernen Bourgeoisgesinnung und Bour-
geoismoral scharf und typisch ausgeprägt findet, nämlich bei dem Floren-
tiner Wollweber Leon Battista Alberti, »das Ressentiment den Grundzug
bilde.« Ich setze die ganze Stelle her: »Ich glaube, daß das Ressentiment auch
in der Geschichte des kapitalistischen Geistes eine Rolle gespielt hat, und
ich erblicke sie in dieser Erhebung der aus der Not geborenen Grundsätze
kleinbürgerlicher Lebensführung zu allgemeinen, wertvollen Lebensmaxi-
men; also in der Lehre der »bürgerlichen« Tugenden als hoher menschlicher Tugenden schlechthin. Männer bürgerlicher Lebensstellung, mit Vorliebe wohl deklassierte Adlige, die den Herren und ihrem Treiben mit
scheelen Augen zusahen, sind es gewesen, die dieses Treiben als lasterhaft
hinstellen, und die Abkehr von aller seigneuralen Lebensführung (die sie
im Grunde ihres Herzens liebten und erstrebten, von der sie aber aus
äußeren oder inneren Gründen ausgeschlossen waren) predigten. Der
Grundzug in den Familienbüchern Albertis ist das Ressentiment. Ich habe schon früher verschiedene Stellen daraus mitgeteilt, aus
denen ein geradezu komischer und kindischer Haß gegen die »Signori«
spricht, aus deren Kreise er ausgeschlossen war; sie ließen sich leicht ver-
mehren. Und immer endigt die Tirade gegen alles seigneurale Wesen,
gegen die seigneuralen Vergnügungen der Jagd, gegen die Sitten der
Klientelei usw., mit pharisäischem Lob der eigenen braven »Bürgerlichkeit«.

sondere, ursprüngliche, sittlich wertvolle ›Anlagen‹ — die vielmehr (z. B. bei Kant) als bloße ›Naturgaben‹ dem sittlich Wertvollen diametral entgegengesetzt werden — noch besondere ›Gnadengaben‹, virtutes infusae und Berufungen, durch die Einer über den Anderen erhoben sein könnte; es gibt auch kein ›Erbgutes‹ und keine ›Erbschuld‹ — weder im christlich-kirchlichen noch in

---

Gewiß: kaufmännische Interessen, philosophische Lesefrüchte, Zuspruch des Beichtvaters; alles wirkte auf die Verbürgerlichung der Lebensauffassung hin. Aber die maßlose Schimpferei, in die Alberti verfällt, sobald ihn seine Rede auf die ›Signori‹ bringt, und die dafür zeugen, daß er verteufelt schlechte Erfahrungen mit ihnen gemacht haben mußte, zeigen doch, daß vielleicht die stärkste Triebkraft, die ihn zu seiner gutbürgerlichen Weltanschauung gebracht hatte, das Ressentiment gewesen ist.

Durch alle Zeiten hindurch ist dieses ja die festeste Stütze der bürgerlichen Moral geblieben. Ein tugendhafter ›Bürger‹ verkündet heute noch den Satz und tröstet sich selbst am liebsten mit ihm: ›Die Trauben sind sauer.‹

Wenn nun aber irgendwo und irgendwann die Zünfte, in denen die ›bürgerliche‹ Gesinnung aus reiner Not hauste, die aber auch gern ›aus der Not eine Tugend machten‹, zu Ansehen und Einfluß gelangen, so daß sie schließlich in einem Gemeinwesen ›den Ton angeben‹, so kann es nicht ausbleiben, daß ihre Sinnesart zu einer anerkannten und lobenswerten gestempelt wird. Ihr Geist wird der allgemeine Geist. Dieser Vorgang hat sich aber mit besonderer Deutlichkeit wieder in Florenz abgespielt, das eben deshalb schon im 15. Jahrhundert von Bürgerlichkeit förmlich trieft, während andere Städte (Venedig) noch lange Zeit ihr seigneurales Gepräge bewahren.

Aus Werner Sombart: Der Bourgeois. München und Leipzig 1913, III. Abschn., 27. Kap., S. 439—440.

Auch in seinen eigenen, trefflichen Charakteristiken der modernen Bürgermoral (siehe bes. 2. und 3. Abschn. des II. Buches) wird unsere These von der langsamen, lautlosen, fälschenden Umwertung der christlichen Tugend und Moralbegriffe in die Wertschätzung von menschlichen Eigenschaften und Handlungseinheiten, welche bürgerliche Geschäfte florieren machen (wohlgemerkt bei Festhaltung der alten ehrwürdigen Namen und des christlichen Pathos!) in breitester Form bestätigt. Es ist vielfach wörtlich wahr für die modernen Scheinschätzungen, was Wedekind von der ›Sünde‹ überhaupt sagt. Sie wird ›eine mythologische Bezeichnung für schlechte Geschäfte‹.

einem anderen Sinne! ›Erbgutes‹ und ›Erbschuld‹ sind
ja contradictiones in adjecto, wenn obige Bestimmung gilt.
Weder Altertum noch Christentum kannten diese Wertung, welche den sittlichen Wert und die Bedeutung des
Lebens aus allen inneren Zusammenhängen mit dem Universum, der biologischen Herkunft, der Geschichte — und
endlich mit Gott herausreißt und es nur auf die eigene,
einsame und begrenzte Kraft des Individuums stellen will.
Der letzte Grund für die neue Wertschätzung ist die
andersartige Einstellung bei der Werterfassung.
Sehe ich einen Menschen, der kraft seiner wohlbeschaffe-
nen Natur eine Güte des Willens, einen Vorzug an Tüchtigkeit besitzt, den ein anderer sich erst mühsam abringen
muß, so werde ich — so lange ich auf die Werte selbst
anschauend und fühlend gerichtet bin — den ersten dem
zweiten vorziehen. Ich werde froh und dankbar die Tatsache ansehen, daß dieser schon hat, was der Andere erst
erwerben muß — daß er darum dem Ideal der Vollkommenheit näher steht. Wie es ihm zukam, ist eine zweite
Frage! Vermag doch der, welcher mit einem höheren
Stande sittlicher Veranlagung die Tätigkeit zur Erreichung
der Lebensziele antritt, auch mit Hilfe seiner Selbstbetä-
tigung ein noch höheres Niveau zu erreichen als der Andere. Aber dieses neidlose ›Sehenkönnen‹ und ›Gönnen‹
der besseren ›Natur‹ (oder bei religiöser Voraussetzung)
der ›Gnade‹ weicht einem ganz anderen Verhalten, wenn
die ärmere und niedrigere Natur diesen ursprünglichen
Abstand von der höheren nicht zu ertragen vermag —
wenn sie im Vergleiche an diesem Abstand leidet! Dann
erfolgt, nach dem vorher geschilderten Mechanismus des
Ressentiments die Tendenz, diesen Vorsprungswert als

sittlichen Wert zu leugnen; und dies geschieht nun, indem man ihn nur an der »Arbeit« haften läßt, mit der jeweilig eine Hebung des sittlichen Niveaus (unabhängig vom Werte des Ausgangs- und Endniveaus) erfolgt. An die Stelle der primären Blickrichtug auf die erscheinenden Wertqualitäten tritt nun die auf die subjektive »Arbeit«, und es ergibt sich das Axiom »Sittlichen Wert trägt nur das, was Jeder — auch der schlechtest Veranlagte — vermag und kann«. Die Menschen erscheinen nun an sittlichem Werte und an Ausstattung mit sittlichen Kräften »gleich« — und zwar »gleich« in der Weise, daß das Niveau des seiner Natur nach sittlich Niedrigsten als Grundmaß festgehalten wird. Die höhere und reichere »Natur« wird durch dieses neue Urteilsprinzip depossediert und entrechtet durch die Erklärung, daß sie ja für ihre Gaben »nichts könne«, daß diese Gaben vor dem Forum sittlicher Wertschätzung also nur vom Werte Null sind. Und andererseits steigt hierdurch das Selbstbewußtsein des Mannes ohne »Aar und Halm« in der sittlichen Welt, des sittlichen »Proletariers« sozusagen. Denn das, was er nicht ertragen konnte, die überragende Bedeutung der »guten Natur« ist ja jetzt von Hause aus entwertet. Die Schwielen und der Schweiß seiner sittlichen »Arbeit« erglänzen jetzt dafür im Lichte höchsten Wertes! Damit, — infolge dieser Umwertung, ist nun der geheime Rachedurst des Schlechtweggekommenen an dem Träger der besseren Natur gestillt[1]

---

[1] Schon von Marcus Porcius Cato, einem antiken »Bourgeois« (im Sinne W. Sombarts) und Ressentimentmenschen in mehr als einem Sinne, urteilt Leo, es sei sein Moralismus erst aus dem Abstandsgefühl zum alten römischen Adel, dem er nicht angehörte, erwachsen. Vgl. bes. seine Schrift »Über den Landbau«. (F. Leo: »Römische Literaturgeschichte«, I..

Wie wenig das Motiv, das zu jener Umwertung trieb, mit einer vermeintlichen Einsicht, daß sich sittliche Werte auf freie Akte gründen müssen[1], zu tun hat — im Unterschiede von anderen Werten, z. B. ästhetischen — zeigt die Tatsache, daß dieselbe Verschiebung auch auf nichtsittlichen Wertgebieten, auf dem Boden des Rechts- und Wirtschaftslebens erfolgt. Die Staats- und Wirtschaftstheoretiker Englands, voran John Locke, weiterhin Adam Smith und Ricardo bringen in ihren Eigentums- und Werttheorien nur eine tatsächliche Tendenz des modernen Wertens auf Begriff und Wort. Nach ihnen soll auch das Eigentumsrecht auf die Arbeit an den Sachen, nicht auf Okkupation und andere Ursprünge zurückgehen. Es ist klar, daß dieser neue Maßstab zur radikalsten Kritik der bestehenden Eigentumsordnungen führen muß, so weit das Eigentumsrecht sich auf Okkupation, auf Krieg[2], auf Schenkung, auf Erstgeburtsrechte usw. historisch zurückführen läßt. Ja, das gesamte Erbrecht ist unter dieser Voraussetzung im Prinzip anfechtbar, sofern es nicht als ein für die fruchtbarste Bearbeitung der Dinge

---

[1] Es liegt uns hier ganz fern, der Meinung Herbarts beizupflichten, daß sittlicher Tadel und sittliches Lob den streng determinierten Willensakt mit »gleicher Schärfe« treffe und darum zwischen sittlichen und ästhetischen Werten kein Wesensunterschied sei. Auch nach unserer Meinung haftet der sittliche Wert nur am »freien« Aktus. Aber dieser Satz schließt nicht ein, daß ein, seinem inneren Wesen nach »freier« Akt (d. h. ein solcher, der obzwar einer eigenen Gesetzmäßigkeit des Rechten folgend durch die Gesetze der Motivation nicht determiniert ist) auch von dem Individuum selbst bewirkt sein müßte, das ihn vollzieht, und nur dann eines sittlichen Wertes oder Unwertes teilhaftig wird. Die Ursache des Vollzugs eines »freien Aktes« kann auch außerhalb des Individuums in Tradition oder Erbe gelegen sein. Siehe hierzu mein oben zitiertes Buch »Der Formalismus in der Ethik und die materiale Wertethik«, Teil II, 1914.

[2] Vgl. dazu mein Buch: »Der Genius des Krieges und der Deutsche Krieg«, 1915.

zweckmäßiges, bloß technisches Verteilungsmittel dieser Dinge nachzuweisen ist. So sicher aber alle sittliche Betätigung in den Grenzen des sittlichen Seins erfolgt, so sicher setzt auch die Arbeit an Dingen das Eigentum an ihnen voraus und ändern sich Arbeitsziele, Arbeitsorganisation, Arbeitstechniken und -formen historisch abhängig von den Eigentumsordnungen[1].

Wer sähe es dieser ›Theorie‹ nicht an, daß sie bereits durch den Neid der arbeitenden Klassen auf die nicht durch Arbeit zu ihrem Besitze gelangten Gruppen gebildet ist, und eben darum das Eigentumsrecht dieser für prinzipiell illusorisch oder nur für die Folge eines Gewaltzustandes erklärt, den abzuschütteln man ein ›Recht‹ habe?

Für die Arbeitswerttheorie gilt Analoges. Die ursprüngliche Wertverschiedenheit der in den Gütern liegenden Materien, die nach der Natur des Landes verschieden sind, ihre Formwerte, die von der ›Arbeit‹, die in ihnen steckt, unabhängig sind und der Erfindungskraft erfinderischer Personen verdankt werden, die der Arbeit erst Vorbilder gibt; der Wert, den sie als Zusammensetzung der Arbeitsergebnisse durch die arbeitskombinierende Tätigkeit des Arbeitsleiters besitzen, werden hier von vornherein unterschlagen — oder sollen wieder in Scheidemünze der ›Arbeit‹ umgerechnet werden — um den sinnlosen Satz zu gründen, daß jeder zunächst das Recht auf eine gleiche Quantität von Werten habe, als die sind, die er durch seine ›Arbeit‹ hervorgebracht habe. (Das sogen. ›Recht auf den vollen Arbeitsertrag‹.)

---

[1] Und analog ändern sich die ökonomischen Organisations- und Arbeitsformen nur in den Spielräumen, die ihnen die politischen Machtverhältnisse gestatten; deren Veränderung folgt also einer eigenen Kausalität, die nicht ›ökonomisch‹ zu begreifen ist.

Zwei andere Grundregeln sind mit der genannten aufs engste verbunden. Einmal die Leugnung der Solidarität der Menschheit in sittlicher Schuld und sittlichem Verdienst, die für die christliche Wertung immer die Voraussetzung bildet; und zweitens die Annahme einer Gleichheit der Menschen in bezug auf ihre geistigen und moralischen Anlagen (Descartes, Locke)[1].

Mit dem Satze, daß der sittliche Wert auf das ›Selbsterworbene‹ beschränkt sei, ist zugleich die Vorstellung gegeben, jeder sei nur sittlich wertvoll in bezug auf das, was ›er selbst‹ tue, so daß Begriffe wie ›Erbschuld‹, ›Erbgutes‹, ›Teilnahme an den sittlichen Verdiensten heiliger Menschen‹; ›Gemeinschuld‹ sinnlose Wortverbindungen werden.

Die Vorstellung einer sittlichen Solidarität[2] der Menschheit kommt nicht nur in Ideen, wie daß ›wir alle in Adam gesündigt‹ und alle ›in Jesus wieder auferstanden‹ sind, sondern auch in der Vorstellung, daß wir uns angesichts jeder fremden Schuld ›mitschuldig‹ fühlen sollen (nicht etwa nur unserer eigenen uns ›erinnern‹ sollen), sodann in der Vorstellung der Anteilnahme Aller an den Verdiensten der Heiligen, der möglichen Erlösbarkeit der ›armen Seelen‹ durch sittliche Werke ihrer Nachfahren, und in sehr vielen ähnlichen Ideen im christlichen Gedankenkreise zur Geltung. Aber keineswegs ist

---

[1] Bis zum äußersten steigerte diesen Gedanken Herbart im Begriff seiner anlagenlosen Seele.

[2] Eine eingehende Begründung des sittlichen Solidaritätsprinzips habe ich gegeben im zweiten Teile meines ›Formalismus in der Ethik und die materiale Wertethik.‹ Über seine Anwendung vergl. mein: ›Vom Ewigen im Menschen‹, Bd. I, bes. ›Die christliche Liebes- und Gemeinschaftsidee und die gegenwärtige Welt.‹

die Idee auf die christliche Anschauung beschränkt. Andererseits haben sie auch viele christliche Sekten geleugnet. Sie entspricht einer Anschauung, in der schon die Unterlassung des Liebesaktes und der Liebestat als Sünde gewertet wird — nämlich als Folge zu großer sinnlicher Einschränkung auf bestimmte Objekte — und außerdem das Wachstum oder das Sinken der sittlichen Werte nicht an deren Kundwerden in sichtbaren und in die historische Tradition eingehenden Äußerungen geknüpft ist. Es ist klar, daß diese beiden Voraussetzungen im Begriff der modernen Menschenliebe nicht gegeben sind[1] Abgesehen hiervon ist es die innere Tendenz jeder Moral, deren Werte auf die ihres Wertes Sicheren, ihr tiefstes Selbst und Sein Bejahenden, in der Fülle ihres Reichtums Lebenden zurückgeht, die eigene ›Verantwortung‹ über die Grenze der eigenen Person hinaus maximal auszudehnen, insbesondere über alle, die irgendwelche Lebensabhängigkeit von ihrem Leben besitzen. Umgekehrt ist es ein Zeichen der entgegengesetzten, der ›Sklavenmoral‹ — wie Nietzsche sagt — Verantwortung maximal zu begrenzen und jede Schuld für ›fremde‹ Handlungen nach Möglichkeit zurückzuweisen — andererseits sich auch hier ›nichts schenken zu lassen‹[2].

[1] Denn — so zeigte sich — das Wesen der modernen Menschenliebe besteht ja darin, daß die ›sinnliche Organisation‹ nicht als Einschränkung, sondern als Wurzel der ›Liebe‹ angesehen wird; und daß nicht die Wohltat als Zeichen des Liebesaktes, sondern dieser nur als Ursache der äußerlich merkbaren, bewirkbaren Wohlfahrt positiv geschätzt wird. Nach Thomas a Kempis sieht ›Gott nur auf die Liebe des Gebenden, nicht auf die Gabe des Liebenden‹. Nach der modernen Menschenliebe ist die Schätzung umgekehrt.

[2] Das ›Sich-nicht-schenken-lassen-können‹ ist ein besonders banausischer Zug der modernen Moral. Vgl. das im ersten Aufsatz über die Demut Gesagte.

Die sittliche Solidaritätsidee — kaum mehr begreiflich für den modernen Menschen — setzt gleichsam eine innere Kapitalisierung der sittlichen Werte im »Reiche Gottes« voraus, an dessen Ergebnis alle Individuen Anteil haben und immer wieder Anteil gewinnen können[1] Diese Vorstellung ist ein Ergebnis einer Haltung, die schon die Erscheinung der Bösen — gleichgültig durch wen vermittelt — mit Entsetzen, die des Guten mit Entzücken erfüllt, und die in beiden Erscheinungen immer das Ganze des Schicksals der Menschheit — ja aller geistigen Personen mitbestimmt erfährt. »Alle stehen hier für Einen und Einer für Alle«[2].

So lange eine Gruppe auf die Realisierung der höchsten objektiven Werte gerichtet ist, wird die Frage, wer sie realisiere, zurücktreten, wenn auch jeder auf ihre Realisierung bedacht sein wird. Anders, wenn diese Einstellung zurücktritt, wie es naturgemäß mit einer Subjektivierung der Werte — wie sie die meisten Philosophen der Neuzeit lehren — verbunden sein muß. Die prinzipielle Richtung auf Ablehnung der Verantwortung für fremde Schuld ergibt sich dann schon aus dieser Wandlung der Erlebnisform der Werte. Sie ist weiterhin eine Folge der Einstellung prinzipiellen Mißtrauens gegen den sittlichen Wert des Anderen. Ist Bewußtsein und Gefühl vorhanden, daß die anderen Menschen ceteris paribus

---

[1] Ich hoffe nicht, daß man die sittliche Solidaritätsidee gleichsetze der modernen Wertung, nach der »Interessensolidarität« (z. B. der Arbeiter, die streiken oder der Angehörigen eines Trust mit dem Außenseiter) auch eine sittliche Verbindlichkeit des »Mitgehens« begründen soll.

[2] Die echte christliche Solidaritätsidee in Schuld und Verdienst hat Dostojewski in Tun und Rede seiner Figur des alten Staretz in den »Brüdern Karamasow« wundervoll zum Ausdruck gebracht.

›Schlechtes im Schilde führen‹, so ist die Ablehnung der Verantwortung für ihre Handlungen die notwendige Folge[1]

Es ist aber wesentlich festzustellen, daß die moderne Moral in allen ihren Grundlagen auf der Einstellung prinzipiellen Mißtrauens von Mensch zu Mensch überhaupt, und ihrer sittlichen Werte im besonderen, beruht. Die Haltung des Händlers, der vom Konkurrenten betrogen zu werden fürchtet, ist zur Grundeinstellung schon der modernen Fremdwahrnehmung überhaupt geworden. Erst dieses mit dem Ressentiment so nahe verwandte ›Mißtrauen‹ hat den modernen moralischen Individualismus und die Leugnung des Solidaritätsprinzips gezeitigt, die uns heute so ›selbstverständlich‹ sind.

Das zweite Prinzip der modernen Moral — eine Folge der alleinigen Wertung des Selbsthervorgebrachten — ist die Lehre von der sittlichen Gleichheit aller Menschen: Weder vor Gott und seiner Gnade, noch durch ursprüngliche Unterschiede der ›Veranlagung‹ der Individuen, der Rassen, der Völker, schließlich der Menschheit als Ganzes gegen das Tierreich, noch durch Vererbung und Tradition sollen von der individuellen sittlichen Selbsttätigkeit unabhängige sittliche Wertunterschiede unter den Menschen bestehen. Sowohl Griechentum als Christentum erkennen solche an; jenes in der griechisch-römischen Lehre von der ›Natureinrichtung‹ der Sklaverei, dieses in seiner Lehre von der sittlichen Bedeutung der Gnade — sowie in der Lehre von Unterschieden der sittlichen Naturbegabung. Die moderne Gleichheitslehre

---

[1] Welche ungeheure Rolle dieses prinzipielle Mißtrauen von Mensch zu Mensch innerhalb des Calvinismus spielte, dazu siehe, was Max Weber in seinen tiefgreifenden Studien über den Geist des Kapitalismus und den Calvinismus beigebracht hat.

überhaupt ist aber — ob sie sich nun als Konstatierung einer Tatsache, oder als sittliche ›Forderung‹, oder als beides aufspiele — eine offensichtliche Leistung des Ressentiment[1]. Denn wer sähe nicht, daß sich hinter der so scheinbar harmlosen Gleichheitsforderung stets und immer — um welche Gleichheit es sich auch handle, um sittliche Gleichheit, Besitz, soziale, politische und kirchliche Gleichheit — nur der Wunsch auf die Erniedrigung der — je nach dem Wertmaßstab — Höherstehenden, Mehrwertebesitzenden auf das Niveau der Niedrigstehenden verbirgt? Niemand fordert Gleichheit, der die Kraft oder die Gnade in seinem Besitze fühlt, im Spiel der Kräfte — auf irgendeinem Wertgebiet — zu gewinnen! Nur der, der fürchtet zu verlieren, fordert sie als allgemeines Prinzip. Die Gleichheitsforderung ist immer eine Spekulation à baisse! Es ist eben ein Gesetz, daß im selben Maße, als Menschen sich gleich sind, es die wertniedrigsten Merkmale sind, hinsichtlich welcher sie sich allein gleich sein können. Die Idee der ›Gleichheit‹ als eine rein rationale Idee vermöchte niemals Wille, Begehren und Affekt in Bewegung zu bringen! Aber das Ressentiment, das die höheren Werte nicht froh zu sehen vermag, versteckt seine Natur in der Forderung der ›Gleichheit‹! In Wirklichkeit will es nur die Dekapitierung der Träger höherer Werte, die es ärgern![2]

---

[1] Daß sowohl die allgemeine Psychologie als die Kriminalpsychologie gegenwärtig mit der Lehre von der Gleichheit sittlicher Veranlagung völlig gebrochen hat, braucht nicht gesagt zu werden. Trotzdem sind fast alle aus der Bewegung des Liberalismus hervorgegangenen Institutionen der Schule und des Rechtes noch auf diese — von der Wissenschaft längst niedergelegte Annahme — aufgebaut. Vgl. das interessante Material bei Carl Rath: ›Über die Vererbung von Dispositionen beim Verbrechen‹, Stuttgart 1914.

[2] Die Idee der ›Gerechtigkeit‹ als solche fordert keine Gleichheit, sondern

Als Behauptung eines Tatbestandes besagt der Satz von der ursprünglichen menschlichen Gleichheit im geistigen Vermögen, daß alle bestehenden Ungleichheiten auf ein verschiedenes Maß der Arbeit und Erfahrung zurückzuführen seien — oder soweit sie daraus nicht herleitbar sind — auf künstlichen »ungerechten« Einrichtungen beruhen, die nun das Pathos des Zeitalters mit aller Kraft aufzulösen strebt.

2. Die Subjektivierung der Werte.

Es ist eine gemeinsame Voraussetzung aller modernen Moraltheorien, daß Werte überhaupt und sittliche Werte besonders nur subjektive Erscheinungen im menschlichen Bewußtsein sind — und unabhängig von ihm keinerlei Existenz und keinen Sinn haben. Werte seien nur die Schattenbilder unseres Begehrens und Fühlens. »Gut ist, was begehrt wird, schlecht, was verabscheut wird«. Ohne ein begehrendes und fühlendes menschliches Bewußtsein sei die Wirklichkeit ein wertfreies Sein und Geschehen[1].

Diese moderne Grundansicht führt aber je nachdem

nur gleichwertiges Verhalten bei gleichen Wertsachverhalten. Wenn W. Rathenau in seinen »Reflexionen« einmal sagt: »Die Idee der Gerechtigkeit beruht auf dem Neide«, so gilt sein Satz nur für die auf Ressentiment beruhende Fälschung der Idee der »Gerechtigkeit«, nicht für ihren echten Kern.

[1] Ein positiver Nachweis dafür, daß »Werte« letzte selbständige Phänomene sind, die mit »Gefühlen« oder »Dispositionen« für solche nichts zu tun haben (wenn sie uns auch in der Funktion des Fühlens zugehen wie die Farbe in der Funktion des Sehens); und daß sie ebensowenig erst im Hinblick auf Beurteilungsakte zur »Abstraktion« kommen, kann hier nicht gegeben werden. Eine eingehende Analyse dieser Fragen mit Einschluß einer Kritik aller herrschenden Werttheorien, die unserer obigen These widersprechen, findet man in dem II. Teil meines Buches: »Der Formalismus in der Ethik und die materiale Wertethik«, Niemeyer, Halle 1914. Vgl. auch meinen Artikel »Ethik« in den »Philosophischen Jahrbüchern«, II. Jahrgang 1913, herausgegeben von Frischeisen-Köhler.

zu zwei Folgerungen, die beide Ausgangspunkte der modernen Moral gebildet haben: Entweder zu einer Rechtfertigung einer völligen Anarchie in Fragen der sittlichen Beurteilung — so daß hier überhaupt nichts ›Festes‹ auszumachen zu sein scheint; oder zur Annahme eines Surrogates für die echte Wertobjektivität, eines sogen. allgemeingültigen ›Gattungsbewußtseins‹, das seinen Zwang auf das Individuum in Form einer schlechthin gebietenden Stimme ›du sollst‹ geltend macht. Die allgemeine Anerkennung oder ›Anerkennbarkeit‹ eines Wollens und Handelns als ›gut‹ soll die fehlende Objektivität des Wertes ersetzen.

Auch im Ursprung dieser Vorstellung war Ressentiment das Treibende. Der von Ressentiment erfüllte Mensch, auf dessen Unzulänglichkeit das auf einer objektiven Wertordnung beruhende verwerfende Urteil über sein eigenes Dasein schwer lastet, das ihn quält und verängstigt; der sich gleichzeitig der Willkür oder der Verkehrung seiner eigenen Wertgebungen im geheimen bewußt ist[1]: ›wertet‹ die Idee des Wertes selbst um, indem er eine objektive Wertordnung leugnet. Wieder ist die Tendenz dieser inneren Bewegung auf Worte gebracht: ›Deine, Eure Werte (d. h. die Werte derer, die vor der objektiven Wertordnung als gerechtfertigt, als ›gut‹ dastehen) sind nicht ›mehr‹, nicht ›besser‹ als unsere Werte (die wir selbst als ›willkürlich‹, als ›subjektiv‹ empfinden). Herunter mit ihnen! ›Alle‹ Werte sind ›subjektiv‹! Es ist der Vorgang, den wir so oft wahrnehmen: der Mensch des Ressentiment begann mit

---

[1] Vgl. Abschnitt I dieses Aufsatzes, wo von der ›Transparenz‹ der echten Werte hinter den ›Scheinwerten‹ die Rede ist.

13*

der, jedem Menschen natürlichen Absicht, sein Wollen
auf ›das Gute‹ zu richten, das er — unverdorben durch
bestimmte Täuschungsmotive — ›zunächst‹ als ein Ob-
jektives, Ewiges, von Menschenwitz und -willkür Unabhängiges erblickt. Aber je weniger diese Bemühung
Erfolg hat, je neid- und haßvoller er auf jene blicken
muß, die vor der objektiven Wertordnung als ›gut‹ dastehen, desto mehr wächst die Tendenz, die Idee des
›Guten‹ selbst zu entrechten, indem er sie zu dem bloßen
X seines je faktischen Begehrens, seines faktischen Zustandes herabsetzt. Positiver reformerischer Wille mag
sich darin kundgeben, daß sein Träger an Stelle des bisher anerkannten Inhaltes des objektiv Guten einen anderen Inhalt zu sehen und zu behaupten sich anschickt —
dem er nun als dem ›Einzigguten‹ sein Leben und Tun
widmet. Anders das Ressentiment; sein Träger rächt
sich an der Idee, vor der er nicht bestehen kann, indem
er sie zu seinem faktischen Zustande herabzieht. So sprengt
sein Sünden- und Nichtigkeitsbewußtsein den schönen
Bau der Wertewelt und zieht zur illusionären Genesung
die Idee zu sich selbst herab. ›Alle Werte sind ja ›nur‹
relativ, ›subjektiv‹ auf Mensch, Begehren, Rasse, Volk
usw.‹

Aber alsbald macht sich das Bedürfnis nach bindenden
Formen der Beurteilung wieder bemerkbar. Der Mensch
des Ressentiment ist ein Schwächling: er kann mit seinem
Urteil nicht allein stehen. Er ist das absolute Gegenteil
zu dem Menschentypus, der das objektive Gute, auch
wenn er allein es sieht und fühlt, gegen eine Welt des
Widerstandes verwirklicht. So wird die ›Allgemeinheit‹
oder ›Allgemeingültigkeit‹ des Werthaltens sein Ersatz

für die echte Wertgegenständlichkeit. Von der eigenen Untersuchung, was gut sei, wendet er sich ab und sucht eine Stütze in der Frage: Was denkst du? Was denken alle? Was ist schließlich die »allgemeine« Tendenz der Menschheit als Gattung? Oder was ist die Richtung der »Entwicklung«, damit ich sie sehend mich in ihre »Strömung« hineinstellen kann usw.? Was keiner zu sehen und zu erkennen vermag, das sollen nun alle sehen: aus der Häufung von Null Einsichten soll sich eine positive Einsicht ergeben! Was niemals aus sich selbst heraus »gut« ist, soll es werden, weil es gestern gut war oder aus dem Gestrigen in gerader Richtung herkam!

Kleine Kinder und Sklavennaturen haben die Gewohnheit, sich zu entschuldigen: »Haben das, was ich getan habe, nicht auch die Anderen getan?« Die Gemeinschaft im Schlechten — nach der echten Moral eine Steigerung der Schlechtigkeit des Schlechten, da die Schlechtigkeit der Nachahmung und des sklavischen Sinnes noch zur Schlechtigkeit des gewollten Inhalts hinzutritt — wird hier zum scheinbaren »Rechte«, das Schlechte »gut« zu machen! So rotten sich die Herden der von Ressentiment Erfüllten immer mehr zusammen und halten ihr Herdenbewußtsein für einen Ersatz des zuerst geleugneten »objektiv Guten«. Auch in der Theorie wird nun die Gegenständlichkeit des Guten durch ein »allgemein gültiges Gesetz menschlichen Wollens« (Kant) oder noch weit schlimmer durch eine Identifizierung des »guten« mit dem »gattungsmäßigen Wollen« ersetzt[1].

---

[1] Wir verkennen den Unterschied der Kantischen Lehre von derjenigen des »Gattungsbewußtseins« durchaus nicht. Aber die echte Wertgegenständlichkeit ist auch geleugnet, wenn man sie als das X eines möglichen »allgemeingültigen« Wollens bestimmt. Denn obzwar das »Gute« allgemein-

Schon die Philosophie der Aufklärung hat diesen Ersatz der Idee des »Gegenstandes«, sei es durch das »Allgemeine«, sei es durch das »Allgemeingültige«, bis zum äußersten Extrem geführt. Bei allen Wertproblemen — handle es sich um Recht, Staat, Religion, Wirtschaft, Wissenschaft, Kunst — wird dem, was allen Menschen gemeinsam ist an Anlage es hervorzubringen und an Maßstäben der Beurteilung, die Bedeutung eines »Ideales« zugebilligt, an dem die positiven konkreten Gestaltungen der Kultur zu messen seien. »Allgemeinmenschlich« wird hier ein Wort, mit dessen Bedeutung ein höchster Wert verbunden wird. Psychologisch tut sich aber darin nichts anderes kund als Haß und Negativismus gegen jede positive Lebens- und Kulturgestaltung, die immer ein mutiger Anstieg über das bloß »Allgemeinmenschliche« ist — und darum an ihm gemessen in nichts zerrinnen muß[1]. So lange der Gegenstand und besonders der Wertgegenstand im schlichten Sinne des echten Objektivismus genommen ist, nach welchem Übereinstimmbarkeit seitens der Menschen in seiner Anerkennung höchstens ein soziales Kriterium für das soziale Recht der Behauptung, daß er existiere, sein kann, niemals aber ein Kriterium für die Wahrheit der Behauptung, noch gar ein Kriterium für das Wesen der Gegenständlichkeit — ist es klar, daß die Beschränkung eines Wertbereiches auf ein Volk oder auf eine Gruppe (wie klein diese immer sei) in Verständnis und Anerkennung niemals ein sinnvoller Einwand sein konnte gegen seine Echtheit,

gültig ist, kann es doch keineswegs definiert werden als die zu einem allgemeingültigen Prinzip taugliche Maxime.

[1] Darum bedeutet schon der Titel von Nietzsches Werk »Menschliches, Allzumenschliches« einen Weg zum Besseren!

sein Gegründetsein in der Sache. Wie es für gewisse mathematische Probleme und Theorien nur ganz wenige gibt, die sie auch nur verstehen, so kann dies auch für sittliche und religiöse Dinge der Fall sein! Geistige Haltungen gewisser Art in der Religion, z. B. das Glauben, Ahnen usw. — Akte, deren Vollzugsmöglichkeit vielleicht an ganz bestimmte Lebensweisen und -formen gebunden sind, und zwar an solche, die einer systematischen Übung (Askese) bedürfen — können sehr wohl die subjektiven Erfahrungsbedingungen von ganzen Wirklichkeitsbereichen sein, für die andere Menschen, die diese Akte und Lebensweisen nicht besitzen, »blind« sind; und für die gerade der »Menschenverstand«, der eine »allgemeine menschliche Anlage« darstellt, kein zureichendes Organ darstellt! Nicht der echte, sondern nur der bereits gefälschte Seins- und Gegenstandsgedanke schlösse dies aus! Der Begriff der »Offenbarung« vertritt — ganz unabhängig von Sinn und Bedeutung, die positive Religionen ihm geben — im System des Objektivismus zunächst nur dies, daß gegenständliche Wahrheiten und Werte von Wesen einer reicheren Erkenntnisanlage oder Fühlfähigkeit einer anderen Gruppe mitgeteilt werden können, für welche diese selbst kein Organ des ursprünglichen Erkennens besitzen. Dann müssen die letzteren eben »glauben«, was jene »schauen«. In diesem formalen Sinne ist »Offenbarung« ein Grundbegriff der Erkenntnislehre und ein Grundbegriff jeder echten menschlichen Kultur. Er stellt sich mit strenger Notwendigkeit ein, sofern Sachkunde und darauf beruhende Kompetenz in der sozialen Verteilung der Wahrheitserkenntnis und der Werterkenntnis entscheiden soll und nicht das Prin-

zip, ob das Behauptete einer ›allgemeinen Anlage‹ entspricht[1]

Anders freilich, wenn das Ressentiment den Gegen-
standsgedanken in den der ›Allgemeingültigkeit‹, der
Anerkennbarkeit durch einen jeden verfälscht! Dann
muß natürlich alles in dem Maße als ›subjektive Einbildung‹ gelten, was nicht ›mitteilbar‹ ist oder nur in
einem beschränkten Maße oder nur auf Grund bestimmter
Lebensarten; was nicht ›nachprüfbar‹ ist, schließlich, was
nicht den Sinnen und dem Verstande des — jeweilig
Blödesten klar zu machen ist! So gilt natürlich dann
jenem modernen Wahne schon die Tatsache der Differenzen der Werte, der sittlichen und ästhetischen, der religiösen Systeme, der Rechtssysteme usw. in der Völkerwelt
als ein genügender Beweis, daß die Werte nicht in den
Sachen gegründet seien, sondern nur in ›menschlichen
subjektiven, wechselnden Bedürfnissen‹ — natürlich immer
nur nach jenem schönen Kriterium, das Herdenkonven-
tion über ›Wahrheit‹ und ›Gutes‹ setzt, und das selbst
aus Ressentiment gegen das für die bloße Herde Un-
erreichbare entstanden, ja nur eine seiner logischen Formulierungen ist.

Die Ausschaltung der ›Offenbarung‹ aus den konstitutiven Erkenntnisarten, die unabhängig von Sinnes-
erfahrung und Vernunft bestehen, ist nur eine Leistung
des ›Ressentiment‹, das ›allgemeine menschliche Erkenn-
barkeit‹ zum Maße des Wahren und Bestehenden machen
will.

---

[1] Daß einsichtige ›Selbstgegebenheit‹ eines Seins und Gegenstandes allen
möglichen Fragen nach dem allgemeingültigen ›Kriterium‹ der Behauptung
eines solchen Seins philosophisch vorangeht, dazu vgl. den im II. Band
folgenden Aufsatz über Versuche einer Philosophie des Lebens

3. Erhebung des Nützlichkeitswertes über den Lebens-
wert überhaupt.

Der auf Ressentiment beruhende Sklavenaufstand in der Moral der neueren Zeit gibt sich nun aber vor allem kund darin, daß in steigendem Maße die letzten materialen Wesenswerte — auf die sich alle Werte zurückführen lassen — selbst und nicht nur die Menschen, die sie nach Stand, Arbeit, Beruf zu verwirklichen haben, in eine Vorzugsordnung gelangt sind, die ihrer wahren Rangordnung nicht nur nicht entspricht, sondern sie umkehrt und geradezu auf den Kopf stellt.

Dieser Tatbestand gibt sich nicht nur kund in den eigentlich moralischen Wertungen der Neuzeit, sondern auch in deren theoretischer Weltanschauung[1] und Wissenschaft. Dies hat zur Folge, daß die Moral der neueren Zeit sich auf die gleichzeitige »Wissenschaft« ohne Widerspruch berufen kann, ja sogar durch deren Tatsachen und Theorien gedeckt ist und — in den Grenzen dieses Wissensideals — sogar »bewiesen« werden kann — wenn auch leider — das »Wissensideal« selbst auf Ressentimentwertung beruht. So stützt eine Theorie eine Praxis die selbst schon Ursprung dieser Theorie war!

Wir beginnen mit der moral-praktischen Seite dieses im Grunde einheitlichen konkreten Gesamtvorganges.

---

[1] Wir gebrauchen das Wort »Weltanschauung« im Sinne W. v. Humboldts, wonach es die Struktur der Auffassungsweise der Welt seitens einer Rasse, Volk, Zeit usw. bedeutet. Von dieser »Weltanschauung« brauchen diejenigen, die sie haben, nichts zu wissen. Genug, daß sich die Gegebenheit der Welt ihr gemäß gliedert und accentuiert. Die »Wissenschaft« einer Zeit ist durch diese »Weltanschauung« stets bedingt. Vgl. bes. W. v. Humboldt: »Über das vergleichende Sprachstudium«. Vgl. meine Abhandlung »Vom Wesen der Philosophie« im I. Band des »Vom Ewigen im Menschen«, Leipzig 1918. Der Neue Geist-Verlag.

Unter den Wesensarten gibt es zwei, die zum mittleren Wertbereich gehören und von denen der eine dem anderen evident vorzuziehen ist: das ist der vitale Wert und der Wert der Nützlichkeit. Wir können auch sagen: der Wert der »Erhaltung« und der Wert der »Entfaltung«; der Wert der »Anpassung« und der Wert der »Eroberung«; der Wert des »Werkzeuges« und der Wert des »Organes«.[1].

Dieser Vorzug liegt im Wesen der beiden Werte selbst. Die Werte der ersten Reihe sind durch jene der zweiten Reihe so fundiert, daß sie nur erlebbar sind, wenn die anderen in irgendeinem Maße gegeben sind. Ein jeder Nützlichkeitswert ist ein Wert »für« ein Lebewesen. »Nützlich« ist, was die Beziehung einer beherrschbaren Ursache zur Realisierung eines Gutes vom Wert des sinnlich Angenehmen hat. Das Fühlen eines Angenehmen ist aber bedingt nicht nur durch die Natur eines Geistes überhaupt, sondern nur eines solchen, der durch irgendeine bestimmte Form und Organisation des Lebens sich hindurch betätigt, die ihrerseits wieder als Ganzes einen bestimmten Lebenswert repräsentiert. Dieser Lebenswert läßt sich nicht auf die Wertart des Angenehmen zurückführen, da auch Handlungen und Dinge, die Lebenswerte zu vermindern geeignet sind, »angenehm« sein können[2]. Während sich das Dasein von Lebenswerten ohne Angeneh-

---

[1] Wie durch diese Verkehrung der Rangordnung von »edel« und »nützlich« besonders die Werte der kriegerischen Moral den Werten der merkantilen untergeordnet wurde, am prinzipiellsten in England, zeigt eingehend mein Buch »Der Genius des Krieges und der Deutsche Krieg« 1915.

[2] Ich unterlasse es hier, die gesamte, oft beschriebene Tatsachenfülle anzuführen, die die Disproportionalität zwischen Lebensförderndem und der sinnlichen Lust am Angenehmen aufweist: das gesamte Thema: Süße Gifte und bittere Arzneien.

mes sehr wohl denken läßt, ist das Gegenteil nicht der Fall. Der Vorzugswert des Angenehmen vor dem Unangenehmen steht wohl evident fest. Aber der Wert der angenehmen und unangenehmen Dinge selbst richtet sich darnach, ob diese zugleich Lebenswerte zu steigern geeignet sind oder nicht. Ein Angenehmes, das zugleich lebenshemmend ist, ist daher als Lebensunwert schlecht. Der Wert angenehmer Dinge usw. richtet sich also — unabhängig vom Grade ihrer Annehmlichkeit — danach, ob und welchen Wert die Lebewesen als solche haben, die diese Dinge als angenehm fühlen. Das für ein vital wertvolleres Wesen Angenehme ist daher dem für ein vital weniger wertvolles Wesen Angenehmen vorzuziehen. Jede Art des niedergehenden Lebens bekundet sich ferner darin, daß als angenehm solche Dinge und Handlungen gefühlt werden, die einen Fortschritt im Niedergang des Lebens herbeizuführen geeignet sind, auf den dieses Leben — unabhängig vom bewußten Wollen — hintendiert. Die Perversion des Begehrens und Fühlens — so daß als angenehm erscheint, was ›normal‹ unangenehm ist — ist eine Folge des Fühlens, daß das Leben niedergeht. Aus diesem Grunde dürfen die Werte des Angenehmen, resp. die· sie tragenden Dinge, Verhältnisse (z. B. Besitz) als Quelle der Annehmlichkeit nicht an alle Menschen gleich verteilt werden — nach ›Gerechtigkeit‹ — sondern so, daß sie gemäß ihrem Lebenswert einen wechselnd großen Anspruch darauf haben. Jede ›gleiche‹ Verteilung der Annehmlichkeitswerte (und jede Tendenz dazu) würde also die Träger der höheren Lebenswerte ›ungerecht‹ schädigen; und darum ›schlecht‹ sein; denn sie würde das Leben als solches schädigen. Sie würde eine steigende Tendenz zur Perversion des sinnlichen Fühlens setzen und machen, daß immer mehr Dinge und Handlungen, die wesenhaft lebensschädlich sind, als angenehm geschätzt würden.

Ist das »Nützliche« dadurch, daß es die Beziehung auf das Angenehme hat, wie dieses selbst in seinem Vorzugswert von dem Werte des Vitalen abhängig, so ist es dies aber auch dadurch, daß nützlich nicht jede Ursache zum Angenehmen ist, sondern nur die vom Wollen beherrschbare Ursache. Diese Herrschaft kann aber nur durch das Lebewesen ausgeübt werden. Das Maß seiner Herrschaftsunterworfenheit ist auch ein Teilmaß der Nützlichkeit der Ursache für das Angenehme. Wo also prinzipiell die auf Herstellung von Ursachen (Mitteln) für Angenehmes gerichtete Tätigkeit so in den Dienst dieser Mittel tritt, daß Maß und Art dieser Tätigkeit unabhängig wird von der möglichen Beherrschbarkeit der Mittel (für irgendwelche vital positiv wertvollen Zwecke), da wird diese Tätigkeit selbst »schlecht« und das gesamte System, das sie ausmacht, ein Ausdruck niedergehenden Lebens. Denn es ist ein Folgesatz des an die Spitze gestellten Vorzugsgesetzes, daß jede Vermehrung von Ursachen für das Angenehme schlecht ist, wenn diese Ursachen nicht mehr vital beherrschbar sind und wenn sie nicht nach dem Maße ihrer Beherrschbarkeit durch die Kraft ihrer jeweiligen Besitzer an diese verteilt werden.

Zusammengefaßt: Leben »soll« nur in dem Maße Nützliches hervorbringen und Angenehmes genießen, als es selbst in der Reihe vitaler Werte höher steht und die nützlichen Dinge frei beherrschen kann.

Nicht nur in einer, sondern in einer ganzen Anzahl von Beziehungen ist aber in der modernen Moral diese an sich gültige Rangordnung der Werte umgestürzt und in ihr Gegenteil verkehrt worden[1]

a) Nützliches und Angenehmes.

Alles, was da sinnvoll »nützlich« genannt werden kann, ist dies nur als Mittel zu einem Angenehmen. Das Angenehme ist der Grundwert, das Nützliche der abgeleitete Wert. Der Sinn jeder Nützlichkeitszivilisation oder dieser Zivilisation soweit, als sie Nützliches hervorbringt, ist der Genuß angenehmer Dinge. Der endgültige Wert nützlicher Dinge richtet sich daher auch nach dem Maße der Genußfähigkeit ihrer Besitzer. Verringert die Arbeit zur Hervorbringung dieser Dinge die Genußfähigkeit, so »verlohnt« sie sich nicht. Man kann und muß den Genuß höheren Werten unterordnen; den vitalen Werten, den geistigen Kulturwerten, dem »Heiligen«; ihn dem Nützlichen unterzuordnen ist eine Absurdität: denn das heißt den Zweck dem Mittel unterordnen[2].

Gleichwohl ist es eine Vorzugsregel der modernen Moral geworden, nützliche Arbeit sei besser als der Genuß des Angenehmen.

---

[1] Eine Reduktion des heute in Europa geltenden Strafrechts auf die Rangordnung der Rechtsgüter, die bei seinen Gesetzen vorausgesetzt ist, würde zeigen, daß überall die vitalen Werte den Nützlichkeitswerten in dieser Rangordnung untergeordnet sind und auf der Schädigung der letzteren härtere Strafe liegt als auf der Schädigung der ersteren. Man betrachte z. B. nur das Verhältnis der Körperverletzung zum Diebstahl. Im Weltkriege wurde diese Perversion der Wertschätzung geradezu grotesk. Wie viel weiter ging die Forderung der europäischen Staaten an den Leib und das Blut ihrer Bürger als an ihren Besitz, und wie vorsichtig und zögernd waren ihre Eingriffe in die Eigentumsordnung!

[2] Vgl. über die objektive Rangordnung und die ihr entsprechende Vorzugsordnung der Werte selbst mein Buch »Der Formalismus in der Ethik und die materiale Wertethik«, I u. II, bes. I, 2, 5. Vgl. als konkrete Anwendung dieses Gesetzes mein Buch »Über die Ursachen des Deutschenhasses.« 2. Aufl. 1918.

Hierin bekundet sich aber ein spezifisch moderner Asketismus, der dem Mittelalter und der Antike gleichmäßig fremd war, und dessen treibende Mächte ein sehr wesentlicher Bestandteil der inneren Kräfte sind, die zur Ausbildung des modernen Kapitalismus führten[1] Er stellt in gewissem Sinne das gerade Gegenteil einer anderen »asketischen« Lebensform dar, eben jener evangelischen, die gerade eine Steigerung der Lebensfunktionen und darunter auch eine Steigerung der Genußfähigkeit zum Ziele hatte.

Der moderne Asketismus bekundet sich darin, daß der Genuß des Angenehmen, auf das alles Nützliche bezogen ist, eine fortwährende Verschiebung erfährt — soweit, daß schließlich das Angenehme dem Nützlichen untergeordnet wird. Auch hier ist das Ressentiment gegen die höhere Genußfähigkeit und Genußkunst, der Haß und Neid gegen das reichere Leben, das immer auch eine reichere Genußfähigkeit ist, das treibende Motiv des modernen Arbeits- und Nützlichkeitsmenschen. So wertet er das

[1] Daß der spezifisch moderne Arbeitstrieb (der schrankenlose, durch keinen Bedarf eingegrenzte Erwerbstrieb ist erst seine Folge) durchaus nicht die Folge einer welt- und lebensbejahenden Denk- und Gefühlsart ist (wie sie etwa innerhalb der italienischen Renaissance bestand), sondern vor allem auf dem Boden des finsteren, genußfeindlichen Calvinismus erwachsen ist, der der Arbeit ein transzendentes und darum nie erreichbares Ziel setzt (»Arbeiten zur Ehre Gottes«) und gleichzeitig den Gläubigen durch die Arbeit über die Ungewißheit und den Zweifel narkotisiert, »berufen« oder »auserwählt« zu sein, haben die Arbeiten von Max Weber und Ernst Troeltsch über die Herkunft des modernen Kapitalismus aus dem Calvinismus schön gezeigt. Vgl. den folgenden Aufsatz über den Bourgeois, I u. II. Vgl. hierzu meinen Vortrag: »Über die Ursachen des Deutschenhasses«, 2. Aufl. Leipzig 1918.

Daß auch der »jüdische Geist«, den Sombart als eine Hauptursache für das Werden der kapitalistischen sozialen Daseinsform ansieht, als ältester Erbpächter des Ressentiment, dabei eine große Rolle spielte, entspricht durchaus unserer These.

Angenehme und seinen Genuß gegenüber dem Nützlichen
— den bloßen ›Anweisungen‹ auf ein Angenehmes —
zu einem ›Schlechten‹ um. Ein unendlich komplizierter
Mechanismus zur Erzeugung angenehmer Dinge wird hergestellt und eine nie ruhende Arbeit hat ihn zu bedienen
— ohne jede Hinsicht auf den schließlichen Genuß dieser
angenehmen Dinge. Und da jene Arbeit im Dienste des
Nützlichen als schrankenloser Trieb psychologisch schon
aus einer geringeren Genußfähigkeit erwachsen ist und
außerdem die noch etwa vorhandene Genußfähigkeit durch
ihn immer mehr verzehrt wird, so vermögen diejenigen,
die am meisten nützliche Arbeit tun und hierdurch sich
der äußeren Mittel zum Genusse bemächtigen, am wenigsten zu genießen; wogegen die lebensreicheren Gruppen,
die eben ihr Wille zum Genusse mit der Arbeit der anderen nicht konkurrieren läßt, immer mehr die Mittel entbehren, die noch zu ihrer Genußfähigkeit hinzukommen
müssen, um wirklichen Genuß zu erzeugen. Hierdurch erhält die moderne Zivilisation die Tendenz, die endlose
Anhäufung angenehmer Dinge, die sie erzeugt, doch —
schließlich — Niemandem zugute kommen zu lassen.
Man fragt: Wozu schließlich die endlose Herstellung angenehmer Dinge, wenn der Typus, der sich darin verzehren muß, sie herzustellen und der sie besitzt, derselbe ist,
der sie von Hause aus nicht genießen kann; und der, der
sie genießen könnte, sie nicht besitzt?

Mit derselben Heftigkeit, als angenehme Dinge erzeugt
und immer neu erzeugt werden und in dieser Tätigkeit
immer mehr Ernst und Energie aufgeboten wird — auch
Opfer an Lebenskraft — mit derselben Heftigkeit wird
der Genuß dieser so mühselig hergestellten Dinge als

›schlecht‹ verworfen. Dies gibt der modernen Zivilisation einen spezifisch ›komischen‹ und ›grotesken‹ Anstrich.

Die alte Askese machte sich das Ideal, den maximalen Genuß des Angenehmen mit einem Mindestmaß angenehmer Dinge und erst recht nützlicher Dinge zu erreichen. Die Fähigkeit, auch aus den einfachsten überall zugänglichen Dingen, der Natur usw., den höchsten Genuß zu ziehen, sollte gesteigert werden — und diese Steigerung hatten die Gebote der freiwilligen Armut, Gehorsam, Keuschheit, Kontemplation der Welt und der göttlichen Dinge mit zur Folge; so daß mit einem geringeren Maße angenehmer und besonders nützlicher Dinge — ›Annehmlichkeitsmechanismen‹ — dieselben Grade des Genusses erzielt wurden, als sie schwächeres Leben nur mit einem größeren Maße solcher Dinge erreichen kann. Wie das nützliche Ding hier nur als ein Hilfsmittel des Genusses gilt, so besitzt auch derjenige die größte Genußfähigkeit, der mit dem kleinsten Maße angenehmer Dinge ebensoviel genießen kann wie ein Anderer mit dem größeren Maße. Ob sie es nun direkt wollte oder nicht: die alte Askese steigerte die Genußfähigkeit und damit auch das Leben[1].

---

[1] In feinsinnigster Weise hat Bischof Keppler in seinem Buche »Mehr Freude« diesen Gegensatz zur Darstellung gebracht. Er gibt auf die Frage: »Wie bringe ich es zu mehr Freude?« die scheinbar tautologische, faktisch aber sehr tiefsinnige Antwort: »Freue dich«. Darin ist eben gesehen, daß die Funktion des Sichfreuens, des Genießens usw. etwas von den sinnlichen Quanten des Angenehmen und Unangenehmen und der ihnen entsprechenden Reize ganz Unabhängiges ist, und darum auch einer besonderen Kultur und Bildung unterworfen werden kann, die durch Herstellung und Aufsuchung neuer Reizmittel nicht nur nicht gefördert, sondern in ihr Gegenteil verkehrt wird.

Der langsame Übergang des Großstadttypus vom Charakter einer »Konsumptionsstadt«, ein Charakter, den nach Sombart (s. Luxus und Kapitalis-

Die moderne Askese aber bildete ein Ideal aus, das in seinem ethischen Sinn das gerade Gegenteil des alten ist: das ›Ideal‹ des Minimums von Genuß bei einem Maximalmaß angenehmer und nützlicher Dinge! Darum sehen wir denn auch, daß da, wo die Arbeit die größten Dimensionen angenommen hat (wie z. B. in Berlin und den norddeutschen Großstädten überhaupt) die Fähigkeit und Kunst des Genießens den denkbar niedrigsten Grad erreicht hat. Die Fülle der angenehmen Reize ertötet hier geradezu die Funktion des Genießens und ihre Kultur, und je bunter, lustiger, geräuschvoller, reizvoller die Umwelt wird, desto freudloser sieht es gemeinhin in den Menschen aus. Sehr lustige Dinge, angeschaut von sehr traurigen Menschen, die nichts damit anzufangen wissen, das ist ›Sinn‹ unserer großstädtischen Vergnügens-›Kultur‹.

b) Nützlichkeitswert und Lebenswert im Besonderen.

Die tiefste Verkehrung der Wertrangordnung, welche die moderne Moral in sich trägt, ist aber die in ihrer Entfaltung immer mehr steigende, mit dem Siege des industriellen und kaufmännischen Geistes über den militärischen und theologisch-metaphysischen immer tiefer, bis in die konkretesten Wertschätzungen eindringende Unterordnung der Lebenswerte unter die Nutzwerte. Oder wie wir in Kürze sagen wollen, indem wir die Qualitäten, die den Wert des Lebens in lebendigen Organismen ausmachen, in dem Begriffe ›edel‹ zusammenfassen: Die Unterordnung des ›Edeln‹ unter das ›Nützliche‹. Der neue Aufbau der Gesellschaft, der sich zuerst durch das

mus) alle älteren Großstadtbildungen besaßen, in eine ›Produktionsstadt‹ ist einer der wesentlichsten Teilprozesse, in dem sich realiter die Indienststellung der Annehmlichkeitswerte an die Nützlichkeitswerte vollzieht.

14

Vordringen des Bürgertums seit dem 13. Jahrhundert, dann
durch die Emanzipation des dritten Standes in der französischen Revolution und in der hierauf beruhenden, po-
litisch-demokratischen Bewegung ergab, ist die äußere
politisch-ökonomische Darstellungsform jener Werteverschiebung, die ihrerseits wieder in dem Ausbruch des durch
die Zeiten vorwiegend autoritativer Lebenslenkung aufge-
häuften Ressentiments, durch die Verbreitung und den Sieg
seiner Werte ihren Grund hat. In dem Maße als die Kauf-
leute und die Träger der Industrie zur Herrschaft in den
Staaten (bes. Weststaaten) kamen und ihr Wesen und Urteil, ihr Geschmack und ihre Neigungen zu den auswäh-
lenden Bestimmungsgründen auch der geistigen Kulturpro-
duktion wurden; ihre sich durch ihre Tätigkeit mit Notwendigkeit einstellenden Symbole und Bilder vom Grund
der Dinge die älteren religiösen Symbolbildungen überwan-
den, wurde allerorts auch ihre Art des Wertens diejenige,
welche die »Moral« überhaupt gestaltete[1].

Auch für diesen großen Vorgang aber ist Ressentiment
eine wesentliche Ursache.

Die Verkehrung der Wertschätzung äußert sich vor
allem darin, daß die Berufswerte des Kaufmanns und des
Gewerbetreibenden, die Werte der Eigenschaften, durch
die eben dieser Typus Homo reüssiert und Geschäfte
macht, zu allgemeingültigen moralischen Werten, ja zu

---

[1] Die Ausbildung der kapitalistischen »Wirtschaftsgesinnung«, der Übergang eines durch die Idee des standesgemäßen Unterhalts geleiteten Er-
werbsstrebens in ein an sich grenzen- und zielloses Erwerbsstreben, das
dem »Unterhalt« schließlich nur diejenigen erworbenen Güter einräumt, die
übrig bleiben, wenn die automatisch gewordene Wachstumstendenz
des »Geschäftes« befriedigt ist, — ist nur ein Teilprozeß jener Umbildung
des leitenden Ethos überhaupt. Vgl. das Gesagte mit dem Aufsatz »Der
Bourgeois« im zweiten Bande dieses Werkes.

den »höchsten« unter diesen erhoben werden. Klugheit, rasche Anpassungsfähigkeit, kalkulierender Verstand, Sinn für »Sicherheit« des Lebens und allseitigen ungehemmten Verkehr, resp. Eigenschaften, die diese Bedingungen herzustellen imstande sind, Sinn für »Berechenbarkeit« aller Verhältnisse, für Stetigkeit in der Arbeit und Fleiß, Sparsamkeit und Genauigkeit in der Einhaltung und Schließung der Verträge: das werden jetzt die Kardinaltugenden, denen Mut, Tapferkeit, Opferfähigkeit, Freude am Wagnis, Edelsinn, Lebenskraft, Eroberungssinn, gleichgültige Behandlung der wirtschaftlichen Güter, Heimatliebe und Familien-, Stammes-, Fürstentreue, Kraft zu herrschen und zu regieren, Demut usw. untergeordnet werden. Aber noch tiefer greift die Umbildung in den Begriffen, wenn sie auch mit denselben Namen genannt werden[1]. Von der »Menschenliebe« wurde das gezeigt. Aber auch die Worte »Gerechtigkeit«, »Selbstbeherrschung«, »Treue«, »Wahrhaftigkeit«, »Sparsamkeit« z.B. gewinnen einen neuen Sinn. Die ältere Idee von Gerechtigkeit war, daß Recht nur geschähe, wo Gleiches Gleichen und nur sofern sie gleich seien, widerfahre nach dem alten germanischen Satze: »Suum cuique« und »Si duo idem faciunt, non est idem«; daß darum auch nur Gleiche über Gleiche gerecht richten könnten. Der moderne Begriff der Gerechtigkeit aber, der mit der neuen Idee von der faktischen »Gleichheit der Menschen« zusammentrifft, macht jede Gesetzgebung für eine bestimmte Gruppe an sich schon zur »ungerechten Ausnahmegesetzgebung« und fordert generell gleiche Behandlung, gleiche Zuwendung von Nutzen und Schaden, Gü-

---

[1] Vgl. hierzu mein Buch: »Der Genius des Krieges und der Deutsche Krieg«, 2. Auflage 1918.

tern und Übeln allen Menschen und Gruppen gegenüber
unter denselben äußeren Umständen — ganz abgesehen
von der Verschiedenwertigkeit ihrer Natur und Anlage[1].
Vermöge seiner wird mit dem Prinzip, daß nur Gleiche
Gleiche richten sollen, auch in der Rechtsgestaltung, natürlich immer mehr aufgeräumt. — »Selbstbeherrschung« hatte den Sinn, daß sich in ihr zuerst die Souveränität der geistigen Person über das Chaos der sinnlichen
Antriebe bekunde, der ritterliche Herrschaftswille über die
»Neigungen«, das durch Demut vor und »in« Gott regierte
stolze Kraftgefühl, mit ihnen »fertig« zu werden — gleichgültig, was dabei für Förderung der eigenen Nützlichkeits-
zwecke herauskommt. Nun aber wird sie ein bloßes Mittel, durch »Nüchternheit«, »Solidität«, »Mäßigkeit« seine
Geschäfte glücklich zu führen und womöglich den Konkurrenten aus dem Feld zu schlagen; und wo dieser Zweck
nicht vorhanden ist, da wird sie auch nicht positiv gewertet. — »Treue« war die natürliche Fortdauer und Kon-
tinunität einer Liebes- und Vertrauensgesinnung, deren
Träger alle Zumutung bindender »Versprechungen« und
einzugehender »Verträge« als eine Beleidigung empfand,
da ja hierdurch eben diese natürliche Fortdauer in Frage
gestellt und eine künstliche Garantie dafür gefordert
wurde. Jetzt aber wird »Treue« die bloße Disposition zur
praktischen Einhaltung von Versprechungen und Verträ-
gen. — »Wahrhaftigkeit« war vor allem gewertet als
Mut des Bekenntnisses und als das Gegenteil von Unter-
würfigkeit gegen fremde Wertschätzungen und Interessen,

---

[1] Ganz analog will die Idee der Gerechtigkeit, die das moderne Völkerrecht
regiert, die Gerechtigkeit des schiedsgerichtlichen Spruches unabhängig
vom Werte der beteiligten Staaten machen.

denen sich der Lügner wenigstens momentan unterwirft;
jetzt gewinnt sie immer mehr den Sinn, daß man nichts
tun und denken soll, was man vor dem Forum der gesell-
schaftlichen Moral und der öffentlichen Meinung nicht auch
sagen kann! — ›Sparsamkeit‹, von Hause aus geschätzt als ein geringerer Ausdruck derselben Tendenz,
die sich im evangelischen Ideale der ›freiwilligen Armut‹
verkörperte — also aus der Opferidee heraus — andererseits als eine Form der Lebenstüchtigkeit (nicht ›Tugend‹)
für die Armen, an diesen und diesen allein hochgehalten,
wird nun ohne Hinblick auf die Opferidee und das evangelische Ideal zur ›Tugend‹ erhoben — und was aus-
schlaggebend ist, zur Tugend der Reichen — freilich so,
daß das christliche Pathos auf dem Worte blieb. Scharf hebt
Sombart gelegentlich seiner Ausführungen über Alberti
hervor: ›Das war das Unerhörte, das Neue: daß jemand
die Mittel hatte und sie doch zurate hielt! Die Idee des
Sparens trat in die Welt. Abermals nicht des erzwungenen
Sparens, sondern des selbstgewollten Sparens, des Sparens
nicht als einer Not, sondern als einer Tugend. Der spar-
same Wirt wird nun das Ideal selbst der Reichen, soweit
sie ›Bürger‹ geworden waren‹. (Der Bourgeois, S. 139.)
Nur als Beispiele nenne ich Gerechtigkeit, Selbstbeherrschung, Treue, Wahrhaftigkeit, Sparsamkeit. Eine analoge Umbildung vollzieht sich aber bei den Namen aller
Arten von Tüchtigkeiten. Auch wo die wertvollen Eigenschaften scheinbar dieselben bleiben, ist doch das mit den
alten Worten Gemeinte ein ganz Neues.
Eine analoge Umbildung vollzieht sich aber auch auf
seiten der Rangordnung der Güter.
Das Leben selbst eines Individuums, einer Familie,

eines Stammes, eines Volkes, seine pure Existenz soll sich nun erst rechtfertigen durch den Nutzen, den es für eine weitere Gemeinschaft abwirft. Nicht sein bloßes Dasein als Träger höherer Werte, als sie durch Nutzen repräsentiert werden, genügt; dieses Dasein selbst soll erst ›verdient‹ werden. Ein Recht auf Existenz und Leben, das die ältere Moral unter die ›Naturrechte‹ aufnahm, wird theoretisch wie praktisch geleugnet. Vielmehr gilt: wer sich dem Mechanismus der Nützlichkeitszivilisation nicht anpassen kann und ihrem jeweiligen ›Bedarf‹ an menschlicher Betätigung, der ›soll‹ zugrunde gehen, welche vitalen Werte er auch sonst repräsentiere. Die Vorstellung: daß Leben schon in seiner zweckfreien Ausdrucksbetätigung und deren Formen, in seinem bloßen ›Ausatmen‹ und den ihm eigenen inneren Prozessen eine in sich ruhende Wertfülle darstelle, der alle Nutzhandlungen zu dienen bestimmt sind, die durch alle Mechanismen nur freier und freier sich vollziehen sollte, — daß es sozusagen der eingeborene Herr und König sei der toten Welt, nicht also erst erhoben kraft der durch Anpassung an die tote Welt zufließenden Vorteile und der ihm zu Gebote stehenden Fähigkeiten, Nutzen zu schaffen — weicht in Anschauung und Gefühl der anderen: daß der pure Ausdruck des Lebens nur ein Ballast und schlechter Luxus sei, eine Art ›Atavismus‹ früherer nützlicher Fähigkeiten, sich zu bewegen und zu handeln.

Dieser Grundidee gemäß verliert sich nun auch in Theorie und Praxis jeder Sinn für eine Behandlung des Lebens —als Selbstwert; darum auch für eine Lebenstechnik, sei es für eine Technik der Fortpflanzung, sei es für eine soziale und individuelle Technik der Steigerung der Lebenskräfte, wie sie fast alle älteren Zivilisationen besaßen, in ihren Kasten zur Selektion der Besten, und zur Steigerung der physischen, der intellektuellen und moralischen Erbwerte; durch eine feste, wie automatisch wirkende Verteilungsordnung der Kulturgüter; durch alle Formen der Askese und Übung, des Kampfspieles, der ritterlichen Übung. Ob wir auf die Kastenordnung und Askese Indiens blicken, oder auf die griechische ständische Ordnung, auf Rennbahn, Spiele und Gymnasium, oder auf die Standesordnung des Mittelalters, seine Askese, seine ritterlichen Spiele und Turniere; ob auf die Ausbildung eines japanischen Samurai, ob auf die altchinesische Standesordnung und deren Erziehungsart — überall gewahren wir diese Idee wirksam: daß die tote maschinelle Technik der vitalen Technik nachzusetzen sei: daß Leben schon an sich selbst und die Fülle seiner Kräfte eine Bildung verdiene — ganz jenseits jedes Wozu und Wofür im Sinne einer nützlichen Berufsarbeit! Erst die moderne Zivilisation entbehrt einer solchen vitalen Technik nicht nur praktisch, sondern hat schon die pure Idee einer solchen verloren![1] Um bessere Geschäfte machen zu können, um die Kräfte, die hierzu nötig sind, völlig frei zu machen, wird auch noch der letzte Rest einer Standesordnung der Gemeinschaft als einer sinnvollen Selektion der Besten, als Abbild der in aller lebendigen Natur waltenden Aristokratie über den Haufen geworfen und die Gesellschaft atomisiert. An die Stelle des »Standes«, ein Begriff, in dem edles Blut und Tradition die Gruppeneinheit bestimmt, tritt die bloße

---

[1] Doch muß gesagt werden, daß unsere »Jugend« daran ist, diese Idee wiederzugewinnen. Ich sehe darin eines der sichersten Kennzeichen der langsamen Überwindung des modernen Bürgergeistes.

»Klasse«, die durch Besitz und gewisse äußere Modesitten und sogen. »Bildung« geeinte Gruppe. Alle Art von Ausbildung des Leibes und seiner Kräfte gilt nur als »Erholung« von der Arbeit oder als Kräftesammlung zu neuer Nutzarbeit — nicht aber gilt sie als pures in sich wertvolles Spiel der vitalen Kraftbetätigung für wertvoll. Für die Übung der Lebensfunktionen um des Lebens willen (auch des Denkens um des Denkens willen wie in der Dialektik der Alten) — nicht also um der Arbeit willen —, für jede Art vitaler und geistiger Askese, für zweckmäßige Verteilung der traditionellen Bildungsmittel und erworbenen geistigen Schätze nach Gruppenanlagen, geht der Sinn verloren. Alles dies regiert hier der mechanische Zufall. Das alles ist nur »Spaß«, und der »eigentliche Ernst« gehört ganz allein den Geschäften und der Arbeit an. Auch der moderne »Sport« ist nur Erholung von der Arbeit, nicht Ausdruck freier Lebendigkeit, dem die Arbeit mit zu dienen bestimmt wäre[1]. Die biologische Theorie aber apologetisiert nur diese primäre Variation der Wertrangordnung durch »Tatsachen und Gründe«.

Das letztere geschieht dadurch, daß »Leben« überhaupt im Kerne der neuen Weltanschauung, wie sie sich seit Descartes gestaltete, kein Urphänomen mehr sein soll, sondern nur ein Komplex mechanischer und seelischer Prozesse. In der mechanistischen Lebensauffassung wird das lebendige Wesen selbst unter dem Bilde einer »Maschine« erfaßt, seine »Organisation« aber als eine Summe von nützlichen Werkzeugen, die nur graduell von den künstlich hergestellten verschieden sind. Wäre dies richtig, so könnte natürlich auch dem Leben kein selbstän-

---

[1] Siehe Anmerkung auf der vorigen Seite.

diger Wert mehr zukommen, der von den Nutzwerten verschieden ist, d. h. von der Summe der Nutzwerte dieser ›Organe‹; und auch die Idee einer selbständigen Lebenstechnik, die von der mechanischen Technik prinzipiell verschieden wäre, ist dann sinnlos; ja, diese würde vielfach die Ausbildung entgegengesetzter Fähigkeiten fordern, als diejenigen, die zu einer besten Maschinentechnik geeignet sind. Hand in Hand geht damit die sich in der modernen Biologie bis zur Selbstverständlichkeit durchsetzende Grundansicht, daß auch alle Äußerungen, Bewegungen, Handlungen des Lebewesens nur soweit sich ausbilden und die ihnen dienenden Organe und Innervationsmechanismen sich fortpflanzen, als sie ›nützlich‹ sind, d. h. für die Erhaltung der körperlichen Maschine einen gewissen Erhaltungswert haben. Auch die ›Probierbewegungen‹, aus denen sich — vorurteilslos angesehen — erst die erfolgreichen nützlichen Bewegungen nach Maßgabe ihres Erfolges als kleine Auswahl herausbilden[1], die Ausdrucksbewegungen[2], die ohne auf ›Zwecke‹ (objektiv) bezogen zu sein, die Fülle oder die Armut des Lebens einfach ›ausdrücken‹; die ›Instinktbewegungen‹, die über die Erhaltung des Individuums hinaus ursprünglich der Gattung dienen; die spielerischen Äußerungen der puren Lebensmacht werden durch die Theorie auf ›Nutzbewegungen‹ zurückgeführt, sei es auf solche, die es einmal waren und nun ihren nützlichen Charakter verloren haben, sei es auf solche, deren Nutzen noch nicht wissenschaftlich durchsichtig ist, sei es auf keimartige Anfänge solcher Bewegungen.

---

[1] Siehe hierzu Jennings: ›Über das Seelenleben der niederen Tiere‹.
[2] Vgl. O. Kohnstamm: ›Zwecktätigkeit und Ausdruckstätigkeit‹, Archiv für ges. Psychologie, XXIX. Band.

Diese Anschauungen der Biologie — deren grundsätzliche Verfehltheit hier nicht nachgewiesen werden kann — setzt nun aber die Theorie auch bei der Frage der Entstehung der Zivilisation und Kultur fort. Auch hier sollen es überall Nützlichkeitsmotive sein, welche zur Werkzeugsbildung, zur Wissenschaft, zur Entstehung der Sprache, zur Ausbildung der Religion, der Kunst geführt haben[1].

So schließt sich die Lebenspraxis mit der Theorie eng zusammen, und diese scheint jene zu rechtfertigen, während in Wirklichkeit auch schon die Theorie durch jene Werteverschiebung bestimmt ist.

Vier Grundmerkmale hat jene Auffassung des Lebens, die besonders in England nicht — wie man irrig meint — als der Ursprung der utilitaristischen und mechanistischen Philosophie seit Bacon, sondern als ein nachweisbarer Ableger der Philosophie herrschend geworden ist, und sich die Kulturwelt mehr oder weniger erobert hat.

1. Sie sieht jedes Lebensganze (sei es Individuum, Organ, Art, Gattung usw.) als eine Summe von Teilen an, die erst in ihrem Zusammenwirken den Lebensprozeß erzeugen, das Individuum z. B. als »Zellenstaat«.

2. Sie bringt das »Organ« von vornherein unter das Bild des »Werkzeugs«, das aus Totem gebildet wird und allein urspünglich »nützlich« heißt, und sieht daher in der technischen Werkzeugsbildung eine »unmittelbare Fortsetzung« des organschaffenden Prozesses. (So typisch Herbert Spencer.)

3. Sie führt alle »Entwicklungs- und Wachstumserschei-

---

[1] Über die grundsätzliche Irrigkeit dieser Ansicht siehe mein oben zitiertes Buch: »Der Formalismus in der Ethik und die materiale Wertethik«, I. und II. Teil, 1914. Vgl. auch meine Willenstheorie im I. Teil.

nungen‹ auf Tendenzen der ›Erhaltung‹ zurück, so daß diese zu Epiphänomenen von Erhaltungsprozessen bzw. zu ›Anpassungen an die Umgebung‹ werden. Sie führt alle Tendenzen, in denen sich das Individuum für die gleichzeitige lebende Art hinzugeben, sowie alle, in denen es sich der folgenden Generation aufzuopfern scheint, auf solche Tendenzen zurück, durch die sich das Individuum oder·die größte Summe von Individuen im Dasein erhält; d. h. mit anderen Worten: sie hält die Prozesse der Zeugung für Tätigkeiten des Individuums und die hierzu nötigen Stoffe und Kräfte für Teile, bzw. Teilfunktionen der Individuen und Individualfunktionen.

4. Sie bringt die Begriffe ›Leben‹ und ›Organismus‹ in ein Verhältnis, wonach der· körperliche Organismus nicht bloß Ort und Träger der durch eine selbständige einheitliche Kraft hervorzurufenden Lebenserscheinungen wäre, sondern ›Leben‹ nur eine inhärente Komplexionseigenschaft, und zwar der den Organismus zusammensetzenden Stoffe und Kräfte wäre, die mit der Komplexion dieser verschwindet. Daher die krasse Rede von einer sog. ›lebendigen Substanz‹.

Nur aus diesen Prinzipien läßt sich auch die Wertgebung verstehen, die als das herrschende Ethos des Industrialismus anzusehen ist: der Vorzug der Nützlichkeitswerte und der Werkzeugswerte über die Lebenswerte und Organwerte, eine Vorzugsregel, die sich bis in die kleinsten konkreten Wertgebungen hinein zeigt und die ihre Wurzel im Ressentiment hat: im Ressentiment der Lebensuntüchtigeren gegen die Tüchtigeren, der partiell Toten über die Lebendigen! Die gemeinsame Wurzel all dieser Prinzipien ist aber überall dieselbe: die Auffassung

der Lebensprozesse unter Bildern und Kategorien, die
allesamt aus der Art und Weise entnommen sind, wie der
Mensch als ein Typus, der sich in seiner Entwicklung
fixiert hat und sich als Lebewesen nicht mehr weiter entwickeln kann, toten Stoff bearbeitet, d. h. als ein Hinein-
sehen der Struktur menschlicher Nützlichkeitszivilisation
in die natürliche Lebewelt[1]. Das aber ist nur eine Abart
des »Anthropomorphismus«; nämlich Anthropomorphismus des spezifisch menschlischen »Verstandes«, der in
einem bestimmten Teile seiner Kategorien und Denkfor-
men selbst nur eine der Lebensfunktionen darstellt,
nämlich die Lebensfunktion einer stabil gewordenen Art.
Das Universum wird so, wie es diesem Verstande »be-
greifbar« ist, wie es als Schloß zu diesem Schlüssel erscheint, d. h. als »mechanisches« Universum, dem Gesamtleben als sein »Milieu« zugrunde gelegt. Es werden damit alle Verschiedenheiten der Organisationen nicht als
ebenso verschiedene milieubildende Faktoren aufgefaßt,
sondern als bloß graduell verschiedene Anpassungen an
die — menschliche — Umgebung; die faktisch wesens-
verschiedenen Formen des Bewußtseins aber, die Formen
von Pflanze, Tier, Mensch als bloße Stufen und Vorstu-
fen zum »Verstand« des Menschen. Die Unterwerfung der
Lebenserscheinungen unter die Prinzipe der Mechanik ist
nur der letzte wissenschaftliche Ausdruck dieses Verfah-
rens. Denn diese Prinzipe stellen nicht den reinen Verstand
oder den Inbegriff der »Vernunft« dar, sondern diesen
bereits im Dienste der menschlichen Werkzeugsbildung[2].

---

[1] Vgl. mein Buch: »Der Genius des Krieges und der Deutsche Krieg«, I. Abschnitt.

[2] Ungemein viel Richtiges hat in diesen Fragen H. Bergson in seinem Buche:
»L'évolution créatrice« gesehen. Nur glauben wir zeigen zu können, daß er

Der philosophische Rationalismus jeder Art, der die mechanischen Prinzipe für eine reine Vernunftgesetzgebung hält und ihr Korrelat, das mechanisch reduzierte Universum, für die alle Lebewesen umschließende ›Welt‹, entpuppt sich also faktisch als ›Anthropomorphismus‹. Tatsächlich ist das mechanische Universum nur der reinste und vollkommenste Ausdruck der Selektionsprinzipien, nach denen der Mensch die Phänomene zur Einheit seines Milieus verarbeitet, d. h. der Ausdruck einer gattungsmäßigen Vorliebe für bewegbare feste Dinge, die das eigentliche Apriori des ›Menschen‹ darstellt. Faktisch ist das mechanische Universum nur ein kleiner Teil ›u‹ des Universums ›u‹, das das Korrelat der gesamten Lebewelt ist, die selbst wiederum nur ein kleiner Teil des Universums ›U‹ ist als das Korrelat der geistigen Allpersönlichkeit. Es ist ›u‹ nur die ›menschliche Arbeitswelt‹[1].

Hier kommt es nun darauf an, den Gehalt der genannten Prinzipien nur nach ihren Folgen für die Wertgebung zu betrachten und zu zeigen, daß — wenn sie falsch sind — dieser Irrtum selbst wieder auf Ressentiment als der seelischen Quelle dieser Irrung beruht.

Zu 1. Lebewesen, eine Summe von Teilen.

Wäre diese Vorstellung prinzipiell richtig, so wäre die Folge, daß die Einheiten des Lebens, die wir vorfinden,

---

in seiner Ableitung des Verstandes den Fehler macht, die Prinzipien reiner Logik und die Prinzipien der in der mechanistischen Physik zur Anwendung kommenden Logik nicht zu scheiden. So muß er zu dem unmöglichen Versuch kommen, auch die Prinzipien ›reiner‹ Logik von Lebenstendenzen ableiten zu wollen. Mit den Prinzipien reiner Logik sind aber die Prinzipe der Mechanik und das mechanische Kausalprinzip noch lange nicht gegeben. Siehe hierzu Formalismus usw. Teil II, letzter Abschnitt.

[1] Eine genauere Begründung des Obigen findet sich in meinem demnächst erscheinenden Buche: ›Phänomenologie und Erkenntnistheorie.‹

Individuum, Organ, Gewebe, Zelle, aber auch Gattung, Varietät usw., also sowohl die intraindividuellen Einheiten als die supraindividuellen, nur zufällige Aggregate darstellen. Ihre Einheit wäre hiernach eine durch physikalisch-chemische Kräfte gewirkte, und abgesehen hiervon nur eine subjektive Zusammenfassung im Bewußtsein. Wir müßten also auf das bewußte ›Ich‹ zurückgreifen, um diese Zellenverbindung zur Einheit eines Wesens zu machen. Das Bild, das sich so ergibt, ist das eines ungeheuren, streng kontinuierlich zusammenhängenden Systems von Bewegungen (von meiner Lunge und Gehirn bis zu Sonne und Fixsternen reichend), deren organische Einheiten erst dadurch bestimmt sind, daß sich intelligente Ichs (›res cogitantes‹) gewisser Teilsysteme dieser Bewegungen bedienten. Wo ein solches Ich nicht zu finden ist, da haben wir — nach dieser Vorstellung — nur komplizierte Bewegungsprozesse, in die wir als subjektive Betrachter seelische Erlebnisse fälschlich ›einfühlen‹! Also: Denkende Punkte in einem ungeheuren Maschinengetriebe!

Schon aus diesem sonderbaren Bilde ist alles, was nur Leben und Lebenswert heißt, — wie man sieht — ausgeschaltet. Diese Welt ist eine Summe von Logikern, die in einem ungeheuren Maschinenhaus stehen — blutlos, trieblos — ohne Liebe und Haß.

Es ist das riesige Symbol, die Karikatur des modernen Menschen! —

Da alle diese Einheiten nur Summen von Teilen sind, so ist auch der Wert des Ganzen abhängig von der Summe der Werte ihrer Teile. Ein gesunder Mensch ist der, der möglichst viele gesunde Zellen hat; ein gesundes Volk, das möglichst viele gesunde Bürger hat usw. Aller Fortschritt wird darauf beruhen, daß in die maximale Zahl von Lebenseinheiten und ihre Existenzmöglichkeit der Zweck aller Betätigung gelegt wird.

Auf den Menschen angewandt schließt dies Prinzip den Demokratismus ohne weiteres ein. Unter Demokratismus[1] verstehe ich das Prinzip, daß das Ziel aller positiven wertvollen Betätigung die Erhaltung einer möglichst großen Zahl von Menschen sei. Es ist also hier vor allem ausgeschlossen, daß eine ursprüngliche Solidarität zwischen den Teilen der Menschheit bestehe, so daß Schicksale dieser Teile das Ganze mitbetreffen, und daß verschiedene Individuen, Völker, Rassen usw. in verschiedenem Grade und Maße mit dem Ganzen solidarisch seien. Eine »Solidarität« solcher Art wäre ja daran gebunden, daß die Lebenseinheit ein Einfaches sei, die den Teilen vorherginge und den Teilen einwohnte, wenn auch mit verschiedener Intensität.

Das Summenprinzip steht also im Widerspruche zum Solidaritätsprinzip[2]. Das Verhältnis des Einzelnen zur Gemeinschaft wird nach dieser Grundvorstellung sowohl im Gefühl wie in der Idee ein von demjenigen völlig abweichendes, das unter der Herrschaft des Solidaritätsprinzips stattfindet. Unter der Herrschaft des Solidaritätsprinzips

---

[1] Ich verstehe nicht die politische Demokratie einer bestimmten Zeit unter dem Worte. Von dieser ist es sehr wohl möglich, daß sie gerade Träger eines Wertaristokratismus ist. Vgl. den Aufsatz über den Kapitalismus, III. Vgl. ferner: »Über den Geist der Demokratien der großen Nationen« in meinem Buche »Krieg und Aufbau«.

[2] Auf dem biologischen Boden entspricht dem Solidaritätsprinzip die Grundansicht, daß — prinzipiell — jeder Teil einer befruchteten Zelle jedes Organ werden kann und für alles eintreten kann, sofern er nicht schon eine bestimmte Aufgabe durch bereits vollzogene Organbildung gewonnen hat. Über das ethische Solidaritätsprinzip vgl. »Formalismus« usw., II. Teil, Abschnitt »Person« und »Zur Phänomenologie der Sympathiegefühle«.

fühlt und weiß Jeder die Gemeinschaft als Ganzes sich innewohnend und fühlt sein Blut als Teil des in ihr kreisenden Blutes, seine Werte als Bestandteile der im Geiste der Gemeinschaft gegenwärtigen Werte. Mitfühlen und Mitwollen tragen hier die Gesamtwerte; das Individuum ist Organ der Gemeinschaft und zugleich ihr Repräsentant, und ihre Ehre ist seine Ehre. An Stelle einer solchen realen Einwohnung des Gemeinschaftsganzen in Jedem tritt jetzt die Vorstellung, daß die Gemeinschaft ein nur auf Wechselwirkung der Individuen beruhendes Gebilde sei, und die Gemeinschaftswerte nur Summen der in den Individuen investierten Werte seien, die nur durch bewußte Mitteilung und Belehrung, bzw. durch bewußte Anerkennung und »Vertrag« von Glied zu Glied kreisen. Oder einfacher gesagt: an Stelle der »Gemeinschaft« und ihrer Struktur tritt die »Gesellschaft«, die willkürliche, künstliche, auf Versprechen und Vertrag beruhende Menschenverknüpfung[1].

Faktisch ist die »Gesellschaft« so wenig der Oberbegriff zu den »Gemeinschaften«, die durch Blut, Tradition, Geschichtlichkeit des Lebens geeint sind — daß vielmehr alle »Gesellschaft« nur der Rest, der Abfall ist, der sich bei den inneren Zersetzungsprozessen der Gemeinschaften ergibt. Wo die Einheit des Gemeinschaftslebens nicht mehr durchzudringen und die Einzelnen ihrem Körper als lebendige Organe anzubilden vermag, da entsteht

[1] Ich gebrauche diese Ausdrücke im Sinne von Tönnies »Gemeinschaft und Gesellschaft«. II. Aufl. 1912. Eine neue Definition der Wesensarten von Menschenverbindung »Gemeinschaft«, »Gesellschaft«, »Masse« auf Grund der jeweiligen phänomenalen Gegebenheitsarten des fremden Ich suchte zu geben meine Arbeit »Zur Phänomenologie und Theorie der Sympathiegefühle usw.« Niemeyer, Halle 1913. Vgl. ferner mein Buch: »Der Formalismus in der Ethik und die materiale Wertethik«, 2. Teil.

›Gesellschaft‹ als eine nur auf Kontrakt beruhende Einheit. Fällt der ›Kontrakt‹ und seine Geltung weg, so entsteht die völlig unorganisierte ›Masse‹, die nur durch einen momentanen Sinnenreiz und durch gegenseitige Ansteckung zur Einheit verbunden ist. Die moderne Moral ist aber wesentlich ›Gesellschaftsmoral‹, und auch die meisten ihrer Theorien sind auf dieser Grundvorstellung aufgebaut. So insonderheit das Prinzip, daß jeder nur für sich und seine Handlungen Träger von Verantwortlichkeit, Schuld, Verdienst sein könne; die Verneinung also einer ursprünglichen ›Mitverantwortlichkeit‹; alle Arten von ›Vertragstheorien‹, sodann die Lehren, daß Staat, Sprache, Sitte auf Erfindung beruhe, daß das Wissen um fremdes Seelenleben auf Analogieschlüsse mit Selbsterlebtem zurückgehe, daß Sympathie ein der Selbsterhaltungstendenz untergeordnetes und erst aus ihr zu begreifendes Gefühl und Verhalten sei und noch vieles mehr.

Wieder haben in all diesem die durch die ältere ›Gemeinschaft‹ abgeworfenen und ausgesprengten Glieder, die Parias der alten ›Gemeinschaft‹, durch ihre Grundgefühle und Ideen das allgemeine Leitbild vom Menschen und den Arten seiner Verbindungen bestimmt[1]. Selbst die Ehe und die Familie, die sich zu allen anderen Gemeinschaften wie Mikrokosmos zu Makrokosmos verhalten, und in denen alle Elemente eines möglichen Gemeinschaftslebens vorgebildet und in verkleinertem Maße gegenwär-

---

[1] Wer den historischen Beleg zu diesem Satze kennen lernen will, der lese Sombarts Bourgeois. Mit einer staunenswerten Fülle von Belegen zeigt Sombart, wie überall die Grundeinstellungen der Piraten, Abenteurer, Projektenmacher, Juden, Kolonisten, des Fremden, des Ketzers usw. immer mehr auch die Wirtschaftsgesinnung der normalen Wirtschaft bestimmen.

15

tig sind, wurde künstlich mehr und mehr zu einer Sache des zivilen Vertrages herabgewürdigt.

Wo immer ›Gemeinschaft‹ auf Erden bestand, finden wir, daß den Grundformen des Gemeinschaftslebens ein über alle Interessen und subjektiven Gesinnungen und Absichten der Einzelnen erhabener Wert zugestanden und jede Verletzung dieser ›Formen‹, unangesehen der subjektiven Absicht der Einzelnen, ihrer Glückes- oder Leidenssteigerung, mit Strafe oder Ächtung belegt wird. So gilt die Ehe als ein objektiv heiliges ›Band‹ — wie immer sie hier und dort gestaltet sein mag — das sich vor dem Glück oder Leiden der Gatten, vor ihren Absichten und Gefühlen zueinander nicht erst zu rechtfertigen hat; als eine geheiligte Form, durch die die Einzelnen generationsweise hindurchschreiten, und die durchaus nicht im Dienste ihres Glückes, ihrer Lust steht: als eben das, was z. B. die kirchliche Sprache ein ›Sakrament‹ nennt. Und so kommt überall, wo Gemeinschaft ist, den Formen des Lebens ein Selbstwert zu, der unabhängig ist vom Grade der Schätzung der Interessen, dem Glück und Leiden der Einzelnen. Diese Wertschätzung löst sich auf in der beginnenden ›Gesellschaft‹! Wie die moderne Philosophie alle ›Formen‹ in der Natur zu bloß subjektiven Synthesen des Bewußtseins (seit Descartes) erklärt und ihnen die objektiv reale Bedeutung abstreitet, so werden ihr auch die ›Gemeinschaftsformen‹ in ihrem Werte abhängig von den Leistungen, die sie für die Glückssumme der Einzelnen haben; sie werden unter dieser Voraussetzung einer beliebigen Veränderung und ›Reform‹ jederzeit zugänglich, und ›Willkür‹ tritt an die Stelle der Ehrfurcht vor ihnen.

Innerhalb des Staates und der Politik wird aus derselben Konsequenz der Grundanschauung das Majoritätsprinzip das herrschende. Der Staatswille soll den Willen der Majorität, nicht den Willen der durch Geburt und Tradition »Edelsten« darstellen, in dem nach der in Gemeinschaften herrschenden Anschauung der Wille des Gemeinschaftsganzen sich primär kundtut und verrät.

In all dem bekundet sich der Sieg des Ressentiment in der Moral. Niemand wird »als einer und nur als einer« (wie Bentham, ein Klassiker der Demokratie, fordert) gelten wollen, der sich irgend eines Wertes bewußt ist, in dem er den Anderen überlegen ist. Eine solche Forderung kann nur von Jenen ausgehen, die sich selbst als die Wertlosesten empfinden und die Anderen sich möglichst gleich machen wollen. »Einer« ist man eben immer noch, wenn man sonst gar nichts mehr ist!

Zu 2. Organ und Werkzeug.

Ist der Organismus ein komplizierter Mechanismus nach Art einer Maschine, so dürfen und müssen auch seine Organe als Arten von Werkzeugen angesehen werden, die nicht ihrem Wesen nach, sondern nur dem Grade der Komplikation nach von den künstlichen Werkzeugen verschieden sind, die der Mensch zu seinem Gebrauch verfertigt. Hand und Messer (oder Axt) sind hiernach nicht wesensverschieden. Ja, man darf dann sagen, daß das Werkzeug für die natürliche Organisation im Grunde nur eine »Verlängerung und Erweiterung« darstellt, und daß durch es Werte derselben Wesensart, Natur und Höhe verwirklicht werden wie durch die Fortbildung der Organisation; daß es prinzipiell dieselben Gesetze sind, welche die Ausbildung der

15*

Werkzeuge und der Organisation beherrschen; daß es auch dasselbe ist, was dadurch erreicht wird: »Anpassung an die Umwelt«! Das ist z. B. die leitende Idee, die Spencers Biologie und Soziologie beherrscht[1]. Nun ist es aber leicht zu sehen, daß hier ein Bild mit der Sache selbst verwechselt wird, und dies ganz gleichgültig, ob nun die Bildungsweise der Organe mit Hilfe einer wählenden, ordnenden zweckbewußten Intelligenz zustandekommend, oder auf rein mechanischen Prozessen beruhend gedacht wird: in beiden Fällen denkt man sich das Organ aus räumlich wohlbestimmten Teilen zusammengefügt; in beiden Fällen legt man dem Organ nur die Bedeutung eines Mittels bei, den Organismus an eine konstant und geschlossen gedachte Umwelt — die uns in der Chemie und Physik gegebene Umwelt der toten Natur — »anzupassen«. Beides trifft für das »Organ« nicht zu. Alle Organbildung nach Formbildung, Wachstum, Regeneration etc. hin gesehen, erfolgt nicht so, wie wir es machen würden, hätten wir die unlösbare Aufgabe, eines zu bilden. Das heißt den Prozeß unseres auf Totes eingestellten Begreifens in den tatsächlichen Hergang der Lebensentstehung hineingetragen; das ist — »Anthropomorphismus«, angewandt auf das Leben und auch den Menschen (als Teil der Lebewelt) selbst[2]. Es kann hier nicht gezeigt werden, daß das Wesen aller Organbildung nicht auf Aggregation von Teilen einer räumlich und qualitativ bestimmten Mehrheit von Stoffen beruht, sondern auf der bildenden Wirksamkeit eines Agens

---

[1] Wie Spencer hierdurch notwendig zum Pazifismus geführt wird, zeigt mein Buch »Der Genius des Krieges und der deutsche Krieg«.
[2] In ausgezeichneter Weise hat neuerdings von Üxküll diesen Punkt in seinem Buche »Bausteine zu einer biologischen Weltanschauung«, Beck, München 1914, klargestellt.

das einer nicht räumlichen Mannigfaltigkeit angehörend in den Raum hereinwirkt und die Stoffe — unbeschadet ihrer chemischen und physikalischen Bestimmtheit — ohne Verletzung des Energieprinzips, aber der Werdensrichtung des Entropieprinzips entgegen bis in ihre letzten Elemente, durchdringt. Auf alle Fälle ist die Organbildung nur zu verstehen, wenn in jedem Organ das Ganze des einheitlichen Lebewesens tätig gedacht wird und — wie schon Kant richtig das Wesen des Organismus bestimmt — nicht nur die ›Teile für das Ganze‹, sondern auch das ›Ganze für die Teile‹ da ist; und wenn als höchstes Prinzip der Organbildung aller Lebewesen vorausgesetzt wird, daß abgesehen von den Grenzen, die schon gebildete Organe der einheitlichen Lebensaktivität und den in ihrem Wesen gelegenen Richtungen des Aktivität setzen — aus jedem räumlich bestimmten Teil des Keimes jedes beliebige der Organe des ausgebildeten Wesens werden kann[1]. Nach diesem biologischen Prinzip aber ist die Organbildung wesensverschieden von aller Werkzeugsbildung, die ihrer Natur nach nur dort stattfindet und sich auch nur dort ›verlohnt‹, wo das Lebensagens kein neues Organ mehr hervorzubringen vermag, d. h. wo eine Art fixiert ist und zu rein vitaler Entfaltung relativ unfähig geworden ist. In zweiter Linie ist aber Organbildung keine ›Anpassung‹ an eine gegebene tote Naturumgebung, sondern derselbe Prozeß, in dem das Organ sich bildet, bestimmt auch Wesen und Struktur des ›Milieu‹ oder der

---

[1] Ein gleichbedeutendes Prinzip hat neuerdings Oskar Hertwig formuliert in seinen ›Beiträgen zur Vererbungslehre‹. Vgl. auch die Beweise, die H. Driesch in seiner ›Philosophie des Organischen‹ für die amechanische Natur der Lebensprozesse gibt. Doch können wir Driesch in seinem positiven Aufbau nicht folgen.

›Natur‹, die für eine Art Gegenstand einer Anpassung durch Werkzeuge überhaupt werden kann. Das Naturmilieu, an das sich der Mensch durch seine Werkzeuge und im Großen durch seine gesamte technische Zivilisation angepaßt hat, ist für die Lebenstätigkeit, die in ihm waltet, nicht ›gegeben‹ als das, woran sie sich (passiv) anzupassen hätte; sondern es ist durch die Richtungen der Betätigung dieser Lebenstätigkeit bereits aus einer Fülle der Phänomene ausgewählt. An sich selbst besitzen diese Phänomene noch nicht jene Struktur, wie sie durch die Grundformen des menschlichen Verstandes und der menschlichen Anschauung bestimmt sind. Es ist der — schon von Bergson prinzipiell aufgedeckte — Grundirrtum der mechanischen Lebenslehre, daß die Lebenserscheinungen mit Begriffen und in Anschauungsformen sollen erfaßt und erklärt werden, die einem ›Verstande‹ eigen sind, der sich selbst nur im Dienste der dem Menschen eigenen Lebensbetätigung gebildet hat, und von ihren Betätigungsrichtungen vollständig abhängig ist[1].

Während in Wirklichkeit Form und Richtung der Lebensbetätigung der verschiedenen Arten in immer neuer Entfaltung in ein unermeßliches All hinausstößt, das die ›Natur‹ im Sinne der durch Raum, Zeit und mechanische Kausalität definierten Ganzheit von Erscheinungen so umfließt, wie das noch ›geahnte‹ Sein den Horizont unseres Auges; dem Seefahrer und Entdecker gleich, der

---

[1] Siehe H. Bergson: L'évolution créatrice. Hinsichtlich des Verhältnisses von Organisation und Milieu gibt neuerdings treffendere Vorstellungen von Üxküll in seinem Buche: ›Innenwelt und Umwelt der Tiere‹; vgl. auch seine Lehre von den ›Merkwelten‹ in ›Bausteine zu einer biologischen Weltanschauung‹. Über Organ und Werkzeug vgl. auch die Ausführungen von Lloyd Morgan in seinem Buche ›Instinkt und Gewohnheit‹.

kühnen Mutes in das noch nicht durch den Geographen aufgenommene Meer hineinfährt — und während ›Anpassung‹ durch Werkzeuge nur da erfolgt und nur da Sinn hat, wo die Lebenstätigkeit stagniert und echte Erweiterung des Milieus durch neue Organbildung nicht mehr vorzunehmen vermag: will jene auf das Ressentiment der relativ Toten über die Lebendigen zurückgehende Auffassung das Leben von Hause aus in Grenzen einsperren, die es sich selbst doch erst im Laufe seiner Entfaltung geschaffen hat; und will die Organbildung als ›Anpassung‹ an eine ›Umwelt‹ verstehen, die nur auf einem mehr oder weniger dauernden Stillstand der Lebensbetätigung und Organbildung beruht. Die ›Umwelt‹, an die wir Menschen unsere Werkzeuge anpassen, ist faktisch nur die Ecke, die sich unsere vitale Organisation im Ganzen des Alls erwählt hat, nicht aber ist sie ein Ganzes, das uns und alle Lebewesen gleichmäßig umfaßt, und an das diese sich ›angepaßt‹ hätten.

Die moderne, vom Ressentiment geleitete Weltanschauung kehrt die Sache um. Sie spekuliert à baisse, wie alles auf Lebensdepression gestellte Denken es tut, und sucht alles Lebendige nach Analogie mit dem Toten zu verstehen: sucht Leben überhaupt als Zwischenfall in einem mechanischen Weltprozesse, die lebendige Organisation als zufällige Anpassung an eine fest fixierte tote Umwelt, zu begreifen: das Auge nach Analogie der Brille, die Hand nach Analogie der Schaufel, das Organ nach Analogie des Werkzeugs!

Kein Wunder, daß sie in der mechanischen Zivilisation, die immer nur eine Folge relativ stagnierender Lebensbetätigung und darum ein Surrogat für fehlende Organbildung ist, umgekehrt den Triumph, die Fortsetzung und Erweiterung der Lebensbetätigung erblickt, in ihrem grenzenlosen ›Fortschritte‹ aber das eigentliche ›Ziel‹ aller Lebensbetätigung, in der grenzenlosen Ausbildung des berechnenden Verstandes den ›Sinn‹ des Lebens.

Es ist nur eine Folge dieser Grundanschauung über das Verhältnis von Organ zu Werkzeug, daß der spezifische Nützlichkeitswert des Werkzeuges sowohl dem ›Lebenswert‹ als dem ›Kulturwert‹ übergeordnet wird[1]. Ja, diese Werteverschiebung ist in letzter Instanz nicht die Folge, sondern der Grund auch dieser falschen Weltanschauung. Ceteris paribus ist es das vital untergeordnetere, relativ stagnierende Menschenwesen, das ›Schlechtweggekommene‹, welche das Werkzeug über die — ihm natürlich fehlenden — vitalen Werte stellt! Es ist der Kurzsichtige, der die Brille lobt, der Lahme, der den Stab, der schlechte Bergsteiger, der Steigeisen lobt und Seil — das der bessere ihm mit seinen Armen hält. Nicht die abscheuliche Torheit soll damit gesagt sein, daß der Mensch keine Werkzeuge bilden solle, daß Zivilisation überhaupt ein ›Mißgriff‹ war. Der Mensch muß, als die biologisch stabilste der Tierarten, Zivilisation bilden und er soll es — so weit edlere Kräfte durch den Dienst, die ihm untergeordnetere Kräfte, schließlich die Kräfte der toten Natur leisten, hierdurch entlastet werden. Aber dies nur eben in diesen Grenzen, d. h. so lange, als das Werkzeug dem Leben und dem größeren Leben dient. Nicht die positive Wertschätzung des Werkzeugs, sondern die Annahme

---

[1] Den Kulturwert betrachten wir als ›höher‹ als den Lebenswert. Doch soll auf dieses gesamte Wertgebiet hier keine Rücksicht genommen werden. Vgl. ›Der Formalismus in der Ethik und die materiale Wertethik‹ I u. II.

eines gleichen Wertes mit dem Organ ist Folge des Ressentiment!

Es gibt vielleicht keinen Punkt, über den die Einsichtigen und Gutgesinnten unserer Zeit einiger sind als darin: daß in der Entfaltung der modernen Zivilisation die Dinge des Menschen, die Maschine des Lebens, die Natur, die der Mensch beherrschen wollte und sie darum auf Mechanik zurückzuführen versuchte, des Menschen Herr und Meister geworden sind; daß die ›Dinge‹ immer klüger und kraftvoller, immer schöner und größer, der Mensch, der sie schuf, aber immer kleiner und bedeutungsloser, immer mehr Rad in seiner eigenen Maschine geworden ist.

Aber viel zu wenig macht man sich klar, daß diese allseits anerkannte Tatsache eine Folge eines grundlegenden Umsturzes der Wertschätzung ist, die ihre Wurzel im Sieg der Werturteile der vital Tiefstehendsten hat, der Niedrigsten, der Parias des menschlichen Geschlechts, und daß Ressentiment ihre Wurzel ist! Die gesamte mechanistische Weltanschauung (soweit sie sich metaphysische Wahrheitsbedeutung beilegt) ist nur das ungeheure intellektuelle Symbol des Sklavenaufstandes in der Moral[1]. Nur ein Nachlassen, ein konstitutiv gewordenes Nachlassen der Lebensherrschaft über den Stoff, der Geistesherrschaft und voran der Willensherrschaft über den Automatismus des Lebens vermag das Werden und die Ausbreitung der mechanischen Weltansicht und der ihr entsprechenden

[1] Selbstverständlich handelt es sich hier nicht darum, den Wert der mechanischen Naturansicht als solchen anzuzweifeln; nur die falsche erkenntnistheoretische Dignität derselben, sofern sie entweder metaphysisch genommen oder auf das Apriori eines ›reinen‹ Verstandes zurückgeführt wird, steht in Frage. Über den wahren Sinn dieser Naturansicht vgl. mein demnächst erscheinendes Buch: ›Phänomenologie und Erkenntnistheorie‹. (Niemeyer, Halle.)

Wertschätzungen, die sie schufen, im letzten Grunde verständlich zu machen[1].

Hat man sich des Irrtums dieser Grundvorstellung vom Verhältnis des Organs zum Werkzeug bemächtigt, so werden eine ganze Fülle von Erscheinungen unseres Zeitalters verständlich, die allesamt auf dieser Voraussetzung beruhen.

An erster Stelle alle negativen Folgeerscheinungen eines einseitigen Industrialismus. Wer die Werkzeugszivilisation für eine Fortbildung der Organbildung hält, der muß natürlich dem Industrialismus eine schrankenlose Entfaltung wünschen. Alle Lebensschädigungen, die er bewirkt, z. B. Frauen- und Kinderarbeit, auflösende Tendenz gegen die Familie, Großstadtbildung mit ihren gesundheitsschädlichen Wohnungsfolgen, konstitutive Schädigung der Lebenskraft ganzer (Arbeits-) Berufe durch die mit dem technischen Prozeß verbundenen Gifte, Spezialisierung der Betätigung der Menschen im Dienste der Maschinen bis zum Rädchenwerden, steigende Knüpfung der Eheeingehung, ja der Zeugungsmöglichkeit, an Besitz und Geld — unabhängig von den vitalen Qualitäten —, Auflösung der nationalen Einheiten, — werden in diesem Falle immer noch als mehr oder weniger ›vorübergehende Schäden‹ betrachtet werden können, die eben eine noch höhere Steigerung des Industrialismus wieder aufheben wird. Das ist z. B. die Methode, die Herbert Spencer zur Rechtfer-

---

[1] Ist es Zufall, daß die größte Leistung des Ressentiment in der Neuzeit, die Französische Revolution, mit der äußersten Herrschaft der mechanischen Weltanschauung zusammenfällt? Daß das Ressentiment auch im Werden des Deutschenhasses seine Rolle spielte, wurde in Anknüpfung an diese Abhandlung gezeigt in meinem Buche: ›Über die Ursachen des Deutschenhasses‹ 1917.

tigung des Industrialismus mit strenger und bewunderungswerter Konsequenz einschlägt.

Ganz anders, wenn dieser Grundirrtum aufgegeben wird! Dann ist eine jede Fortbewegung des Industrialismus nicht unbedingt, sondern nur unter der Bedingung wertvoll, daß sie Lebenswerte nicht dauernd schädigt. Wir werden dann z. B. sagen müssen: Die Erhaltung der Gesundheit der Rasse und in ihr der Gruppen im Maße ihrer vitalen Tüchtigkeit und ihrer vital wertvollen edlen ‹ Eigenschaften und Kräfte ist ein Selbstwert gegenüber ihren nützlichen Leistungen und verdient den Vorzug, auch wo eine Verlangsamung der industriellen Entwicklung damit verknüpft ist. Die Einheiten der Familie und der Nation bedürfen einer Pflege und Stützung auch da, wo diese nachgewiesenermaßen den industriellen Fortschritt und die Ausbreitung der Zivilisation verlangsamt. Die Gruppen, in die ein Volk zerfällt, verdienen eine Vergünstigung in der Verteilung der Güter und Ehren nicht nach dem Maße von Beitrag, den sie für die Produktion der Nutz- und Genußgüter leisten, sondern in erster Linie nach ihrer historisch-politischen Bedeutung, die sie für Aufbau und für Erhaltung der vital wertvollen Herrschaftsverhältnisse im Volk besitzen. Die Landwirtschaft ist eine an sich wertvollere Betätigung als die Industrie und der Handel, und verdient schon aus dem Grunde Erhaltung und Förderung, da sie eine gesündere und alle Kräfte gleichmäßig beschäftigende Lebensweise mit sich führt; und da sie die nationalen Einheiten unabhängig vom Auslande macht, verdient sie auch dann Erhaltung und Pflege, wenn sich der Fortschritt in der Industrialisierung — rein ökonomisch gesehen — tatsächlich besser verlohnte. Dasselbe gilt für die Erhaltung der Tierarten und Pflanzenarten, der Wälder, des Landschaftsbildes gegen die verwüstenden Tendenzen des Industrialismus. —

Sieht man auf die Umwertung des Verhältnisses von Organ und Werkzeug als Ganzes hin, so stellt der Geist der modernen Zivilisation nicht, wie Spencer meinte, einen »Fortschritt«, sondern einen Niedergang der Entwicklung der Menschheit dar. Er stellt die Herrschaft der Schwachen über die Starken, der Klugen über die Edlen, der bloßen Quantitäten über die Qualitäten dar! Er dokumentiert sich als eine Dekadenzerscheinung darin, daß er überall ein Nachlassen der zentralen, leitenden Kräfte im Menschen gegen die Anarchie seiner automatischen Strebungen bedeutet, ein Vergessen der Zwecke über der Entfaltung bloßer Mittel. Und eben das ist Dekadenz! —

ZUM PHÄNOMEN DES TRAGISCHEN

ZUM PHÄNOMEN DES TRAGISCHEN.

Es soll in folgendem nicht die Rede sein von irgendwelchen Kunstformen, in denen Tragisches zur Darstellung kommt. So reich die Ausbeute auch sein mag,
welche die Betrachtung der vorhandenen Formen der
Tragödie für die Erkenntnis dessen, was tragisch sei, vermittelt, so wird doch das Phänomen des Tragischen nicht
erst aus der künstlerischen Darstellung selbst gewonnen.
Das Tragische ist vielmehr ein wesentliches Element im
Universum selbst. Schon der Stoff, dessen sich die künst-
lerische Darstellung und der Tragiker bemächtigt, muß
das dunkle Erz dieses Elementes in sich enthalten. Soll
beurteilt werden, was eine echte Tragödie ist, so muß
ein möglichst reines Erblicken des Phänomens selbst schon
vorher gegangen sein. Auch ob das Tragische ein wesentlich ›ästhetisches‹ Phänomen sei, ist zweifelhaft. Sprechen
wir doch mitten in Leben und Geschichte, ohne daß wir
uns in irgend welch ästhetischer Einstellung befinden,
ungemein häufig von tragischen Vorkommnissen und tragischen Geschicken. Auch alle Fragen nach der bloßen
Wirkung des Tragischen auf unser Gefühl und wieso wir
Tragisches, das uns künstlerisch geformt dargeboten wird,
zu ›genießen‹ vermögen, seien hier ausgeschaltet. Denn
all dies kann uns nicht sagen, was das Tragische ist. Jene
übliche ›psychologische‹ Betrachtung, die von der Untersuchung der Erlebnisse des Zuschauers oder Betrachters

eines tragischen Vorkommnisses ausgeht und dann von
hier aus die ›objektiven Bedingungen‹, gleichsam die
Reize für jene Erlebnisse zu finden und zu beschreiben
sucht, geht der Sache mehr aus dem Wege, als daß sie
sie erleuchtet[1]. Sie sagt nur, wie das Tragische wirkt,
nicht was es ist. ›Tragisch‹ ist doch zunächst ein Merkmal von Vorkommnissen, Schicksalen, Charakteren usw.,
die wir an diesen selbst wahrnehmen und erschauen, die
in ihnen selber ihren Sitz haben. Es ist ein schwerer,
kühler Hauch, der von diesen Dingen selbst ausgeht, ein
dunkler Schimmer, der sie umfließt und in dem uns eine
bestimmte Beschaffenheit der Welt — und nicht unseres
Ich, seiner Gefühle, seiner Mitleids- und Furchterlebnisse
— aufzudämmern scheint. Was da im Betrachter vorgeht,
wenn er Tragisches erblickt, wenn er diesen schweren,
kühlen Hauch, der von den Dingen herkommt, wenn er
das strahlende Dunkel, das um das Haupt des ›tragischen
Helden‹ zu schweben scheint, anschaut, das ist ganz unabhängig von seiner Fähigkeit, dieses Phänomen mit seinem eigentümlichen symbolischen Sinn für eine bestimmte
Weltbeschaffenheit zu erfassen. Es gibt Naturen, und
selbst große Seelen sind darunter, die für das Tragische
blind oder halbblind sind, z. B. Raffael, Goethe, Maeterlinck[2]. Und auf alle Fälle muß man schon wissen, was
tragisch ist, um diese Erlebnisse zu schildern. Außerdem
sind diese Erlebnisse historisch weit veränderlicher als
das Tragische selbst. Eine Aeschyleische Tragödie bewirkt sicher heute ganz andere Gefühle als zur Zeit des

---

[1] So auch die berühmte Definition des Aristoteles, tragisch sei, ›was Mitleid und Furcht erwecke‹.
[2] Siehe Maeterlinck ›Weisheit und Schicksal‹.

Aeschylos, während das Tragische darin allen Zeiten er-
faßbar ist.

Von diesen Erlebnissen des Zuschauers angesichts
des tragischen Konfliktes sind indessen wohl zu scheiden
die Geistesakte, in denen das Tragische erfaßt wird, die
innere Blick- und Fühlensrichtung, in deren Linien es uns
aufgeht; diese sind Gegenstand der Erlebnistheorie des
Tragischen. Sie hat nichts zu tun mit Schilderungen seiner psychischen Wirkung. Die erste Frage steht der Frage
nach dem Wesen des Tragischen und seiner wesenhaften
Erscheinungsbedingungen näher und ist nicht von ihr zu
trennen.

Wie also ist dann vorzugehen? Sollen wir uns allerhand
Beispiele des Tragischen, d. h. allerhand Vorkommnisse
und Geschehnisse, von denen Menschen den Eindruck des
Tragischen aussagen, zusammenstellen und dann induk-
torisch fragen, was sie denn ›gemeinsam‹ haben? Das
wäre eine Art induktorischer Methode, die auch experi-
mentell unterstützt werden könnte. Indes dies würde uns
noch weniger weiterführen als die Beobachtung unseres
Ich, wenn Tragisches auf uns wirkt. Denn mit welchem
Recht sollten wir den Aussagen der Leute das Vertrauen
entgegenbringen, es sei auch tragisch, was sie so nennen?
Die Stimmenzahl tut es hier sicher nicht. Und wie sollen
wir ohne Wissen, was tragisch ist, entscheiden, welche
Rede hier gilt und welche nicht? Und angenommen, wir
hätten darüber Rechenschaft, wir hätten ein kunterbuntes
Allerlei beisammen, das berechtigt ›tragisch‹ genannt
wird, was ›Gemeinsames‹ würde dann übrig bleiben an
ihm, das dieses Urteil berechtigte? Doch wohl nur, daß
dies alles tragisch genannt wurde.

16

Alle Induktion setzt doch voraus, daß man bereits wisse und fühle, was tragisch ist, nicht, welche Dinge und Ereignisse tragisch sind, sondern was ›das‹ Tragische selbst ist, was sein ›Wesen‹ ist.

Wir wollen anders vorgehen. Etwaige Beispiele (und auch Aussagen anderer) sollen uns nicht Unterlagen für ein induktorisches Verfahren geben, den Begriff des Tragischen zu abstrahieren — sondern nur eine Vorrichtung abgeben, an der wir zu erschauen suchen, was denn in der Sinn- und Bedeutungsrichtung des Wortes ›tragisch‹ selbst liegt, — welches Phänomen diese Bedeutung erfüllt, gleichgültig, wer das Wort gebraucht und zu welchem Zwecke; und unter dem Erleben welcher Erlebnisse das Phänomen zur Gegebenheit kommt. Die Beispiele sind uns nicht Tatsachen, an denen das Tragische wie eine Eigenschaft klebt, sondern nur etwas, was die konstitutiven Erscheinungsbedingungen des Tragischen enthalten wird; was uns Anlaß gibt, sie aufzufinden und in ihnen das Tragische selbst zu schauen. Nicht um ein Beweisen, sondern um ein Sehenmachen, um ein Zeigen handelt es sich hier.

Auch hüte man sich, das Tragische selbst als Phänomen mit seinen metaphysischen, religiösen und sonstigen spekulativen Deutungen gleichzusetzen. Das Tragische ist nicht Werk oder Folge einer ›Deutung‹ der Welt und der Weltbegebenheiten: Es ist ein fester und machtvoller Eindruck, den gewisse Sachen machen — und der selbst wieder ganz verschiedenen ›Deutungen‹ unterworfen werden kann. Theorien wie z. B. jene Theorie, die Maeterlinck auseinandersetzte (im Grund die Theorie jedes entschiedenen Rationalismus und Pantheismus), nach der das

Tragische nur eine Folge einer falschen und vergänglichen Weltdeutung wäre, gar etwa auf Nachwirkungen der Empfindungsweisen barbarischer Zeiten und ihrer ungezügelten Leidenschaften beruhte, oder eine Art plötzliche Konsternation vor Mängeln der Welt, gegen die man ›noch‹ keine Abhilfe weiß oder — wie Maeterlinck sagt — immer nur Folge davon, daß ›kein Weiser in der Nähe stand‹, — kein Weiser, der die Dinge wieder eingerenkt hätte, und dergleichen mehr, sind schon darum völlig irrig. Sie erleuchten nicht, sondern leugnen das Wesen des Tragischen zugunsten ihrer Weltdeutung und zugunsten von Zeiten, die es vielleicht zu sehen verlernten. Wir aber schließen, daß diese Weltdeutungen irrig sind, da sie für das zweifellose Faktum des Tragischen keinen Platz haben. Und daß die Zeiten klein sind, die es nicht sehen.

Metaphysische Deutungen des Tragischen sind sehr interessant. Aber das Phänomen selbst ist ihre Voraussetzung. Gewisse Metaphysiker, wie z. B. Eduard von Hartmann, machen Gott selbst zum tragischen Helden. Andere meinen, das Tragische sei eine Sache, die nur an der Oberfläche der Dinge liege, und hinter allen Tragödien läge eine unsichtbare Harmonie, in der sich alles Tragische auflöste. Aber wo die Quelle der tragischen Geschicke auch sprudele, ob in den letzten Gründen des Seins, ob nur in menschlicher Leidenschaft und Unruhe, auch das zu wissen setzt voraus, was tragisch ist.

Alle ›Deutungen‹ stranden an der Härte letzter Tatsachen, — die stumm ihrer spotten. —

Es tut nicht nur hinsichtlich des Tragischen not, der beweglichen Vernunft des Zeitalters Tatsachen entgegenzusetzen.

16*

1. Das Tragische und die Werte.

Alles, was tragisch heißen mag, bewegt sich in der Sphäre von Werten und Wertverhältnissen.

In einem wertfreien Universum — wie es z. B. die streng mechanische Physik konstruiert —, gibt es keine Tragödien.

Nur wo es Hohes und Niedriges, Edles und Gemeines gibt, gibt es so etwas wie tragische Vorkommnisse.

Darum ist ›tragisch‹ aber nicht selbst ein Wert wie schön, häßlich, gut, schlecht. Wohl aber erscheint das Tragische an Dingen, Menschen, Sachen nur durch Vermittlung der ihnen anhaftenden Werte.

Es ist also immer durch Werte und Wertbeziehungen getragen oder fundiert. In dieser Sphäre wiederum ist sein Ort nur da, wo Werteträger sich bewegen, und wo sie irgendwie aufeinander wirken.

In der ruhenden Wertewelt mag Heiterkeit, Trauer, Erhabenheit, Ernst liegen — Tragik muß ihr fehlen. Das Tragische erscheint in der Sphäre der Wertbewegung und Vorkommnisse, Geschehnisse müssen da sein, wenn es erscheinen soll. Zeit, in der etwas geschieht und entsteht, in der etwas verloren geht und vernichtet wird, gehört daher zu den Erscheinungsbedingungen des Tragischen.

Im bloßen Raume wohnt — trotz Schiller — manches Erhabene; aber kein Tragisches. In einer raumlosen Welt wären Tragödien möglich; in einer zeitlosen nicht. ›Tragisch‹ ist im ursprünglichen Sinne daher immer die Bestimmung einer Wirksamkeit im Tun und Leiden. Auch der tragische ›Charakter‹ ist es nur, weil in ihm die Dispositionen für ein tragisches Tun und Erleiden liegen;

und auch eine »Situation«, ein Zusammen- und Gegen-
einanderstehen von Kräften oder widerstreitende Taten
fordernde »Verhältnisse« sind nur tragisch, weil sie mit
solcher Wirksamkeit gleichsam voll und geladen sind.
Diese Wirksamkeit aber muß eine bestimmte Richtung
haben, damit Tragisches erscheine; eine Richtung, die im
Geschauten und Gefühlten gegenwärtig sein muß: die
Richtung auf Vernichtung eines positiven Wertes einer
bestimmten Ranghöhe. Die Kraft, die vernichtet, darf
nicht wertfrei sein; sie muß selbst einen positiven Wert
darstellen.

Ein Wert muß auf alle Fälle vernichtet werden, wenn
es zum Phänomen des Tragischen kommen soll. Darum
— innerhalb des Menschlichen — nicht auch notwendig
der Mensch seinem Dasein und Leben nach. Aber in ihm
wenigstens muß etwas vernichtet werden, ein Plan, ein
Wille, eine Kraft, ein Gut, ein Glaube. Aber nicht diese
Vernichtung als solche, sondern die Richtung des Wirkens
auf sie durch Träger irgendwelcher niedrigerer oder gleicher positiver Werte — niemals aber höherer Werte, ist
tragisch. Wenn der Gute z. B. den Bösen, der Edle den
Gemeinen überwindet und zu Fall bringt, so ergibt sich
niemals eine tragische Erscheinung. Der sittliche Beifall
schließt hier den tragischen Eindruck aus. Aber so sicher
dies ist, so sicher ist doch auch, daß das Vernichtende
selbst nicht nur als Werteträger gegeben sein, sondern
auch Träger eines hohen positiven Wertes überhaupt
sein muß. (Positiv seien hier Werte genannt, die Güter
sind gegenüber Übeln, Gutes gegenüber Schlechtem,
Schönes gegenüber Häßlichem. Alle Werte haben ja —
abgesehen von ihrer Rangstufe hinsichtlich »Höher« und

›Niedriger‹ — noch diese eigentümliche Entgegensetzung und Zweiheit.) Die Erscheinung des Tragischen ist also bedingt dadurch, daß die den höheren positiven Wert vernichtenden Kräfte selbst von Trägern positiver Werte ausgehen, und seine Erscheinung ist gerade da am reinsten und schärfsten, wo Träger gleich hochstehender Werte einander aufzureiben und einander aufzuheben wie ›verdammt‹ erscheinen. Auch diejenigen Tragödien sind die wirksamsten Vermittler des tragischen Phänomens, in denen nicht nur Jeder ›recht hat‹, sondern auch jede der im Kampfe stehenden Personen und Mächte ein gleich erhabenes Recht vertritt, oder eine gleich erhabene Pflicht zu haben und zu erfüllen scheint. Wo den Träger des hohen Wertes positiver Natur z. B. den Guten und Gerechten ein bloßes Übel oder ein bloßes Böses von außen her überwältigt, da wird das Tragische sofort in ein bloß Sinnloses, Irrationales verkehrt, und auch an die Stelle des tragischen Mitleidens — das bei aller möglichen Tiefe nie zum Schmerze und zur Erregung werden darf, sondern immer eine gewisse geistige Kühle und Ruhe bewahren muß —, tritt eine schmerzvolle Erregung.

Somit: Tragisch ist an erster Stelle der Widerstreit, der unter den Trägern hoher positiver Werte (z. B. hochstehender sittlicher Naturen im ganzen einer Ehe oder Familie oder in einem Staate) selbst erwacht: Tragisch ist der ›Konflikt‹, der innerhalb der positiven Werte und ihrer Träger selbst waltet. Die hohe Kunst des Tragödiendichters ist es daher vor allem, die Werte einer jeden Partei, die in den Kampf eingeht, in ihr volles Licht zu setzen, das innere Recht einer jeden Figur voll und klar zu entwickeln.

2. Das Tragische und das Traurige.

Es ist gewiß, daß alles Tragische irgendwie auch traurig ist, und zwar traurig in einem ausgezeichneten Sinne. Es ist selbst als Schicksal, als Vorkommnis umflossen von der Qualität[1] des Traurigen — wie solche z. B. auch in einer Landschaft, in einem Gesicht liegen kann; und andererseits erweckt es auch Trauer im Gefühl des Menschen; es stimmt die Seele traurig.

Aber nicht minder gewiß ist, daß nicht alles Traurige und zur Traurigkeit Stimmende tragischen Charakter hat. Jeder Todesfall ist selbst traurig und macht zuweilen die Hinterbliebenen traurig; aber sicher ist nicht jeder Tod tragisch. Sehen wir einmal ab von aller Trauer, die sich unabhängig von Wertwahrnehmungen in uns bildet — allem bloß zuständlichen Gefühl — halten wir uns an das ›Trauern über etwas‹, das uns in einer Bewegung des Gemütes gegeben ist, die als ›gefordert‹ von dem Gehalt des Vorkommnisses erlebt ist und uns gleichzeitig nicht bezogen auf unsere individuellen Wünsche und Zwecke, sondern als Forderung des puren Sachwertes erscheint — so bleibt für die tragische Trauer noch eine doppelte Charakteristik, die in ihr selbst und ihrem Gegenstande wurzelt.

Die Trauer hat hier erstens eine ganz besondere Reinheit von aller ›Erregung‹, ›Entrüstung‹, ›Tadel‹, auch allem begleitenden Wunsche, daß ›es doch anders hätte kommen mögen‹: Eine stille ruhige Größe, eine besondere Art von Friede und Gelassenheit ist ihr eigen.

---

[1] Daß die Qualität des Traurigen nicht ohne weiteres ein ›Gefühl‹ ist, auch kein sog. ›eingefühltes‹ Gefühl, dazu vergl. den Aufsatz über ›Idole der Selbsterkenntnis‹.

So lange unsere Willenstätigkeit durch den Vorfall noch aufgeregt wird, ja der Vorfall — wenn er vollendet ist und zur Katastrophe geführt hat — an irgendeiner Stelle auch nur die Möglichkeit eines Eingreifens, einer Lenkung in der Richtung der Abwendung der Katastrophe aufweist, kann sich die spezifische Färbung der tragischen Trauer nicht einstellen.

Die tragische Trauer hat damit auch eine gewisse Kühle, die sie scheidet von aller spezifischen Ich-Trauer, d. h. einer Trauer, die ein dem Ich entquellend erlebtes ›Trauern über‹ darstellt. Sie wandelt uns gleichsam von außen her durch die Seele, gefordert von den Gestalten und Vorkommnissen, die da ›tragisch‹ sind. Die Aeschyleische Tragödie besonders weiß diese Färbung der Trauer in fast einziger Reinheit zu erwecken.

Beide Färbungen des tragisch Traurigen haben ihre Grundlage in einem zwiefachen Wesenszuge des Tragischen, über den noch zu sprechen ist: In dem exemplarischen Charakter für einen Wesenszug unserer Welt, den das in sich begrenzte individuelle traurige Vorkommnis hat und in der unmittelbar in die Erscheinung tretenden ›Unabwendbarkeit‹ der Wertevernichtung, die alles Tragische enthält.

Bei jedem echt tragischen Vorkommnis sehen wir über das Vorkommnis selbst, das uns tragisch erscheint, dunkel hinaus auf dauernde, mit dem Wesen der Welt bereits gegebene Faktoren, Zusammenhänge, Kräfte, die ›so etwas‹[1] möglich machen. Es tritt uns also auf unmittelbare Weise — ohne Überlegung, ohne begriffliche oder sonstige ›Deutung‹ — im tragischen Vorkommnis

---

[1] ›So etwas‹ im Sinne eines sobeschaffenen Wertverhaltes.

eine bestimmte Weltbeschaffenheit entgegen, die uns
in dem Vorkommnis selbst — nicht durch Schluß von
ihm auf seine Ursachen, Gründe — nur momentan gebunden an es und doch unabhängig von seinen einzelnen
realen Teilen, seinen kausalen Faktoren und allem zufälligen Aufeinandertreffen der Dinge und Begebenheiten
in Form einer Ahnungseinstellung anschaulich gegenwärtig wird.

Die Trauer — ich meine jene objektive Traurigkeit,
die den tragischen Vorgang selbst umschwebt — hat daher eine eigentümliche Tiefe (»Tiefe« im analogischen
Sinne zur Tiefe des Raumes genommen) und eine Unabsehbarkeit, in der sie sich von aller Trauer »an« bestimmten und begrenzten Ereignissen scharf scheidet. Diese
»Tiefe« gewinnt sie dadurch, daß der »Gegenstand« des
Tragischen immer ein zwiefacher ist: Einmal das uns vor
Augen stehende Ereignis, dann aber die in ihm nur exem-
plifizierte wesenhafte Weltkonstitution, von der das Ereignis als »Beispiel« vor uns steht. Die Trauer fließt so über
das Ereignis hinaus in eine gleichsam horizontlose unbestimmte Weite. Das ist nicht eine allgemeine, in Begriffen bestimmbare Weltkonstitution, die angesichts aller
tragischen Vorkommnisse dieselbe wäre, sondern immer
eine besondere, individuelle, eigenartige, aber gleichwohl
eine Konstitution der Welt selbst.| Der gleichsam ent-
ferntere Gegenstand des Tragischen ist immer die »Welt«
selbst, als Einheit gedacht, die »Welt, in der so Etwas
möglich ist«. Und diese »Welt« selbst erscheint von jenem dunklen Schimmer des Traurigen mit umflossen, und
nur auf dem Vordergrunde dieser unabsehbaren mitge-
gebenen Nächtlichkeit der Dinge selbst, die uns im Tra-

gischen entgegentritt, sehen wir die begrenzten Ereignisse und Schicksale sich schärfer abheben.

Da uns das tragische Ereignis stets in einer Weltkonstitution als fundiert erscheint, die trotz aller Besonderheit der Ursachen des Ereignisses, trotz aller zufälligen Kausalreihen, die es durch ihr Sichschneiden herbeiführten und die — als solche — gar nicht in der Weltkonstitution liegen, immer aufs neue ›solche‹ Ereignisse aus sich zu gebären wie ›auf Lauer‹ liegt, und so ›auf Lauer‹ auch der Anschauung ahnungsvoll gegeben ist, so liegt darin auch schon sein anderer Wesenszug, die ›Unabwendbarkeit‹.

Über den Sinn dieser ist noch zu reden. Hier interessiert uns die Färbung, die sie dem Traurigen im Tragischen verleiht.

Es gibt eine ganze Reihe von Gefühlen und Affekten, die nur an solche Wertvernichtungen gebunden sein können, die — gleichviel ob die Wertvernichtungen in diesem bestimmten Falle tatsächlich abwendbar waren oder nicht — doch ihrem Wesen nach ›abwendbar‹ sind und ›als‹ abwendbar auch gegeben sind: Was immer diese Gefühle sein mögen, Grauen, Entrüstung, Entsetzen usw., so haben sie doch gemeinsam den Charakter der E r r e g u n g, die am Gedanken eines möglichen Anders- und Bessergehenkönnens, als es gegangen ist, und — innerhalb des Menschlichen — noch mehr am Gedanken: Hätte doch Dieser oder Jener anders gehandelt und gewollt, als er handelte und wollte, — erwacht. Der Mensch als p r a k t isches Wesen, und sei es auch nur als ein möglich Handelnder, ist dieser ›Erregung‹ unbedingt verhaftet.

Sie weicht erst da, wo die Unabänderlichkeit und Unabwendbarkeit der Wertvernichtung — als eine Wesensunmöglichkeit — vor Augen steht. Ohne daß die Trauer aufhört, Trauer zu sein, wird ihr hier der Charakter des ›Unbefriedigenden‹, des ›Erregenden‹, des ›Schmerzvollen‹ in dem engeren Sinne, in dem diese Erlebnisse in den leiblichen Begleitempfindungen von Druck, Angst, Schauer usw. fundiert sind, genommen.

Die tragische Traurigkeit ist gleichsam pure, leibempfindungslose, erregungslose und in einem gewissen Sinne mit ›Befriedigung‹ verbundene Trauer.

Alles Begehren, Sehnen, Wünschen nach einem Nichtsein des Vorgangs, der zur Vernichtung des Wertes führte, ist durch jene einsichtige Wesensunabwendbarkeit wie ausgelöscht.

Und indem das Traurige uns in wesenhaften Seinszusammenhängen der Welt selbst seinen letzten Ursprung zu haben scheint und alles, was sonst für es ›verantwortlich‹ zu machen wäre, gleichsam auf das Weltwesen selber und auf die Verfassung jeder möglichen ›Welt‹ abgewälzt erscheint, findet mit dem Dasein und Gehalt des besonderen Ereignisses, in dem diese Seins- und Wesenszusammenhänge greifbar und einsichtig werden, eine Art von Versöhnung statt, — eine Versöhnung, die uns mit Frieden und Ruhe erfüllt und mit einer Art von Resignation, in der alle nur mögliche Schwäche, wie alles auch nur mögliche Schmerzvolle eines vom zufälligen Dasein nur erzwungenen Verzichtes auf eine ›bessere faktische Welt‹ erloschen und dahingeschmolzen sind.

Also: die spezifische Traurigkeit des Tragischen ist ein gegenständliches Merkmal des Vorgangs selbst — unabhängig von dem individuellen Lebenszusammenhang seines Betrachters. Sie ist rein von allem, was Erregung, Entrüstung, Tadel hervorrufen könnte. Sie ist kühl, still und groß. Sie hat eine Tiefe und Unabsehbarkeit. Sie ist frei von begleitenden Leibempfindungen und allem, was ›schmerzvoll‹ heißen kann und enthält Resignation, Beriedigung und eine gewisse Art von Versöhnung mit allem zufällig Daseienden in sich.

3. Der tragische Knoten.

Es gibt einen Fall, wo unsere Bedingung, daß ein Widerstreit zwischen Trägern hoher positiver Werte stattfindet und in ihm einer der Träger zugrunde geht, bis zur äußersten Grenze erfüllt ist. Er ist gegeben, wenn die Werteträger gar nicht verschiedene Ereignisse, Dinge, Personen sind, sondern in ein Ereignis, ein Ding, eine Person zusammenfallen; ja noch mehr: Womöglich in eine und dieselbe Eigenschaft, oder in ein und dieselbe Kraft, in ein und dasselbe Vermögen.

Im ausgesprochensten Sinne tragisch ist es daher, wenn ein und dieselbe Kraft, die ein Ding zur Realisierung eines hohen positiven Wertes (seiner selbst oder eines anderen Dinges) gelangen läßt, auch im Verlaufe dieses Wirkens selbst die Ursache für die Vernichtung ebendieses Dinges als Werteträgers wird.

Wo wir unmittelbar eine Wirksamkeit anschauend miterleben, die, indem sie einen hohen Wert realisiert, gleichzeitig und im selben Aktus des Wirkens diesem Wert oder einem anderen, zu ihm wesenhaft gehörigen Wert die Bedingung der Existenz untergräbt, da ist der Eindruck des Tragischen am vollkommensten und reinsten.

Daß derselbe Mut oder dieselbe Kühnheit, die einen

Mann eine rühmliche Tat vollbringen ließ, ihn auch einer, für einen mittelmäßig Klugen leicht vermeidbaren Lebensgefahr aussetzt, durch die er zugrunde geht (»wär ich besonnen, hieß ich nicht der Tell«); daß wir die wertvolle ideale Sinnesrichtung eines Menschen auf geistige Güter unter Umständen als den Grund sehen, der ihn an dem Kleinlichen des Lebens scheitern läßt und lassen muß, daß jeder nach Frau von Staëls Wort »die Fehler seiner Tugenden hat«, daß dieselben Wesenszüge seiner Charakteranlagen ihn zu seinem Besten fähig gemacht und zugleich die »Katastrophe« verschuldet haben, das ist im eminenten Sinne »tragisch«.

Ja, es bedarf hier nicht speziell menschlicher Verhältnisse. Eine Bildergalerie werde zerstört durch das Feuer, das aus einer Heizungsvorrichtung entsprang, die zur Erhaltung eben dieser Bilder gemacht war: Der Tatbestand hat schon einen leisen tragischen Charakter. »Tragisch« ist der Flug des Ikaros, dessen Flügel, mit Wachs befestigt, ihm im selben Maße verloren gehen, als er sich der Sonne nähert, die das Wachs zerschmilzt.

Man spricht mit einem treffenden Bilde von dem tragischen »Knoten«. Das Bild versinnlicht eben jene innere unlösbare Wesens-Verknüpftheit, welche die werteschaffenden und die wertezerstörenden Kausalreihen in der dynamischen Einheit des tragischen Wirkens und Vorgangs miteinander haben.

Aber aus dem Gesagten geht noch ein Anderes hervor. Der Ort des Tragischen — sein Erscheinungsspielraum — befindet sich weder in den Verhältnissen der Werte allein, noch in dem Verhältnis der kausalen Ereignisse und Kräfte, die sie tragen, sondern in einer eigenartigen

Beziehung von Wertverhältnissen zu Kausalverhältnissen. Es ist ein Wesensmerkmal unserer Welt, — und da ein ›Wesensmerkmal‹ — auch jeder Welt, daß der kausale Verlauf der Dinge auf die in ihm erscheinenden Werte keine Rücksicht nimmt, daß die Forderungen, welche die Werte aus sich heraus stellen an Einheitsbildungen, oder an Fortgang einer Entfaltung und Entwicklung des Geschehens in der Richtung auf ein ›Ideal‹, dem Kausalverlauf gegenüber, — wie nicht vorhanden sind. Dieser einfache Tatbestand, daß ›die Sonne über Böse und Gute scheint‹, macht Tragisches allererst möglich. Geht die kausale Entfaltung der Dinge eine Zeitlang in die Richtung einer gleichzeitigen Wertesteigerung auseinander, so erinnert alsbald eine neue Phase des Verlaufs den Menschen, daß dies nur ›Zufall‹ war, nicht aber auf einem inneren Zusammenstimmen, auf einer Berücksichtigung der in den Werten gelegenen Erfüllungsforderungen durch die Kausalität der Dinge lag.

Ohne diesen Grundtatbestand gäbe es kein Tragisches und keine Tragödie.

Weder in einer Welt, die in dem Sinne einer ›sittlichen Weltordnung‹ teilhaftig wäre, daß die Kräfte und Vermögen der Dinge genau nach dem Maße ihres Wertes verteilt und kräftig wären und ihre Wirksamkeiten sich nach den Forderungen richteten, die aus den Werten heraus nach Einheitsbildungen, Entfaltungen und Zusammenstimmungen ergehen — noch in einer Welt, da man die Kräfte jenen Forderungen gesetzlich entgegengerichtet verspürte, ihnen sich widersetzend und aus dem Wege gehend, wäre Tragisches möglich. Eine ›satanische‹ Welt höbe das Tragische so gut auf wie eine vollkommen göttliche, eine Tatsache, die Schopenhauer in seiner Lehre vom Tragischen vergaß.

Tragisches ist uns daher nur gegeben, wenn unsere Einstellung in einem ungeteilten Akte des geistigen Blickes sowohl auf jener Kausalität der Dinge als auf den immanenten Forderungen der Werte weilt.

Indem dann in dieser einheitlichen Gesamthaltung die einzelnen Teilakte der Geistestätigkeit bald den Linien jener Werteforderungen nachgehen und den gegebenen Tatbestand in den ihnen entsprechenden Einheiten zu synthetisieren und zu vollenden suchen, bald den Schritten der kausal bewegten Ereignisse folgen, stellt sich eine anschauliche Einsicht in jene Unabhängigkeit beider gleich sachlichen und objektiven ›Gesetzmäßigkeiten‹ ein, in der gleichsam der letzte formale ›Hintergrund‹ aller Tragödien erfaßt wird.

Es ist natürlich nicht im bloßen Wissen dieses Tatbestandes schon das Tragische gegeben.

Erst wo uns in einem konkreten Geschehnis diese Unabhängigkeit vollendet sichtig wird, tritt das tragische Phänomen hervor.

Aus dem Gesagten fällt nun auch auf unsere Bestimmung ein neues Licht. Denn nirgends ist uns jene anschauliche unmittelbare Einsicht klarer und sozusagen konzentrierter gegeben, als eben da, wo wir dieselbe Wirksamkeit — nicht bloß zufällig aufeinandertreffende Reihen — an verschiedenen Stellen ihres Verlaufes einen hohen Wert hervorbringen und an einer anderen Stelle denselben Wert wieder wie ganz ›gleichgültig‹ vernichten sehen.

Hier — wo wir die Einheit der Wirksamkeit noch

wie mit einem Blick zu umspannen vermögen und nicht
Glied für Glied durch diskursives Durchgehen aneinander-
heften müssen — ist uns jener sonst nur gewußte Tatbestand wie mit Händen greifbar und spürbar geworden.

4. Notwendigkeit und Unvermeidlichkeit der Werte-
vernichtung.

Was meinen wir damit, wenn wir vom Tragischen sagen, die in ihm enthaltene Wertevernichtung sei eine
»notwendige«?

Sicher nicht die kausale Bedingtheit überhaupt!

Handelt es sich hier denn um »kausale« Notwendigkeit
oder nicht vielmehr um eine Notwendigkeit ganz anderer
Art?

Man könnte zunächst meinen, es sei wohl kausale Notwendigkeit, aber eine bestimmte Art dieser, nämlich »innere Notwendigkeit«, eine Notwendigkeit also, die nicht
auf von außen hereinbrechenden Ereignissen beruhe,
sondern die in der bleibenden Natur der Dinge, Menschen
usw. liege, die das tragische Schicksal erleben.

Indes, die Tatsachen werden dieser viel gehörten Auffassung nicht gerecht.

Ein Mensch, der z. B. durch eine angeborene Krankheit oder durch sonst eine, in irgendeiner Richtung ausgesprochen mangelhafte Naturanlage dazu prädestiniert
erscheint, bei der ersten Gelegenheit, da diese durch einen
äußeren Reiz ausgelöst wird, zugrunde zu gehen, erscheint
uns auch dann nicht tragisch, wenn hohe und höchste
Werte (von dieser mangelhaften Naturanlage unabhängig)
in ihm gelegen sind.

Darum ist z. B. Ibsens Oswald in den »Gespenstern«,

in dem durch die ererbte Krankheit des Vaters von vornherein der Wurm der Zerstörung nagt, trotz seines künstlerischen Genies keine tragische Gestalt.

Wir vermissen hier etwas, was zum Wesen des tragischen Helden gehört: Daß das Übel, das ihn in den Untergang treibt, zu denen gehört, gegen die überhaupt ein Kampf aufzubieten ist, und daß ein solcher Kampf auch tatsächlich aufgeboten wird.

Beides fehlt hier. Auch wer sich von vornherein dem Feindlichen ergibt, wer auf den Wert, der ihm zu entschwinden droht, sofort verzichtet und resigniert, ist sicher kein tragischer Held. Die »Notwendigkeit«, um die es sich hier handelt, muß also eine solche sein, die auch bei Hinzunahme aller »freien« Akte, über die nur der Mensch zu verfügen vermag, dennoch ihren Lauf nimmt. Erst da, wo wir der Katastrophe mit allen freien Kräften widerstanden und sie mit allen zu Gebote stehenden Mitteln bekämpft sehen, und wir gleichwohl ihr Hereinbrechen noch als »notwendig« verspüren, ja eben an der Wucht und Gewalt dieses aufgebotenen Kampfes gegen sie und seinem Nachleben sie als eine besondere Art von erhabener Notwendigkeit verspüren, da ist die im Tragischen liegende »Notwendigkeit« vorhanden. Die tragische Notwendigkeit ist also nicht jene Notwendigkeit des Naturlaufs, die unterhalb der Freiheit liegt und unterhalb der Willensmacht, durch die freie Wesen in den Naturlauf eingreifen können, um ihn zu ihrem Besten zu lenken; sondern sie ist eine Notwendigkeit, die gleichsam oberhalb der Freiheit gelegen ist: Die noch bei Einschluß der freien Akte oder der »freien Ursachen« in die gesamte Kausal-Sphäre, in der auch die unfreien

17

Ursachen — d. h. jene, die selbst wieder Wirkung einer Ursache sind — liegen, immer noch besteht.

Wo immer daher Menschen uns als bloß ›milieubestimmt‹ dargestellt werden, als vollständig determiniert durch die ›Verhältnisse‹ wie im ›Drama‹ des verflossenen Naturalismus, da ist für das Tragische ebensowenig eine Stelle, als da, wo wir den Eindruck haben, daß bewußte freie Wahlakte für die zur Katastrophe treibenden entscheidenden Handlungen und Begebenheiten endgültig und eindeutig bestimmend sind.

Daher ist auch weder der Naturalismus und Determinismus noch die rationalistische Lehre von einer durch Naturbegebenheiten uneingeschränkten ›Freiheit des menschlichen Willens‹ eine die Erfassung des Tragischen auch nur ermöglichende Auffassung. In beiden ›Welten‹ dieser Weltansichten ist für das Tragische darum keine Stelle, weil es darin für eine über Naturfaktoren und freie Wahl noch hinausreichende Wesensnotwendigkeit keine Möglichkeit gibt.

Aber noch aus einem anderen Grunde genügt die Bestimmung der Notwendigkeitsart, um die es sich hier handelt, als einer ›inneren‹ nicht.

Die causa immanens ist die in einem Ding, in einer Person liegende dauernde ›Anlage‹, ihr ›Vermögen‹, oder ihre ›Kraft‹, die sich bei Eintritt gewisser Verhältnisse zu anderen Dingen, Situationen, Menschen betätigen.

Wo immer uns eine so fest bestimmte Naturanlage zum Untergang des Wertes entgegentritt, da fehlt die wirkliche Entwicklung, die reale Erneuerung, die innere Geschichtlichkeit, die in der tragischen Begebenheit notwendig liegt: Da wäre die Katastrophe auch schon von vornherein voraussehbar, — wenn wir nur ein festes und genaues Bild der Charaktere hätten. Im Tragischen liegt aber das Paradoxe vor, daß die Wertevernichtung, — wenn sie einmal vorliegt, uns zwar völlig ›notwendig‹ erscheint, aber gleichwohl auch völlig ›unberechenbar‹ eintritt. Wie immer die Katastrophe aus allen, bei dem Vorgang beteiligten Faktoren (freien und unfreien) gleichsam genährt ist und in den sichtbaren Ereignissen schon schwanger geht, so muß doch ein Augenblick da sein, indem sie wie eine gewitterschwere Wolke über den Ereignissen liegt, aber doch noch alles — auch nach idealer Berechnung — anders gehen könnte: Wo dann aber allererst eine Tat sie hervorbringt, die auf rationell unvorhersehbare Weise diese lauernden Faktoren zur Einheit einer Wirksamkeit zusammenfaßt.

Die scheinbar ›günstige Wendung der Dinge‹ kurz vor der Katastrophe, die so viele Tragiker lieben, ist ein spezielles Mittel, um auch jeden Anschein von ›Berechenbarkeit‹ im Zuschauer auszuschließen. Auch jenes Maß von ›Spannung‹ auf den Ausgang, das jede Tragödie erwecken muß, wäre nicht möglich, wenn uns die Katastrophe in den inneren dauernden Anlagen der Charaktere und der Verhältnisse von vornherein voll gegründet erschiene. Es ist die konkrete Kausalität, die nichts mit ›Naturgesetzlichkeit‹ zu tun hat, die sich an nie wiederkehrenden Konstellationen vollziehende Kausalität — jene, die man mit Recht als die eigentlich ›historische‹ bezeichnet hat — die auch im tragischen Vorkommnis waltet[1] Darum müssen wir die Behauptung Schopenhauers zu-

---

[1] Siehe Heinrich Rickert: ›Grenzen der naturwissenschaftlichen Begriffsbildung‹, 2. Auflage.

17*

rückweisen, daß in der Tragödie wahre ›Charakterent-
wicklungen‹ nicht stattfinden dürften, sondern nur ›Ent-
hüllungen‹ dessen, was von vornherein in den Menschen
an Gesinnung und Charakter lag.

Gerade die tragische Umbildung eines Charakters,
seine Gesinnungs- und Sinnesänderung, die wesentliche
und dauernde Ablenkung von der zuerst genommenen
Lebensbahn, ist selbst häufig entweder ein Teil der Katastrophe oder die Katastrophe selbst.

So ist z. B. der Zusammenbruch der Wertschätzung
eines bisher verfolgten Lebenszieles — mitten im äußeren
Siege — eine spezifisch tragische Erscheinung.

Die tragische Notwendigkeit ist also vor allem die in
Wesen und Wesenszusammenhängen der Weltfaktoren gegründete Unvermeidbarkeit und Unentrinnbarkeit.

Und diese negativen Bestimmungen zeigen eben an,
daß die hier in Frage kommende ›Notwendigkeit‹ erst
gegeben ist und in die Erscheinung tritt, wenn alle nur
irgendwie denkbaren Kräfte ins Spiel getreten erscheinen,
die die Wertvernichtung hintanhalten hätten können und
den betreffenden Wert zu retten imstande gewesen wären.
Darum sind zwei Arten von Wertvernichtungen ihrem
Wesen nach untragisch: Alle jene, die durch eine bestimmt angebbare Handlung oder Unterlassung, zu der
Jemand verpflichtet war, verschuldet sind, und alle jene,
die durch Anwendung geeigneterer Techniken und Mittel
vermeidbar gewesen wären. Überall also, wo die Frage:
›Wer hat Schuld?‹ eine klare, bestimmte Antwort zu-
läßt, fehlt der Charakter des Tragischen.

Erst da, wo es dafür keine Antwort gibt, taucht die
Farbe des Tragischen auf.

Erst da, wo wir den Eindruck gewinnen, es habe Jeder in denkbar weitestem Maße den Forderungen seiner ›Pflicht‹ Gehör gegeben und doch habe das Unheil kommen müssen, empfinden wir es als ›tragisch‹. Es besteht — innerhalb des menschlich Tragischen — gleichwohl nicht einfach ein Fehlen von ›Schuld‹, sondern bloß eine Unlokalisierbarkeit der ›Verschuldung‹. Wo immer wir uns an die ›Stelle‹ eines Menschen, der bei Herbeiführung einer Katastrophe eine Rolle spielte, einen anderen, sonst gleichen aber moralisch besseren Menschen, resp. einen solchen, der ein feineres Gehör für sittliche Forderungen gehabt hätte, sowie eine größere Energie des sittlichen Willens, substituieren können, wird das Aufkommen des Eindrucks des Tragischen sofort gehemmt durch den aufkeimenden Tadel gegen diesen Menschen und durch dessen ›Beschuldigung‹.

Hier fehlt auch sofort die ›Notwendigkeit‹ des als tragisch erscheinenden Phänomens. Hätten wir z. B. beim Tode Christi die Vorstellung, daß dieser Tod, anstatt im Wesensverhältnis solch göttlicher Reinheit zur Gemeinheit und den Widerständen einer konstanten ›Welt‹ zu liegen, nur durch die besondere moralische Pflichtvergessenheit des Pontius Pilatus, oder nur durch die Schlechtigkeit des Individuums Judas, oder durch die pflichtwidrigen Handlungen der Juden veranlaßt worden sei; daß dagegen derselbe Jesus von Nazareth, wenn wir an die Stelle gerade dieser ihn umgebenden Menschen sittlich ›bessere‹ setzen, oder ihn in eine andere zeitgeschichtliche Umgebung verlegen, zu hoher Anerkennung und Ansehen in der Welt gekommen wäre, so wäre der Eindruck des Tragischen sofort dahin.

Jesu Tod ist nur tragisch, wenn er — überall und immer — und bei beliebig hoher ›Pflichttreue‹ der Beteiligten·eingetreten wäre. — Ein Justizmord z. B. kann niemals zu einem tragischen Untergang führen. Erst wo die Idee des ›Rechtes‹ selbst es ist, die in die Vernichtung des höheren Wertes führt, ist Tragik vorhanden. Ein Justizmord erweckt — war er unvermeidbar — tiefes Mitleid, war er vermeidbar, tiefe Entrüstung, niemals aber tragisches Mitleid[2].

Wenn es wahr ist, daß ein Unheil erst tragisch ist, wenn jeder seine ›Pflicht‹ getan hat, und im gewöhnlichen Sinne des Wortes niemand die ›Schuld‹ ›verschuldet‹ hat, so gehört es auch zum Wesen des tragischen Konfliktes, selbst durch den ideal weisesten und gerechtesten Richter unschlichtbar und unheilbar zu sein. Die tragische Missetat ist sogar definitorisch die, vor der alle mögliche moralische und rechtliche Beurteilung verstummt; und umgekehrt ist jeder moralisch und juridisch noch durchschaubare und schlichtbare Konflikt seinem Wesen nach untragisch. Eben jenes wesenhafte Sichverlaufenkönnen der Grenzen von Recht und Unrecht, Gut und Böse in der Einheit der Handlung, jenes Sichverschlingenkönnen der Fäden, der Motive, Absichten, Pflichten so, daß das Nachgehen eines jeden Fadens den Betrachter mit gleicher Evidenz bald zum Urteil ›Recht‹, bald zum Urteil ›Unrecht‹ führt: Jene nicht in mangelnder moralischer und juridischer Weisheit gegründete, sondern vom Gegenstand selbst geforderte absolute

---

[1] Darum läßt Äschylos in seinen Eumeniden die Richter des Areopags gleichviel schwarze und weiße Kugeln für Schuld oder Unschuld des Orestes abgeben.

Verwirrung unseres moralischen und rechtlichen Urteils
gehört zum Wesen der subjektiven Seite des tragischen
Eindrucks und hebt uns damit über die ganze Sphäre
von möglichem ›Recht‹ und ›Unrecht‹, von möglicher
›Beschuldigung‹ und ›Entrüstung‹ hinaus. Die ›tragische Schuld‹ ist eine Schuld, für die man niemanden
›beschuldigen‹ kann, und für die es darum keinen denkbaren ›Richter‹ gibt.

Gerade aus dieser Verwirrung unseres moralischen Urteils, aus diesem vergeblichen Suchen nach einem Subjekt der Verschuldung einer ›Schuld‹, die wir doch als
Schuld sonnenklar vor uns sehen, ersteht nun aber jene
spezifisch tragische Trauer und jenes tragische Mitleid
mit der ihnen eigenen Ruhe und Stille des Gemüts, von
der die Rede war; ersteht jene Abwälzung des Furcht-
baren auf den Kosmos als Wesen, die gerade mit der
Endlichkeit der Taten und Vorgänge, mit den daran beteiligten einzelnen Menschen und Willen versöhnt.

So ist das tragisch Schlechte ein jenseits von bestimm-
barem ›Recht‹ und ›Unrecht‹, von ›Pflichtgemäß‹ und
›Pflichtwidrig‹ Gelegenes.

Aber die Individuen haben ganz verschiedene Mikro-
kosmen von Werten, je nach der Fülle ihrer sittlichen
Erkenntnis und zwar der ihnen möglichen sittlichen Erkenntnis.

Und danach erst bemessen sich ihre möglichen ›Pflichten‹ und Pflichtenkreise — von allen Besonderheiten
ihrer empirischen Lebenssituation noch ganz unabhängig.
Tut jedes Individuum seine ›Pflicht‹, so tun sie wohl
moralisch dasselbe, im Maße als sie dies tun; nicht aber
tun sie damit Gleichwertiges oder sind etwa gar darin

gleichwertig. Wie tief sie dabei in den Makrokosmos der sittlichen Werte hineinblicken, der die gesamte Ausdehnung des Reiches von möglichem Gut und Böse enthält, welchen Teil sie innerhalb dieses Makrokosmos wahrnehmen, ist dadurch, daß jedes Individuum innerhalb des ihm gegebenen Wertbereichs das »Beste« pflichtgemäß vollbringt, noch keineswegs entschieden. Es ist nicht die Pflicht und ihr Tun, was »adelt« — wie die kantische, allzukurzsichtige Ethik meint — sondern »Noblesse oblige«: Es ist der ursprüngliche Adel der Menschen, der ihnen ganz verschiedene Spannweiten von möglichen Pflichten setzt, durch die sie an die sittliche Welt in ganz verschiedenem Maße gekettet und für sie »bedeutsam« sind.

Es ist ein Unterschied, ob ein Gewürzkrämer oder ein echter König seine »Pflicht« tut; ein Unterschied, ob Einer, der über ganz wenige sittliche Wertunterschiede überhaupt verfügend, mit seinen paar ärmlichen Willensinhalten seine »Pflicht« tut, oder ein Anderer, der in einer Fülle tausendfältig abgestufter menschlicher und anderer sittlicher Beziehungen lebend, und ein feingegliedertes Reich sittlicher Wertunterschiede vor Augen, und von vornherein höhere Werte als die anderen schauend, seine »Pflicht« tut, indem er die für ihn noch als höchste gegebenen Werte vorzieht und in Wollen und Tun sie realisiert. Der Letztere muß mit derselben Handlung noch pflichtwidrig sich verhalten, mit der der Wertblindere noch voll seine Pflicht erfüllt. Wenn wir nun sagten, daß im echt tragischen Vorgang Jeder seine »Pflicht« tun müsse, oder wenigstens es einsichtig sein muß, daß — auch wenn Jeder seine Pflicht getan hätte — die Werte-

vernichtung, und damit die Verminderung des sittlichen
Gesamtwertes der Welt, dennoch hätte eintreten müssen,
so wollten wir dabei diese ganz andere Dimension der
sittlichen Wertunterschiede der in der Tragödie beteiligten Individuen und ihres Seins nicht etwa gleichfalls ausgeschlossen wissen. Es ist gerade vielmehr ein ganz besonders charakteristisch Tragisches, daß das in dieser
Seinsdimension ›edlere‹ Individuum mitten unter den
streng erfüllten ›Pflichten‹ der unedleren Individuen zer-
malmt wird. Und es erscheint wie ein besonderer schwer-
mütig-ironischer Reiz dieser Art des Tragischen, wenn
das edlere Individuum auch noch eine moralische Schuld
auf sich lädt, die seine Gegner nicht auf sich geladen
haben — in der absoluten Abrechnung aber der von ihm
faktisch realisierten sittlichen Werte seine Feinde hoch
überragt. Gerade da das edlere Individuum leichter ›schuldig‹ werden kann als das unedlere — gemäß seines
reicheren und höheren Pflichtenkreises — hat es ja von
vornherein eine sittliche ›Gefährdung‹, die als solche
schon etwas potentiell Tragisches an sich hat, da es diese
Gefährdung seiner edleren Natur ebenso verdankt als
schuldet. Nicht nur der Prometheus der Technik, der dem
Zeus das Feuer stiehlt, sondern noch mehr die sittlichen
Prometheuse, in deren Auge zuerst ein zuvor nie gekann-
ter sittlicher Wert aufblitzt, sind tragische Gestalten. Indem sie Werte realisieren und Pflichten haben, welche
die Menge noch nicht als Wert zu sehen und als Pflicht
zu fühlen weiß, tut die Menge selbst nur ihre ›Pflicht‹,
wenn sie das für ›schlecht‹ ansehend, was für die Menge
noch nicht ›gut‹ sein kann, und das als willkürliche Her-
ausnahme eines Rechtes, was sie als ihre Pflicht nicht

kennt, den Individuen den Prozeß macht. Tragisch aber ist solcher ›Fall‹ des ›Edlen‹ eben dadurch, daß hier jede etwaige moralische Mißbilligung der Menge notwendig schweigen muß — die ja selbst nur ›guten Gewissens‹ ihre heilige ›Pflicht‹ erfüllt.

Noch tiefer dringt man von hier aus in die ›tragische Schuld‹ ein, wenn man sich darüber klar wird, was denn in solchem Falle der Vollzug der Pflicht des Edleren ist. Ich setze hier voraus — ohne es hier zu beweisen —, daß moralisch ›gut‹ das Verhalten ist, durch das wir einen im Akte des Vorziehens als höher erfaßten Wert verwirklichen oder zu verwirklichen tendieren[1]. Den höheren Wert ›vorziehen‹, das ist aber immer äquivalent mit: den niedrigeren Wert nachsetzen, resp. seine Verwirklichung unterlassen. Nun sind aber alle ›Moralnormen‹, d. h. alle gebietende Regeln allgemeiner Art nur Angaben, was — bei gegebenem Wertdurchschnittsniveau einer Epoche innerhalb typisch und regelmäßig wiederkehrender ›Situationen‹ — zu wollen und zu tun ist, wenn die auf diesem Wertniveau ›höheren‹ Werte realisiert werden sollen. Jede materiale Moral-Regel enthält dabei bereits die Voraussetzungen der besonderen positiven Güterwelt der betreffenden Zivilisationsstufe. Wie ist es nun, wenn der ›Edlere‹, im vorher bestimmten Sinne, einen Wert erschaut hat, der höher ist als die durchschnittlich bekannten, in jenem Wertniveau überhaupt vertretenen Werte, — wenn er jenen Vorstoß in den sittlichen Wert-Kosmos vollzogen hat, den die Menge noch nicht zu fassen vermag? Dann ist klar, daß ihm als

---

[1] Vgl. hierzu mein Buch ›Der Formalismus in der Ethik und die materiale Wertethik‹, I, Niemeyer, Halle 1914.

schlecht und böse — und demgemäß auch als »pflichtwidrig« für ihn selbst erscheinen muß, was nach der herrschenden Moral als »gut« und »pflichtgemäß« erscheint.
Und daß dies so ist, das ist nicht ein vermeidbarer, sondern — um einen Terminius Kants zu gebrauchen — ein
»notwendiger Schein«. Und da nun alles, was nur überhaupt »moralische Regel« sein kann — auch bei voll-
kommenster Kodifikation und streng logischer Aufstel-
lung dieser Regeln — immer schon die positive dingliche
Güterwelt der »Zeit« voraussetzt, die doch selbst schon
durch das System des herrschenden Wertniveaus in ihrer
Beschaffenheit mitdeterminiert ist — so muß er das »Sittengesetz« oder alles, was nur im Sittlichen »gebieten-
des Gesetz« sein kann, verletzen. Er muß, — faktisch
schuldlos — auch vor dem gerechtesten Richter noch —
von Gott allein abgesehen —, notwendig als »schuldig«
erscheinen. Es liegt nicht in einer Irregularität, sondern
im Wesen aller sittlichen »Entwicklung«, daß dies so
sei. Hier meine ich den Kern jener notwendigen und
»schuldlosen Schuld« zu gewahren, den man bisher nur
mit einem Gefühl für das Rechte in dieser paradoxen
Form ausgedrückt hat. Das Wesentliche ist hier die Notwendigkeit der Täuschung, in die der gerechteste Moralist noch angesichts des »tragischen Helden« verfallen
muß. Obgleich der tragische Held sittlicher Erkenntnis[1]
evident seinem Wesen nach das Gegenteil des Verbrechers
ist, kann er seinem Zeitalter vom Verbrecher ununter-
scheidbar werden. Erst in dem Maße als seine neuerleb-
ten Werte sich durchsetzen und zur geltenden »Moral«
werden, mag er — in historischer Rückschau — als sitt-

---

[1] Nur von ihm, nicht vom tragischen Helden überhaupt ist hier die Rede.

licher Heros erkannt und anerkannt werden. Darum gibt es, streng genommen, keine gegenwärtigen Tragödien, sondern nur vergangene. Der tragische Mensch geht innerhalb seiner ›Gegenwart‹ notwendig still und lautlos seinen Gang. Er schleicht unerkannt durch die Menge; wenn er nicht gar in ihr als Verbrecher gilt. Das Fehlen einer Instanz, die Genius und Verbrecher scheidet, ist hier kein zufälliges, sondern ein notwendiges Fehlen. Hier, in diesem tragischen Geschick des sittlichen Genius erfassen wir vielleicht auf eine einzige Art und Weise den Nerv der Geschichtlichkeit, der völligen Unvoraussehbarkeit der sittlichen Menschheitsentfaltung: Und zwar in dem absolut chancenlosen ›Wagnis‹ und der damit verknüpften absoluten Einsamkeit des sittlichen Genius: Ein Moment von dem Typus des Tragischen, wie ihn Jesus in Gethsemane erlebt haben mag, enthält in einziger Weise diese Einsamkeit. Hier erscheint gleichsam das Gesamtschicksal der Welt wie komprimiert im Erleben eines Menschen, als stünde er in diesem Momente allein und doch in der ›Mitte‹, im Zentrum aller Kräfte, die das Universum bewegen. Er erlebt, wie sich ganze Epochen der Geschichte in ihm entscheinen, ohne daß ein Anderer darum weiß; wie Alles in seiner Hand als des ›Einen‹ liegt. Und noch eines wird hierdurch vielleicht verständlich: Der tragische Held dieses Typus verschuldet nicht seine Schuld, sondern er ›verfällt‹ ihr: diese mit Recht gebrauchte Redeweise gibt ein sehr charakteristisches Moment der ›tragischen Schuld‹ wieder. Eben dies, daß die ›Schuld‹ zu ihm komme und nicht er zur Schuld!

›Ihr führt ins Leben ihn hinein   .‹

Dieses ›Verfallen‹ in Schuld bedeutet durchaus nicht,

daß der tragische Held von einer so unmäßigen Leidenschaft oder einem Drängen und Treiben in eine Richtung hinein bewegt werde, daß dieses Drängen die zentrale Stelle seines Ich gewönne und sein Wollen dadurch in diese Richtung genötigt werde. Dies ist auch der Fall bei der gewöhnlichen moralischen Schuld — wenigstens in irgendeinem Maße: Und Quantitäten können hier nichts entscheiden. Auch bei stärkstem Drängen ist das Wollen, das dieser Richtung »folgt«, noch ein neuer, nicht durch dies Drängen allein bedingter Actus! Die tragische Schuld, in die der Held »verfällt«, ist vielmehr dadurch charakterisiert, daß ihm aus den Inhalten des Spielraumes seiner möglichen Wahl überall ein »schuldhaftes« Tun oder Unterlassen entgegendunkelt, und er so irgend einer Art von Schuld unentrinnbar wird und ihr auch bei der Wahl des relativ »besten« Inhalts notwendig verfällt.

Die moralische oder die »verschuldete Schuld« ist gegründet im Wahlakt; die tragische oder unverschuldete Schuld schon in der Wahlsphäre! Der Akt der Wahl ist seitens des tragischen Helden eben darum frei von Schuld — gerade umgekehrt also wie bei der moralischen Schuld, in der die Wahlsphäre auch objektiv schuldfreie Möglichkeiten enthält und die Schuld dem Akte allein anhaftet. Dagegen »wird« der tragische Held »schuldig« in schuldlosem Tun.

Es ergibt sich aus dem Gesagten, wie absurd die Schulmeistertheorie ist, in den Tragödien eine moralische Verschuldung zu suchen und den Tragiker anstatt zum ehrfürchtigen Darbieter eines tragischen Phänomens zum sittlichen Richter über seine Helden zu machen, der sie bestraft, indem er sie zugrunde gehen läßt. Nur eine völlige Blindheit für das tragische Phänomen überhaupt konnte

diese albernste aller Theorien aushecken. Aber auch darin
würde man in die Irre gehen, wenn man den richtigen
Begriff der tragischen Schuld soweit ausdehnen wollte,
als das tragische Phänomen überhaupt. Da nach den früheren Ausführungen das Tragische durchaus kein spezifisch
Menschliches oder auf Willenstat Beschränktes ist, sondern ein universales Phänomen, so erübrigt sich diese
Meinung schon darum von selbst. Dazu aber sei bemerkt:
— wo eine »tragische Schuld« faktisch vorliegt — ist
nicht die Tat des Helden, an der er Schuld trüge, oder
was sich an »Katastrophe« daran knüpft, z. B. sein Untergang, der Träger des tragischen Phänomens, sondern das
»Verfallen in Schuld« selbst, die Tatsache also, daß
der Willens-Reine in Schuld verfällt, — das ist hier der
Träger und der Kern der Tragik selbst. So ist tragisch
für Othello, daß er in die Schuld verfällt, die Geliebteste
töten zu müssen, und für Desdemona, vom Geliebten, der
sie liebt, schuldlos getötet zu werden. Der Tod Othellos
ist nach seinen eigenen Worten: »Denn wie ich fühl' ist
Tod Glückseligkeit«, nicht Strafe für seine Tat, die als
»Strafe« doch ein gefühltes Übel enthalten müßte, sondern gerade Erlösung. Die tragische Schuld ist also nicht
Bedingung des tragischen Phänomens — was ja auch ein
circulus in demonstrando wäre, wenn die Schuld nicht
irgendwelche »Schuld«, sondern eben — »tragische«
Schuld sein müßte — sondern sie ist eine Art des Tragischen selbst, und da es sich hier um sittliche Werte, also
eine Art der absoluten Werte handelt, sozusagen der
Kulminationspunkt des Tragischen. Nicht der Tod
oder ein anderes Übel, sondern sein »Verfallen in Schuld«
macht das tragische Geschick des Helden aus.

ZUR IDEE DES MENSCHEN.

IN einem gewissen Verstande lassen sich, alle zentralen
Probleme der Philosophie auf die Frage zurückzuführ-
ren, was der Mensch sei und welche metaphysische Stelle
und Lage er innerhalb des Ganzen des Seins, der Welt
und Gott einnehme. Nicht mit Unrecht pflegten eine Reihe
älterer Denker die »Stellung des Menschen im All« zum
Ausgangspunkt aller philosophischen Fragestellung zu
machen; d. h. eine Orientierung über den metaphysischen
Ort des Wesens »Mensch« und seiner Existenz. Blaise
Pascals »Pensées« orientieren alle Probleme der Philosophie immer wieder auf diesen Punkt zurück. N. Malebranche beginnt seine »Recherches de la verité« mit
solcher metaphysischen Ortsbestimmung. Ist der Mensch
ein Emporkömmling der untermenschlichen Natur? Ist er
ein »depossedierter König«, — ein Bild, in dem Pascal
seine ganze Lehre komprimiert? Ist er zu sich selbst em-
porgestiegen? Ist er zu sich selbst herabgefallen? Bedürfen wir der Idee Gottes, um seine Einheit zu konstituieren und ihn von allem anderen Sein abzugrenzen? Oder

ist diese Idee selbst nur ein Gleichnis und Gemächte des
Menschen? So ungefähr lauteten die Fragen, welche sich
jene Denker stellten.

Vielleicht gibt es Leute, welche schon Fragen solcher
Art als ›veraltet‹, als mit unserem gegenwärtigen intel-
lektualen Status unvereinbar empfinden. Sie mögen es
sein, wenn man das bildlich-mythische Gewand, in das sie
hier und dort eingekleidet waren, für die Sache nimmt.
Sie sind es nicht, wenn man hinter dies Gewand dringt.
Die gesamte Philosophie der Gegenwart ist geradezu
durchtränkt vom Sachgehalt dieser Frage. Der Streit
zwischen dem Psychologismus und Anthropologismus mit
der kritischen Transzendentalphilosophie einerseits, der
Phänomenologie andererseits kehrt immer wieder zurück
auf die Frage, ob und wie weit die logischen, ethischen
und ästhethischen Grundgesetze und Grundrechte ›abhängig‹ oder ›unabhängig‹ von der Organisation der
menschlichen Natur ihre Wahrheit und ihre Geltung besitzen. E. Husserls I. Band ›Logische Untersuchungen‹
wendet sich mit siegreicher Argumentation gegen den
›Anthropologismus‹ der bisherigen Logik, nach dem die
logischen Gesetze nur Funktionsgesetze ›unseres menschlichen Denkens‹ ausdrücken sollen anstatt ideale Wesens-
gesetze, die völlig unabhängig von Existenz und Organisation der Gattung homo im Wesen des ›Gegenstandes‹
als solchen gründen. Durch den Verfasser wurde in streng
wissenschaftlicher Form der gleiche anthropologistische
Irrtum in einem großen Teile der bisherigen Ethik nachgewiesen[1]. Beide Nachweise sollen in folgenden loser ge-

---

[1] Siehe des Verf. »Der Formalismus in der Ethik und die materiale Wertethik«, I und II. Halle, Niemeyer 1913, 1914.

haltenen Ausführungen unsere Voraussetzung und Stütze sein.

Abweichend von diesem angedeuteten Probleminbegriff ist ein anderer, der wieder auf die Idee des »Menschen«, ihren Inhalt und ihre Art der Einheit zurückführt. Er entspringt an der Grenze von Geschichte und Naturgeschichte.

Es ist im Verlaufe des letzten Jahrhunderts die Vorstellung beliebt geworden, daß zwischen der »Geschichte«, die auf dem Erkenntnisprinzip von Quellen, Dokumenten, Denkmälern — allgemein gesagt auf dem Prinzip des verstehenden Erkennens durch die Vermittlung sinnvoller Zeichen — beruht und der sog. »Naturgeschichte«, die aus gegenwärtig wahrnehmbaren Tatsachen und Vorgängen im Raum auf Grund von »Naturgesetzen« frühere Zustände der Natur (auch des Menschen) konstruiert, indem sie diese Zustände als hypothetische Ursachen jener gegenwärtig wahrnehmbaren Tatbestände erschließt, eine strenge Kontinuität, bzw. nur ein Gradunterschied bezüglich der hypothetischen Faktoren der Erkenntnis bestehe. Es ist nicht dieses Orts zu zeigen, welche Kette von Irrtümern und Fehlschlüssen zu dieser Meinung geführt hat[1]. Schon Felix Gottl hat in seiner tiefgründigen Arbeit »Die Grenzen der Geschichte« einiges Wesentliche zur Beseitigung des Vorurteils getan. Faktisch führt kein noch so enger Steg und Weg vom »homo naturalis« und seiner hypothetisch konstruierten Vorgeschichte zum »Menschen« der Geschichte, den wir

---

[1] Ich habe seit Jahren diese Irrtümer in meinen Vorlesungen über Geschichtsphilosophie aufgewiesen und gedenke sie in einer, im kommenden Jahre erscheinenden Arbeit über diesen Gegenstand einer Kritik zu unterziehen.

auf Grund von Sinn- und Verständnisgesetzen zu verstehen vermögen und in dessen Vergangenheit wir durch
Quelle, Denkmal und Dokument unabhängig von aller
Art von »Kausalschlüssen« direkt hineinzuschauen vermögen. Eben darum ist jedes Problem, das sich innerhalb
der Grenze des sogen. Übergangs des »Menschen vom
Naturzustand zum Kulturzustand« bewegt — um eine
alte Formel zu nennen — also auch Fragen wie die sogen.
Entstehung »des« Staates, »der« Sprache, »des« Rechtes usw. irrig und falsch gestellt, sofern ihm eine historische
Ausdeutung gegeben wird. Alle diese Fragen sind meta-
physischer und nicht »historischer Observanz. Jegliche
der vielen Lehren von einem »Naturzustande des Menschen«, welche die Geschichte kennt, war nie etwas anderes als ein willkürliches Bild, das der Politik der Interessen der jeweilig Gegenwärtigen entsprang, das nichts
»erklärt«, wohl aber selbst historisch und psychologisch
zu erklären ist[1].

Ein dritter Fragenkreis endlich ersteht auf Grund der
biologischen Entwickelungslehre, insofern sie den »Menschen« als Gegenstand der Naturwissenschaft in die Evolution der Arten hineinstellt. Die Einheit von Sachmerk-
malen, die ein Recht gibt, von dem »Menschen« als zoo-
logischer Spezies zu reden, ist mit der ideellen Einheit, als
die der »Mensch« in den Geisteswissenschaften und in der
Philosophie figuriert, eingehend zu vergleichen.

Nur ein paar Bemerkungen zu diesen drei Fragen, die
in einer strengeren Form der Behandlung und in einer sy-

---

[1] Das gilt von allen »Urstandslehren« der Theologie nicht ein bißchen
mehr als von den Lehren des Thomas Hobbes, des Rousseau, des Darwin
und Spencer etc.

stematischeren Form genauer zu trennen wären, soll der nachfolgende Aufsatz bieten.

1. Einheit des Menschen.

Die Religionen und Philosopheme haben sich bisher mehr damit gemüht, zu sagen, auf welche Weise der Mensch und woraus er entsprang, als zu sagen, was er ist. Sie pflegten nur selten das Ding zu definieren, für dessen Ursprung sie so viele teils wunderbar schöne, teils wundersam alberne Märchen ersannen. Einige Jahrtausende lang mußte man darauf bedacht sein, den Menschen von Gott zu unterscheiden und von all den Zwischendingen, die man zwischen ihn und die Götter gestellt hatte, z. B. von dem Engel, dem Heros, dem Dämon, dem Schatten, dem Gespenst; man mußte sein Eigendasein noch ›retten‹ und darauf sehen, daß er nicht automatisch in irgend einen Himmel hineinfliege. Nur irgend ein weit zurückliegender Desakkord, noch fühlbar dem geistigen Ohre in jener Vergangenheitsferne, ein ›Fall‹, eine ›Sünde‹ konnte — nach diesem Gesichtswinkel des geistigen Auges — das Dasein des Menschen und seines sonderbaren Zustandes erklären. — In der neuesten Zeit kehrte sich das onus probandi sogar für die religiösen Menschen um: der Mensch scheint in die Tierheit, in die untere Natur zu verfließen, und es gilt gerade noch einen Unterschied zu finden, der ihn ›rettet‹, ganz in sie zu versinken.

Die Tatsache ist nicht ohne Merkwürdigkeit: denn der Mensch ›schritt‹ doch gleichzeitig so weit ›fort‹ — und auch der Skeptiker der Fortschrittsidee muß zugeben, daß er sich in den Zeiten, da er sich einen Gott wähnte, erheblich tiefer seiner Tierheit bewußt war, als in den

Zeiten, da er sich mutwillig lächelnd ein Tier nannte. Der
Mensch ist ein so breites, buntes, mannigfaltiges Ding,
daß die Definitionen alle ein wenig zu kurz geraten. Er
hat zu viele Enden! Kein Wunder, daß auch die berühm-
testen Definitionen alle ein wenig merkwürdig aussehen.
In Westeuropa hat die griechisch-klassische Definition, er
sei »homo sapiens«, oder ein »Vernunftwesen«, ein paar
Jahrhunderte den Sieg errungen. In der Form des Aristoteles, der den Menschen in genere ein apartes Vermögen, eine »anima rationalis« zur bloßen Anschauung der
Welt (θεωρία) zubilligte, ging diese Definition später auch
in die Kirchenlehre ein, wenn man auch diese »Vernunft«
— um Gnade, Erlösung und den ganzen Heilsapparat zu
rechtfertigen — durch den Sündenfall als mehr oder weniger geschwächt annehmen mußte. Das Wesen des Menschen blieb der christlichen Philosophie »anima rationalis«. Erst Luther, der sich dem Verfließen des Christlichen
in jenes Griechische, das ihm als die Verheidung der Renaissance erschien, entgegenstemmte und den »natürlichen
Menschen« als völlig »korrumpiert« und verdorben darstellt, definiert ihn ausdrücklich als »caro«. (Fleisch) —.
Soll nun das »Vernunftwesen« nicht eine bloß beiläufige
Bestimmung des Menschen als einer zuvor schon vage
gedachten Einheit sein, sondern eine umkehrbare und konstitutive Definition, so enthält sie nicht nur eine Schwierigkeit. Der Mensch wird von den übrigen endlichen Vernunftwesen — wie z. B. den Engeln — schwer unter-
scheidbar und man muß auch, wie schon John Locke den
Leibniz frug, fragen, ob denn wohl ein Papagei, der anfinge,
die Figur des pythagoreischen Lehrsatzes mit dem Schna-
bel in den Sand zu zeichnen, ein »Mensch« heißen dürfte.

Nun ist die Frage Lockes nicht gar so verfänglich, als sich Locke einbildete: Würde mein Hund auch nur sich hinter einer Wand verstecken und zuweilen hervorgucken so, daß ich sähe, er wolle nicht gesehen sein, und beobachtete er mich beim Frühstück — ich wenigstens würde dann jede Wette eingehen, er sei ein verzauberter Mensch. Nehmen nicht selbst tote Dinge zuweilen etwas von Menschengesichtern an, wenn sie sich irgendwie gar zu tendenziös zu benehmen scheinen oder den Anschein eines sinnvollen Ausdrucks gewinnen? Eine Hutschachtel, die immer da wäre, wenn ich sie brauche, oder gerade dann immer nicht da — auch sie würde ich geneigt sein, für einen verzauberten Menschen zu halten. Der Engeleinwand ist schon erheblich stärker.

Erst seit kurzer Zeit geht man dieser Definition allgemeiner zu Leibe und will eine bessere aufstellen. Schon bei den Griechen stritten zwei Philosophen (Aristoteles[1] und Anaxagoras) darüber, ob der Mensch Hände habe, weil er vernünftig sei, oder ob er Vernunft besitze, weil er Hände habe. Man sieht: der Streit über »Rationalismus« und »Pragmatismus« ist nicht ganz so neu, wie er scheint. Henri Bergson sagt, der Mensch sei weniger »homo sapiens« als »homo faber«, ein Wesen, das arbeitet und Werkzeuge verfertigt, und seine »Vernunft« und »Logik« habe ich erst unter der Übung dieser seiner Beschäftigungen gebildet; sie sei also »Arbeitsniederschlag«. Aber Bergson meint diese Definition nicht so wie die älteren Positivisten, die in Sprache und Werkzeug — die

---

[1] Siehe Aristoteles de part. animae; »Ἀναξαγόρας μὲν οὖν φησι διὰ τὸ χεῖρας ἔχειν φρονιμώτατον εἶναι τῶν ξῴων ἄνθρωπον. εὔλογον δὲ διὰ τὸ φρονιμώτατον εἶναι χεῖρας λαμβάνειν. αἱ μὲν γὰρ χεῖρες ὄργανον εἰσιν, ἡ δὲ φύσις ἀεὶ διανέμει καθάπερ ἄνθρωπος φρόνιμος ἕκαστον τῷ δυναμένῳ χρῆσθαι.«

sie sich kontinuierlich aus ihren okkasionellen Vorformen bei den höheren Affenarten herausgebildet denken — das Hauptabzeichen des Menschen sahen. Hinter der ›Vernunft‹ und der Logik steht für ihn noch ein geistiges pures Bewußtsein, das im Menschen einer bestimmten Stufe, vom Dienste an die Lebensbedürfnisse frei werdend, die Welt selbst durch ›Intuition‹ zu fassen vermag und den Menschen eben damit in der Richtung eines ›Übermenschen‹ entwickelt[1]. Der Mensch als das ›Arbeitstier‹, das ›Werkzeugtier‹, das ›Zeichentier‹ — wie komprimiert malt sich in diesen Definitionen der Geist einer Zeit, die das Wesen eines Dinges durch seine ›Leistung‹ bestimmbar vermeint! — ist also für Bergson nur Mensch zweiter Klasse!

Das höchste Maß von Naivetät besitzen nicht diejenigen, die — wie Bergson — diese Definition vom ›homo faber‹ annehmen, um den Menschen gegen seine antikstolze Selbstauffassung als ›Vernunftwesen‹ zu erniedrigen und ihm zu zeigen, daß er erst aus der Idee und dem Lichte Gottes heraus etwas Bestimmtes wird und das tierisches Sein übersteigt — sondern jene Positivisten und Pragmatisten, die diese Definitionen anwenden und vermeinen, ihm dadurch gerade so etwas wie eine neue ›Würde‹, die ›Würde der Arbeit‹, zu geben. Denn wer sähe nicht, daß ein Wesen, das künstliche Werkzeuge bilden muß, lediglich um seine Art zu erhalten, erheblich lächerlich wirkt? Die Positivisten meinen in Sprache und Werkzeug die Tatsachensphären sehen zu dürfen, in denen sich kontinuierliche Übergänge zwischen Tier und Mensch am ersten finden lassen. Aber prüft man ihre Aufstellungen

---

[1] Siehe hierzu: H. Bergson, L'évolution créatrice.

genau, so wird man finden, daß sie das Wesen des Wortes ebenso verkennen wie das des Werkzeugs.

Ausdrucksäußerungen und Signalements irgendwelcher Art (Lockrufe, die mannigfachen Signale zu Angriff oder Flucht usw., welche z. B. das Leittier der Herde gibt) finden sich auch bei den Tieren. Könnte man nicht — meinen sie darum — Wort und Sprache nur als etwas verwickelte Fortbildungen dieser beiden Arten von gegenseitiger Beeinflussung begreifen?

Aber zwischen Ausdruck und Sprache zeigt der phänomenologische Befund eine absolute Kluft. Ein Schmerzensschrei, ein »Au!«, eine Gebärde derselben Ordnung »geben einem Erlebnis Ausdruck«; d. h. sie setzen sich — ohne das Zwischenglied eines Willensaktes — in irgendwelche Bewegungen so um, daß neben dem faktischen Kausalzusammenhang zwischen Erlebnis und Bewegung (der dem Subjekt der Ausdrucksbewegung ganz unbekannt sein kann und auf keinen Fall erlebt wird), sowohl für den, der etwas »ausdrückte«, als den, der etwas »als« Ausdruck wahrnimmt, ein symbolischer Zusammenhang zwischen Erleben und Ausdrücken bestehen bleibt. Schon die Gegebenheit eines Ton-, Klang- oder Geräuschkomplexes als »Laut« — und sei es nur »ein Laut« da draußen im Gange, »ein Laut« im Walde, fordert, daß ich in diesem Komplexe Etwas über den sinnlichen Gehalt hinaus »wahrnehme«, das sich in ihm »äußert«, das sich in ihm »verlautbart«. Ein »Laut« ist also schon etwas ganz anderes als ein Ton, Klang, Geräusch oder eine bloße sog. Assoziation eines solchen Komplexes mit einem vorgestellten Gegenstand. Aber der »Laut« verharrt noch in der Sphäre bloßen Ausdrucks.

Eine Welt aber trennt auch das primitivste Wort vom Ausdruck. Das völlig Neue, das im Worte erscheint, ist die Tatsache, daß es nicht wie der Ausdruck bloß auf ein Erlebnis zurückverweist, sondern an erster Stelle — also in seiner Primärfunktion — hinausverweist auf einen Gegenstand in der Welt. Das Wort ›meint‹ etwas, was weder mit seinem Lautleib, noch mit seinem Gefühls-, Gedanken- oder Vorstellungserlebnis (daß es außerdem noch ausdrücken mag), irgend etwas zu tun hat. Und es ist nur ein ganz spezieller Fall, wenn sein Meinungsgegenstand zufällig ein inneres Erlebnis ist, das es zugleich ausdrückt und (bei irgend einer Art möglichen Wahrgenommenwerdens durch Andere) ›kundgibt‹; wie z. B. die Worte ›ich habe Schmerz‹. Au! und ›ich habe Schmerz‹ sind nicht ›graduell‹ verschieden, sondern durch eine Welt voneinander geschieden. Die Tatsachen: ›Angesichts eines Gegenstandes, des Himmels, des Frühlingsfeldes, des Feindes ein durch diesen Gegenstand angeregtes Erlebnis, sei es Vorstellung, Gefühl, Gedanke, bloß ausdrücken‹ und diesen Gegenstand im Worte ›meinen‹ ja selbst nur ihn ›nennen‹, sind so absolut verschieden. Auch die ›Namen‹ — und wären es nur augenblickliche, okkasionelle Namen wie z. B. die Kosenamen — sind eine Art von Worten. Es ist ein Grundirrtum aller Art von sog. ›Nominalismus‹, mit Umkehrung dieses Tatbestandes die Worte als eine Art von Namen anzusehen oder als sekundär entstandene Ersparnismittel für Namen, die ›Namen‹ selbst aber wieder den bloßen ›Zeichen‹ unterzuordnen. Auf diese Weise entsteht freilich der Anschein, man könne auch das Wort schließlich dem weiteren Begriff des ›Zeichens‹, und die Sprache dem Begriff eines »Zeichensystems« unterordnen. Aber »mit« Worten etwas bezeichnen, — was möglich ist und wodurch das Wort Namenfunktion erhält, — das ist etwas ganz anderes als sagen: das Wort s e i selbst nur eine Art von Zeichen, Sprechen eine Art von Bezeichnen. Wozu wir Worte »gebrauchen«, »anwenden» oder wie in einer Gruppe ein Wort »gebraucht«, »angewandt« wird, — der sog. »Sprachgebrauch«, das Alles hat mit seinem Wesen nichts zu tun. Es selbst »meint«, »bedeutet«. Etwas »hat« seinen Sinn, das — wie vag immer er beschlagen sei — seine mögliche Anwendung, seinen Gebrauch vorschreibt, oder die Sphäre seiner möglichen Anwendung umgrenzt. Darum besteht auch zwischen dem Bedeutungswandel eines Wortes und dem bloßen Wechsel des Wort- und Sprachgehrauchs ein wesenmäßiger Unterschied.

Auch wenn der Herde oder einem Mitglied derselben eine, bei gleichen oder ähnlichen Gelegenheiten wiederholte Ausdrucksbewegung z. B. des Leittiers als »Zeichen« für »Gefahr« dient, erhält jene Bewegung, — so kompliziert immer der Prozeß verlaufe, — niemals den Charakter eines Wortes. Die Ausdrucksbewegung kann nichts als den Gefühlszustand, den sie ausdrückt, über das Ganze der Herde durch psychische Ansteckung verbreiten[1]. Von echter »Mitteilung« oder davon, daß der

[1] Denken wir also ein System solcher Ausdrucksbewegungen und Signalements, wie wir Spuren davon bei höheren Tieren finden, genau so reich und fein differenziert, wie das Meinen des echten »Wortes« in unserer deutschen Sprache differenziert ist, so daß sich für eine ungeheure Anzahl von Gegenständen und deren Verknüpfungen besonders geartete Ausdrucksbewegungen vorfänden, so hätte gleichwohl ein Wesen, das sich in diesem System betätigte, noch k e i n e S p u r v o n S p r a c h e. Umgekehrt sagt W. v. Humboldt treffend, ist sobald der Ausdruck der e i n f a c h s t e n Ideen

Ausdruck auf die gefahrvollen Umstände hindeutet und
eben diese Hindeutung »verstanden« würde, ist keine
Rede. Was heißt denn, ein Wort »verstehen«? Sagt jemand, nach dem Fenster hindeutend: »Die Sonne!« oder
»draußen ist schönes Wetter«, so heißt »verstehen« dies
und nur dies, daß der Angeredete, der Meinungsintention
des Redenden und seiner Rede folgend, den Sachverhalt »Scheinen der Sonne« oder »daß es draußen schönes Wetter ist« miterfaßt. Es heißt also weder, daß er
einfach miturteilt »Es ist schönes Wetter« noch gar —
wie viele Psychologen substruieren —, der Angeredete
fasse auf oder doch »zunächst« auf, der Redende »urteile«
nur, es sei schönes Wetter, es vollziehe sich in ihm der
Urteilsvorgang, der seinen Worten entspricht; so also,
wie in einem Seufzer mitgegeben ist, der Seufzende leide.
»Miturteilen« wird nur der, der durch ein Urteil angesteckt ist oder dem es suggeriert wird. Eben dieser Fall
aber schließt »Verstehen« der Worte völlig aus. Eine
Auffassung aber des Tatbestandes, der Andere urteile
so, »sage« dies oder jenes, liegt gänzlich außerhalb des
normalen »Verstehens«. Nur im Falle, da der andere mir
mitteilt, nicht es »sei schönes Wetter«, sondern »ich urteile jetzt, daß es schönes Wetter ist«, wird der Angeredete diesen, dann psychischen, Sachverhalt auffassen.
Dies ist dann nur ein Spezialfall unserer Regel. Nur da,
wo wir ausdrücklich auf Verstehen eines Anderen aus
irgend einem Grunde verzichten, z. B. weil wir meinen,
es mit einem Wahnsinnigen zu tun zu haben, richtet sich

---

verbindung (in Worten) mit Klarheit und Bestimmtheit gelungen ist, auch
der Wortfülle nach, ein Ganzes der Sprache vorhanden. (Siehe »Über
das vergleichende Sprachstudium«, 4.)

unser Geist nicht ohne weiteres auf den geurteilten Sachverhalt mit, sondern auf die ganz andere Tatsache: »Jetzt urteilt dieser Mensch so; jetzt sagt er wieder dieses«. Erst jetzt ist er uns ein »psychischer Organismus«, der auf gewisse Reizungen und Ereignisse seiner Umwelt mit gewissen Gedanken und Gefühlsausdruck reagiert. Anstelle des mitgemeinten »Sachverhaltes« tritt jetzt der »Umweltreiz«; anstelle der »Person«, die »verstanden« wird, der »psychische Organismus«, der »reagiert« und »ausdrückt«. Von einer »Person«, mit der ich mich »verständige«, ist der Redende jetzt zu einem »Objekt« geworden, dessen Verhalten ich »erkläre« und für das ich einerseits »Ursachen« suche, andererseits es als »Zeichen« für seine wechselnden psychischen Zustände auffasse. Darin liegt eine ganze Welt des Unterschiedes.

Aber noch eins scheidet Wort und Zeichenverständnis wie Tag und Nacht. Alle Zeichen leben kraft unserer Setzung und Konvention, die beide schon Verständigung in Worten oder äquivalenten Verständigungsformen voraussetzen. Nicht so das Wort. Das Wort gibt sich uns als die Erfüllung eines Verlangens des Gegenstandes selbst. Wir suchen das »rechte«, das für ihn — im Aspekt, den er uns jeweilig zukehrt — paßt. Und während bei allen natürlichen und künstlichen Signalements, z. B. jene der Eisenbahn, der Schiffahrt. die Auffassung des Signals »als« Signal »für etwas«, irgendwelche, wenn auch noch so vage und — bei geübtem Zeichenverständnis — von der Zeichenfunktion fast aufgezehrte, besondere geistige Fassung des sinnlichen Bestandes voraussetzt, dessen Erscheinung — konventionell — als »Zeichen« dient, ist im Sprechen und Wortverständnis dem Bewußt-

sein nichts von einer noch so leisen Scheidung von akustischem Material und Sinn gegeben. Das Wort gibt sich
im Verstehen als ein einfaches, nicht zusammengesetztes
Ganzes, als ein Ganzes, an dem erst die etwa darauffolgende
Analyse (des Philologen oder des Psychologen, jedenfalls aber ein Akt der Reflexion) die lautliche und die
sinnhafte Seite unterscheidet (den ›Wortleib‹ und den
›Wort-sinn‹). Erst wo das Verstehen aus irgendwelchen
Gründen gehemmt ist (z. B. beim Vorkommen eines uns
fremdartig anmutenden Wortes oder bei Anhören von
Worten einer uns nicht bekannten Sprache) schiebt sich
die lautliche Einheit im Verstehen vor die Sinneinheit,
die das Wort darstellt.

Es ist daher ganz ausgeschlossen, das ›Wort‹ und die
Sprache aus Sinnlichkeit und Verstand irgendwie zusammengesetzt zu denken. Eben der charakteristische Er-
lebnisübergang von Laut zu Sinn, die dabei nur als An-
fangs- und Endpunkt einer intentionalen Bewegung des
Geistes fungieren, macht Kern und Wesen des Wortes
aus. Nur aus diesem Grunde kann ein Wort ebenso seine
lautliche Materie als seine Bedeutung im Laufe einer historischen Entwicklungsreihe abändern (Lautverschiebung
und Bedeutungsverschiebung), ohne darum doch seine
Identität als ›dieses Wort‹ zu verlieren. Das Identische
ist eben jener erlebte Übergang von Laut zu Sinn, der
ja das Wesen des Wortes ausmacht. Das bekannte J. G.
Herdersche und Hamannsche Argument gegen J. Kants
Dualismus von ›Verstand und Sinnlichkeit‹, daß unter
Voraussetzung also ursprünglich geschiedener Erkennt-
niskräfte die Sprache unbegreiflich würde, hat in dieser
Grundtatsache ihren vollberechtigten Kern.

Aus demselben Grunde ist es auch völlig verfehlt, die Sprachfähigkeit des Menschen daraus begreifen zu wollen, daß der Mensch im Gegensatz zum Tiere den ›artikulierten Laut‹ besitze; oder gar diese Fähigkeit, Laute zu artikulieren, wieder auf irgend welche anatomische und physiologische Eigenschaften seiner Sprachwerkzeuge zuzuführen. Was man den ›artikulierten Laut‹ nennt, das ist vielmehr eine bloße Folge der Sinngliederung, in der der Mensch die Gegebenheiten der Außen- und Innenwelt auffaßt. Nur dadurch wird es verständlich, daß wir da, wo wir eine gehörte fremde Sprache nicht verstehen, auch die akustischen Eindrücke selbst, die uns dabei werden, nicht in Wort- und Satzeinheiten zu gliedern vermögen, sondern sie nur als einen fortrasselnden, ungegliederten Geräuschstrom auffassen. Die sog. ›Artikulationseinheiten‹ des akustischen Materials leben und sind also durchaus von Gnaden der Sinneinheiten, die wir ›verstehend‹ aus ihnen herauslesen[1].

Was daher die Einheit eines Wortes ausmacht, das ist weder sein akustisches Material noch sein Sinn. Daß es nicht sein jeweilig konkretes, akustisches Material ist, ist selbstverständlich. Ein und dasselbe Wort kann ja bald laut und leise, langsam und schnell, mit hoher und tiefer Stimme gesprochen werden, ohne dadurch aufzuhören, ein Wort zu sein. Aber auch die Anordnung des lautlichen Materials oder besser, das sich auf das akustische

---

[1] Völlig treffend urteilt schon W. v. Humbold: ›Auch läßt die Artikulation der Töne, der ungeheure Unterschied zwischen der Stummheit des Tieres und der menschlichen Rede sich nicht physisch erklären. Nur die Stärke des Selbstbewußtseins nötigt der körperlichen Natur die scharfe Teilung und Begrenzung der Laute ab, die wir Artikulation nennen.‹ (W. v. Humboldt: ›Über das vergleichende Sprachstudium‹.)

Material aufbauende Gestaltphänomen des Wortes gibt
ihm nicht seine Einheit. »Ton« (Masse) und »Ton« (Ge-
hörerscheinung), ist nicht dasselbe Wort[1]; geschweige
ist dieselbe akustische Gestalteinheit in verschiedenen
Sprachen ein und dasselbe »Wort«. Andererseits kann
ein Wort seine Bedeutung wechseln und kann dieselbe
Bedeutung durch verschiedene Worte (l'homme, Mensch)
gegeben sein. Beide Feststellungen zusammen scheinen
uns nun aber das Wesen der Worteinheit ganz aus den
Fingern gleiten zu lassen!

Diese Einheit ist eben auch gar nicht wiederzugewinnen,
wenn man von der falschen Voraussetzung ausgeht, das
Wort oder seine Einheit sei nur eine »assoziative« Verbindung von Lautkomplex, motorischem Komplex der bei
seiner Aussprache seitens des Sprechers erlebten sog.
Bewegungsempfindungen, optischem Schriftbild und einer
sog. »Bedeutungsvorstellung«. Faktisch können alle diese
Komponenten in verschiedenen Fällen wegfallen, ohne die
Worteinheit zu zerstören, und alle gesetzt sein, ohne das
Wort zu setzen. Grüben wir tiefer, als es hier unsere Absicht ist, so würde sich zeigen, daß selbst der Wort-leib
eine noch zur Selbstgegebenheit zu bringende, schema-
tische Gestalt in einem Auseinander überhaupt
ist, die sich als »dieselbe« nicht nur von Hause aus in
diesen verschiedenen sinnlichen Materialien (akustischen,
motorischen, optischen), sondern sogar von Hause aus
ebensowohl in einem als gleichzeitig gegebenen, gestal-
teten, räumlichen Schema (z. B. im Schriftbild) als in einem
als sukzessiv gegebenen zeitlich-rhythmischen Schema (z. B.

---

[1] Siehe hierzu das wenig Überzeugende in H. Paul's »Prinzipien der Sprach-
geschichte«.

in akustischem und motorischem Material) »bekleiden«, »materialisieren« und darstellen kann. Die Schrift (als Gedanken- und Bilderschrift, eine Fortsetzung und Fixierung der Zeigegeste einerseits, des primitivsten Zeichnens und bildhaften Gestaltens andererseits) ist wenigstens ihrem Wesen nach eine ebenso ursprüngliche Darstellung und Materialisierung des »Wortes« oder besser des »Wortleibes« wie die Sprache. Mag auch historisch im allgemeinen die Sprache der Schrift vorangegangen sein; nicht erst die Sprache oder der Besitz der Sprachfähigkeit macht das Wort, sondern das Wort, der Besitz des Wortes, macht allererst die S p r a c h e möglich. Die lautliche Verkörperung gehört also überhaupt nicht zum Wesen des Wortes. Sie ist nur sein natürlichstes, durch die besondere Organisation gerade der menschlichen Natur und durch die besondere Beweglichkeit dieses Materials seinem Wesen nächstliegendes »Kleid«[1].

Das Gesagte zeigt, daß Wesen und Besitz des Wortes bei allen Fragen der sog. Entstehung von Sprache und Schrift bereits v o r a u s g e s e t z t ist. Dies vergessen jene Positivisten und Pragmatisten, die das Wort aus der Sprache oder der Sprachfähigkeit erst herleiten wollen, und die dann versuchen, die Sprache selbst aus fixierten und automatisch, bei gleichen Gelegenheiten wiederkehrenden »Ausdrucksäußerungen« und »Signalements«, wie sie bereits die höchsten Tiere besitzen, herzuleiten. Durch keinen noch so fein gesponnenen »Übergang« kann aus »Sprechen« das Wort, kann aus jenen Gepflogenheiten Sprache, d. h. im strengsten Sinne schon Äußerung in Worten, wer-

---

[1] Die Wichtigkeit dieser Feststellung zur Fixierung des Begriffs »Wort Gottes« sei hier nur angedeutet.

19

den[1]. Nur Worte lassen sich sprechen. Am Anfang der Sprache war das Wort! Das Tier ›spricht‹ darum nicht, weil es das Wort nicht besitzt. Nur der Anfang und Wechsel der Darstellung und Anwendung des Wortes hat eine mögliche positive ›Geschichte‹. Nicht das Wort selbst. Sagen wir daher: ›Das Wort (das den Menschen sprechen ließ) kommt von Gott‹, so ist dies freilich keinerlei ›wissenschaftlicher‹ Beitrag zum Problem der Entstehung der Sprache. Aber es ist die einzig sinnvolle Antwort auf eine — als historisch gemeinte — sinnlose Frage und eine Zurückverlegung eines Problems, das als ›historisches‹ ein Pseudoproblem ist, in dessen metaphysischen Rang. Das Wort ist Urphänomen. Es ist Sinn-Voraussetzung und daher zugleich Grundmittel auch aller Erkenntnis aller möglichen ›Geschichte‹, die als solche etwas total anderes ist als objektive Geschehensfolge in der Zeit: nämlich Bewußtseins- und Sinnkontinuität eines Ablaufs von Sein und Geschehen, der durch das Wort bereits wesenhaft konstituiert ist. Eben da das Wort alle ›Geschichte‹ konstituiert, hat es selbst keinerlei ›Geschichte‹. Und keinerlei ›Brücke‹ oder ›Übergang‹ führt von dieser Geschichte in die sog. Naturgeschichte. ›Der Mensch ist nur Mensch durch die Sprache; um aber die Sprache zu erfinden, mußte er schon Mensch sein‹ (W. v. Humboldt).

---

[1] Gegen die flachen Lehren einer allmählichen Sprachentstehung setzt Wilhelm von Humboldt die meisterlichen Sätze: ›Die Sprache muß meiner vollsten Überzeugung nach als unmittelbar in den Menschen gelegt angesehen werden . . . es hilft nicht, zu ihrer Erfindung Jahrtausende und abermals Jahrtausende einzuräumen. Damit der Mensch nur ein einziges Wort wahrhaft, nicht als bloßen sinnlichen Anstoß, sondern als artikulierten, einen Begriff bezeichnenden Laut versteht, muß schon die Sprache ganz und im Zusammenhang in ihm liegen.‹ (Siehe W. v. Humboldt ›Über das vergleichende Sprachstudium‹.)

Analoges gilt für das Werkzeug. Wir finden bei höheren Affenarten, beim Elefanten usw., daß sinnvolle und zweckmäßige Handhabung und Bewegung von Gegenständen zwischen Ziel und Tätigkeit auf mannigfaltigste Weise eingeschaltet werden. Der Affe wirft seinen ›Feind‹ mit Kieseln und Früchten. Aber nicht der Gebrauch einer Sache als Mittel für einen Zweck macht das Wesen und die Einheit eines ›Werkzeuges‹ aus. Gebrauche ich einen Schlüssel als Türklopfer, so bleibt der Schlüssel Schlüssel und wird nicht Türklopfer. Gebraucht man, um ›Übergänge‹ zu gewinnen, mit Romanes den Begriff eines ›okkasionellen Werkzeugs‹, so gebraucht man ein Wort ohne Sinn. Denn eben die feste Formeinheit einer Materie, die zugleich eine ihr selbst anhaftende Sinneinheit — hinausgehend über den Sinn aller momentanen Gebrauchszwecke — ist, scheidet das ›Werkzeug‹ von allem, was als bloßes Mittel ›gebraucht‹ wird. Sehen wir tiefer zu, so stellt sich uns das Werkzeug überall dar als ein sekundär in den Dienst von Zwecken gestelltes und für sie allmählich umgeformtes Sinngebilde, das sogar um so mehr das zweckfreie Wesen eines kleinen Kunstwerkes oder Schmuckgegenstandes besitzt, je weiter wir in die Richtung seiner ›Ursprünge‹ zurückgehen. Was das Werkzeug über ein okkasionelles Mittel zum Dienste an unsere Lebensbedürfnisse emporhebt, das ist also prinzipiell dieselbe geistige Kraft, die auch im Aufbau der eigentlich zweckfreien geistigen Kultur wirksam ist: Nur daß sie sich in der Werkzeugsbildung selbst frei in den Dienst der Bedürfnisbefriedigung stellt, in der Kulturbildung aber diese Ziele fortlassend völlig frei ihren eigenen Gehalt selbst darstellt und erwirkt. Eben darum gewinnt aber die Werk-

19*

zeugsbildung und alles, was zur ›Zivilisation‹ oder zur
vital gebundenen Geistestätigkeit als ihrem Aktkorrelat
gehört, selbst seinen letzten Sinn und Wert nur als ›Weg
zur Kultur‹ und der ihr entsprechenden freien Geistestätigkeit.

Andererseits aber ist nicht minder klar, daß das Werkzeug, vom vitalen Standpunkt aus gesehen, nicht, wie die
Positivisten meinen, eine positive Fortbildung des organschaffenden Lebens ist, sondern der Ausdruck und die
Folge eines vitalen Mangels.

Irgend ein Vermögen, solche Werkzeuge zu bilden,
d. h. ›Verstand‹, kann ja erst da entstehen, wo sich die
Kraft, Organe hervorzubringen, wo sich die vitale Ent-
faltungsfähigkeit prinzipiell erschöpft hat, und wo die
natürlichen Kräfte des Angriffs und der Niederwerfung
anderer Tiere oder der Formung der Umwelt durch Organe sich als so schwach erwiesen haben, daß nur mehr
der Weg der Überlistung übrig bleibt. Ein Tier, dessen
Organisation aber erstarrt und fixiert ist und in dem das
Leben — da es sein Milieu durch Organbildung nicht mehr
zu erweitern und zu formen vermag — sich schließlich an
das gegebene Milieu ›anpaßt‹; ein Tier, das ferner den
Mangel guter Zähne und Klauen usw. durch bloße Schläue
ersetzt: es dürfte sicher nicht als etwas ›Höheres‹ als die
übrige Lebewelt gelten. Es dürfte höchstens das ›erblich
kranke Tier‹ heißen, damit seine konstitutive Erkrankung
am ›Verstande‹ — der dann gewissermaßen die ›Geistes-
krankheit‹ katexochen wäre — für sein Dasein wenigstens
einen kleinen Milderungsgrund darstelle. Wer sähe es
nicht, daß: wenn Geist und Verstand nur kluge Vorsicht
(prudentia) = ›voir pour prevoir‹ wären, und wenn sie

nur in nützlichen Waffen »im Kampf ums Dasein« bestünden, es auch notwendig die schlechtesten, niedrigsten und gemeinsten aller dieser möglichen Waffen wären; also nur klägliche Surrogate für neue Organbildung; und nur da in ihrem Werden begreiflich, wo die Entfaltung des Lebens zu höherer Organisation stagniert? Innerhalb der menschlichen Art sind es ja auch stets die innerlich verängstigtsten und unterdrücktesten Rassen und Völker gewesen, die »Schlauheit«, »Klugheit«, »Vorsicht«, »Rechenhaftigkeit« der Lebensführung am stärksten entwickelten. Aber ist jener bewegliche »Verstand«, der im Unterschiede zu »Geist« einerseits, zu »Instinkt« andererseits, in den Beziehungen der Sachen, in dem »B durch A« sich ergeht, — dabei aber ebenso das Was und Wesen des B als das des A aus den Augen zu verlieren tendiert —, nicht im Großen der Ausdruck derselben Art von vitaler Kraftminderung, der bei diesen Rassentypen seine besonders hohe Steigerung folgt? Man versenke sich in die Natur des Instinktes, wie sie z. B. Jules Fabre in seinen »Entomologiques souvenirs« so präzis erforscht hat. Man wird finden: Instinkt ist der genau der Organisation und den Organtätigkeiten und ihrer festen Folgeordnung entsprechende und sie gleichsam durchdringende Geist. Er besteht aus lauter absolut »guten Einfällen«, die den typischen Situationen eines Lebenslaufes genau angemessen sind und die nur kommen, soweit und sofern man sie braucht und sofern sie sich unmittelbar in Tätigkeit umsetzen können; die darum nie mehr oder weniger enthalten, als das, was nötig ist, um die nächsten Schritte zur Leistung einer durch die Organisation gesetzten Aufgabe sinnvoll zu lenken. Instinkt ist also durchaus keine »mechanisierte Verstandes-

tätigkeit‹, sondern eine andere Art und Form des Geistes; er ist auch kein bloß komplizierter Reflex oder (im
Sinne J. Loeb's) auf ›Tropismen‹ zurückführbar; er ist
der die mannigfaltigsten Bewegungen zu einer sinneinheitlichen Handlung durchherrschende Geist [1]. Stellt man ihm
Verstand und Denken gegenüber, so kann man diese beiden geradezu als das einem konstitutiven Mangel ›guter
Einfälle‹ entsprechende Surrogat bezeichnen, das sich
mit steigender Instinkt-Unsicherheit einer Art einstellt.
Verstand ist keine ursprüngliche Tugend, sondern nur diejenige Tugend, die ein ursprünglicher Mangel zur Folge
hat: Er ist die Tugend eines Fehlers! Wie das Werkzeug
ein bloßes Surrogat für mangelhafte Weiterbildung der
Organe selber ist, seine Ausbildung also zunächst die Folge
einer Stagnation und Fixierung der rein vitalen Fortentwicklung, so ist der Verstand, der ›Fälle‹ unter allgemeine
Regeln subsumiert und dem Leben berechnend voraneilt,
ein Surrogat für den ausbleibenden oder unsicher gewordenen Instinkt. Gewiß: Instinkt besitzt eine Beirrbarkeit,
die dem Verstande fehlt. Der Instinkt setzt sofern seine
Tätigkeit aus, wenn auch nur ein Glied in der Ordnung
der Reizreihe variiert wird, die jeden folgenden Schritt des
Organismus auslöst. Der Mondsüchtige, der auf dem Dachrande geht, fällt, sowie ihm im Erwachen ein neues Ding
zu Gesicht kommt, das mit Gehen und ›Mond‹ nichts zu
tun hat. Aber darin besteht eben die prinzipielle Güte der
Organisation und ihre genaue Anpassung an einen festen
Spielraum von ›Situationen‹, daß diese Beirrung nur so
selten — und meist erst durch des Menschen künstlichen

---

[1] Vgl. die vielfach zutreffenden Ausführungen von L. Morgan in seinem
Buche: ›Instinkt und Gewohnheit‹.

Eingriff bestimmt — eintreten kann. Erst wo diese Güte der Organisation verloren geht und das Wesen in ›alle möglichen Situationen‹ gelangen kann, mag eine Ausbildung des Verstandes und seiner beziehenden rechnenden Tätigkeit beginnen.

Wenn man mit Herbert Spencer den Geist also überhaupt auf den Wert der ›Lebensförderung‹ bezöge, so müßte man das ›Verstandes- und Werkzeugstier‹ nicht, wie er es tut, als die Krone der vitalen Entwicklung bezeichnen, sondern als das konstitutiv kranke Tier, das Tier, in dem das Leben einen faux pas gemacht und sich in eine Sackgasse verlaufen hat. Die Folge des faux pas — und die Sackgasse wäre dann die ›Zivilisation‹. Dies hat Friedrich Nietzsche als einer der Ersten zu sehen begonnen und das ist sein großes Verdienst.

Aber es ist beklagenswert, daß er über dieses sonderbare negative Ergebnis nicht hinauskam. Er zog nur einen Schluß; aber er prüfte nicht seine positivistische Prämisse, daß eben in ›Verstand‹ und ›Werkzeug‹ die Würde des Menschen und der Sinn seines Lebens bestehe.

Das kranke Tier, das Verstandes- und Werkzeugstier — zweifellos ein sehr häßliches Ding — es wird sofort schön, groß und voll Adel, wenn man einsieht, daß es dasselbe Ding ist, das eben durch diese Tätigkeit (die sich gemessen an ›Lebenserhaltung‹ und ihren Zielen so überaus lächerlich ausnimmt) auch das alles Leben und in ihm sich selbst transzendierende Wesen ist oder werden kann. ›Mensch‹ in diesem ganz neuen Sinne ist die Intention und Geste der ›Transzendenz‹ selbst, ist das Wesen, das betet und Gott sucht. Nicht der ›Mensch betet‹ — er ist das Gebet des Lebens über sich hinaus; ›er sucht nicht

Gott‹ — er ist das lebendige X, das Gott sucht! Und er vermag es zu sein und vermag es in dem Maße, als sein Verstand und seine Werkzeuge und Maschinen ihm mehr und mehr freie Muße zur Kontemplation Gottes und zur Liebe zu Gott geben. Das also allein ist es, was seinen Verstand und was sein Werk, die Zivilisation je zu rechtfertigen vermag; daß sie also sein Wesen mehr und mehr durchlässig machen für den Geist und für die Liebe, die in allen ihren Regungen und Akten — wie Stücke einer Kurve — ausgezogen und geeint die Richtung auf ein Etwas haben, das den Namen ›Gott‹ hat.

Er ist das Meer; sie sind die Flüsse. Und von ihrem Ursprung an fühlen die Flüsse schon das Meer voraus, dahin sie fließen.

Die geistige Kultur ist eine erhabene Sache. Alles, was Zivilisation heißt, ist nur der notwendige Ort und der notwendige äußere Mechanismus ihres Erscheinens. Aber die konzentrierteste geistige Kultur, ja die Wurzel aller Kultur, ist das X, worauf das Gebet und die Bewegung einer heiligen Liebe Richtung hat: Gott.

Der Irrtum der bisherigen Lehren vom Menschen besteht darin, daß man zwischen ›Leben‹ und ›Gott‹ noch eine feste Station einschieben wollte, etwas als Wesen Definierbares: den ›Menschen‹. Aber diese Station existiert nicht und gerade die Undefinierbarkeit gehört zum Wesen des Menschen. Er ist nur ein ›Zwischen‹, eine ›Grenze‹, ein ›Übergang‹, ein ›Gotterscheinen‹ im Strome des Lebens und ein ewiges ›Hinaus‹ des Lebens über sich selbst. Damit allein erledigt sich die Definitionsfrage. Ein definierbarer Mensch hätte keine Bedeutung. Jener Mangel an geistiger Durchgebildetheit eines organischen Wesens und jener Mangel an »guten Einfällen«, den man »Denken«[1] nennt, ist — obzwar Krankheit, vom Leben aus gesehen — dennoch Pionier für das, was besser ist als Leben und Verstand: Pionier für die geistige Schöpfung der Kultur und in letzter Linie Pionier für die Gnade! Auch die Gnade kommt wieder wie ein guter »Einfall«. Aber sie ist der Einfall, der von Gott kommt, ja der unmittelbare »Einfall« Gottes in das Leben: Und »Mensch«, das ist, das heißt das Einfallstor für sie! Sie ist nicht der Einfall, der wie der Instinkt aus der Weisheit des Lebens den Wirbelchen zuströmt, die das Leben zuweilen als »Organismen« bildet! Als Wegebahner zur Gnade gewinnt sogar der »Verstand« — biologisch eine Krankheit — Sinn und Bedeutung. Aber seiner Herkunft nach aus dem Leben bleibt er nichts destoweniger nur ein schlechtes Surrogat.

Wohl das allerdümmste, was daher die »Modernen« ausgeheckt haben, ist die Meinung, die Idee Gottes sei ein »Anthropomorphismus«. Das ist falsch, daß vielmehr die einzige sinnvolle Idee von »Mensch« ganz und gar ein »Theo — morphismus« ist, die Idee eines X, das endliches und lebendiges Abbild Gottes ist, ein Gleichnis seiner, — eine seiner unendlich vielen Schattenfiguren auf der großen Wand des Seins! Daß, wie der alte Nihilist

---

[1] Niemand hat wohl tiefer diesen Mangelcharakter des »Denkens« empfunden als die geistig durchgebildetste Menschengestalt, die wir kennen, als Goethe. Darum in immer neuen Formen der Gedanke:

>»Ja, das ist das rechte Gleis,
>daß man nicht weiß, was man denkt,
>wenn man denkt:
>Alles ist wie geschenkt«

oder »das schlimme ist, daß alles Denken zum Denken nichts hilft; man muß von Natur richtig sein, so daß die guten Einfälle wie freie Kinder Gottes vor uns dastehen und uns zurufen: Da sind wir«. Oder endlich: »Mein Kind, ich hab es gut gemacht, ich habe nie über das Denken gedacht.«

Xenophanes, der müde blasierte Wanderer, impotent und von schwerem Neid auf Homer und Hesiod (von deren Vortrag er sich ernährte) gedrückt sagt, »die Götter der Neger schwarz und stulpnasig, die der Thraker blauäugig sind und Ochs und Esel sich wohl Gott auch als Ochs und Esel denken würden«: Das ist wahr. Aber es liegt nicht nur an der Armut und Beschränktheit des Menschen in seinen Bildern vom Göttlichen, sondern vielleicht auch an der Fülle Gottes, daß es so ist! Gott hat ein Herz für Neger und Thraker, für Ochsen und Esel! Er ist auch das alles noch dazu, was diese alle von ihm glauben mögen. Er ist dies irgendwie — und nur noch unendlich viel anderes und mehr! Aber auch der schwarze lippenwulstige Negergott oder Ochsengott und Eselgott ist — Gottheit; ist also doch kein Neger, kein Ochse, kein Esel. Er ist immer das, wonach sich das Sein jener bildet, das, worin es hineinwächst, — der Grund und das Ziel ihres Seins: Er ist eben ihr — »Gott«, ihr heilig Geliebtes, das immer mehr ist, als das, was liebt. Um die Kinder liegt, seit Jesus sie »zu sich kommen« ließ, ein eigentümlicher Schein von Reinheit, Hoheit, Glorie, der im Altertum ihnen fehlte. Sie sehen alle wie helle Christkinder aus. Das Christkind ist also kein »idealisiertes Kind«, auf dem Kinde ruht vielmehr der Abglanz des Christkinds. Es gab bekanntlich mehr und mannigfaltigere und tollere Ideen von der Sonne als von Gott. Aber es waren alles Ideen eben von der Sonne — und niemand bestreitet darum deren Wirklichkeit und niemand darum die Wahrheit heutiger Astronomie.

Aber geradezu komisch wird der Vorwurf des »Anthropomorphismus«, wenn er von solchen gemacht wird, die doch selbst nichts über dem Menschen Stehendes aner-

kennen; von solchen, denen auch die Ideen und Gesetze
von Sinn und Unsinn, Wahr und Falsch, Gut und Böse nur
›Erwerbungen der natürlichen Entwicklung‹ des Menschen, ›Anpassungen‹ seines ›Gehirns‹ und seiner ›psychischen Vorgänge‹ an die ›Umwelt‹ sind — nicht aber
Ideen und Gesetze, die von der Tatsache und der Natur
des ›Menschen‹ unabhängig sind, und die in ihrer Gesamtheit die Wesensverfassung eines Geistes überhaupt und
aller möglichen Welten ausdrücken: eines Geistes also,
der im Menschen nur in die Erscheinung tritt. Man
kann von ›Anthropomorphismus‹ mit Sinn reden, wenn
der Mensch nicht ›aller Dinge Maß‹, sondern nur ein einziger Gegenstand der möglichen Messungen ist: wenn in
ihm neben seiner ›Natur‹ auch noch die Gesetze einer
›Übernatur‹ tätig sind, die er erlebend erfaßt, um an ihnen
das bloße ›Menschenförmige‹ seiner Ideen von ihrer ewigen
Sachgültigkeit zu scheiden. Man muß also schon die Idee
Gottes im Geiste haben, um von ›Anthropomorphismus‹
reden und gar tadelnd reden zu können. Faktisch haben
jene, die sagen, ›Gott ist Anthropomorphismus‹, im geheimen denn auch die Setzung eines Gottes, und zwar
eines vorchristlichen Gottes, der nur ›erhaben‹ ist,
auch schon vollzogen. Die ganze Negation und Verachtung,
die nur ein äußerster nomistischer Supranaturalismus auf
den ›Menschen‹ ausgießen konnte, liegt bereits im Sinn
ihres tadelnden Vorwurfes ›Anthropomorphismus‹. Aber
das ist nun das Burleske, daß sie völlig versklavt an diese
Idee des fernen und nur ›erhabenen‹ Gottes — versklavt
durch eben die Tradition jahrhundertelanger Wertschätzungen, der sie zu spotten meinen — ihrem Herrn den Krieg
mit einer These erklären, deren bloßer Sinn schon eben

diesen Herrn als erlebten ›Herrn‹ voraussetzt! Anstatt
zu sagen: da nach unserer Meinung ja alles Denken und
Vorstellen ›Anthropomorphismus‹ ist, auch A = A, auch
2 × 2 = 4 (Folge der Gehirn- und Seelenstruktur des Menschen), so ist auch eben das ›gut‹ und ›wahr‹, was an
der Idee Gottes ›Anthropomorphismus‹ ist — so existiert
eben darum der anthropomorphe Gott, sogar weil er Anthropomorphismus ist — — so existiert eben, was das
höchste Wesen, ›der Mensch‹, die ›Spitze der Entwicklung‹ als existent setzt — weil er es ist, der es setzt —:
anstatt also konsequent weiterzuschließen, gehen sie gerade
von jener vollendeten Verachtung des Menschen aus, die
doch nur einen Sinn hat und möglich ist, wenn der Mensch
nicht nur nicht das höchste Wesen wäre, sondern zugleich
ein ganz niedriges, gottfernes Wesen. Die Herren sehen
nicht ein, daß sie sich verhalten, wie der treffliche Frank-
furter Freigeist und ›Atheist‹ von 1848, der jeden Tag
früh vor sein Bett hinkniete und betete: ›Wie danke ich
Dir, o Gott, daß Du mich hast Atheist werden lassen!‹
Oder wie jene Mecklenburger, die so bis auf die ›Knochen‹
monarchisch und ›teutsch‹ i. e. hier dienerhaft waren, daß
sie ›die Republik wollten — mit dem Großherzog an der
Spitze‹. Schon Rénan lächelte so fein über die ›deutschen
Atheisten‹, die immer ›nur meinen, daß sie Atheisten
seien‹.

Der Mensch schuf Gott,
Sagt drauf ihr Feinen!
Und sollt' nicht lieben, was er schuf?
Sollt' gar das, was er schuf, verneinen!
Das hinkt, das trägt des Teufels Huf!

Nietzsche durchschaute in diesen Versen die so unend-

lich häßliche und gemeine Gefühls- und Ideendialektik
unserer lieben freigeistigen Monisten! Unfähig, Gott zu
dienen, unfähig, sich gegen ihn klein zu fühlen, aber noch
unfähiger, sich so groß zu fühlen, so riesengroß, als es
die Folge dieser Leugnung sein müßte, so groß nämlich,
allen »Anthropomorphismen« — mit Einschluß der Existenz Gottes selbst — Glauben zu schenken, halten sie
die alte vom Christentum in der Idee der Gottmenschheit
überwundene supranaturale Verachtung des Menschen
fest, — und leugnen doch ihre einzige sinnvolle Voraussetzung. Alle positiven Werte aber in der Idee Gottes
lokalisiert zu halten, in Gefühl und Erleben, anstatt, so
wie es die edle Form des Pantheismus tat, z. B. der
»gotttrunkene« Spinoza, Bruno, Schelling, Hartmann u. a.
auf den Menschen zuzuleiten — und dann doch diese
Werttotalität wegzustreichen: das ist wohl die infamste
und verächtlichste Form, die der Negativismus der neuesten Zeit gefunden hat. Wie schön ist Nietzsches Versuch
dagegen, sich so groß zu fühlen — auch wenn er dabei
vom Turme stürzte!

Ist der »Mensch« nicht von seinem terminus a quo,
sondern nur von seinem terminus ad quem aus zur Einheit einer Idee zu bringen, d. h. als der »Gottsucher«
und als Durchbruchspunkt einer allem sonstigen Natur-
Dasein überlegenen Sinn-, Wert- und Wirkform, der »Person«[1], so steht freilich diese Idee dem Begriff, den wir
uns als Naturforscher und Psychologen vom Menschen bilden können, zunächst ganz unvermittelt gegen-

[1] Eine eingehende Analyse der Personidee habe ich im II. Teil meiner Arbeit »Der Formalismus in der Ethik und die materiale Wertethik«, Halle
1914, gegeben. Vgl. auch das Beachtenswerte in G. Simmel's Werk »Philosophische Kultur«: »Zur Idee Gottes«.

über.˙ Denn wer würde zeigen können, daß zu dem freibeweglichen Daumen, zum Zwischenkiefer usw. gerade
ein Gottsucher, ein X, das Gott sucht, ›gehört‹? Ein
Ding, das anfängt, über sich hinauszugehen und Gott zu
suchen — das ist ja eben dann ›Mensch‹, mag es sonst
aussehen, wie es wolle. Der neue Schnitt zwischen Gottsucher und in sich ruhender Existenz — man könnte den
Begriff des ›Philisters‹ vielleicht so weit formalisieren,
daß man die Dinge in Gottsucher und Philister einteilen
könnte — dieser Schnitt fällt ja sicher nicht notwendig
zusammen mit Organismen mit und ohne Zwischenkiefer.
Alles spricht dafür, daß dieser Wesens-Schnitt durch den
›Menschen‹ als Natureinheit hindurchreicht und es innerhalb der ›Menschheit‹ eine Scheidung gibt, die unendlich größer ist als die zwischen Mensch und Tier im
naturalistischen Sinne. Denn dieser Schnitt ist bei der
strengen Kontinuität von Mensch und Tier in Blut und
Organisation stets willkürlich; nicht in den Sachen-
sondern nur durch die Willkür unseres Verstandes gesetzt. Zwischen dem ›Wiedergeborenen‹ und dem ›alten
Adam‹, zwischen dem ›Kind Gottes‹ und dem Verferti-
ger von Werkzeugen und Maschinen (›homo faber‹) besteht ein unüberbrückbarer Wesensunterschied; zwischen Tier und homo faber hingegen besteht ein Gradunterschied. ›Kinder der Welt‹, klügere und weniger
kluge, solche, die gut genug organisiert sind, um Klugheit und Werkzeuge nicht nötig zu haben, und solche,
die nicht gut genug organisiert sind, und sie darum nötig
haben, sind die Tiere und sind die ›Menschen‹, die nicht
Kinder Gottes sind; die nicht sind ›Kinder des Lichts‹.
Erst wo die Gottbegier alles Sein und allen Geist allge-

waltig zur Reveille trommelt, zur Reveille gegen alle
bloße ›Welt‹, da wird der homo bestia naturalis zum
homo selbst — und d. h. immer zugleich zu einem
Wesen, das es müde ist, ein bloßer Mensch zu sein. Erst
in der Rückschau vom ›Gottmenschen‹ und ›Übermenschen‹, ein Wort, das schon Luther prägte, wird das,
was so etwas werden kann, zum Menschen. Nicht also die
Idee ›Person‹ auf Gott angewandt, ist ein Anthropomorphismus! Gott — das ist vielmehr die einzige vollkom-
mene und pure Person![1] Und das ist nur eine unvollkommene, eine gleichnisweise ›Person‹, was unter Menschen so heißen darf. —

2. Homo naturalis.

Noch immer scheinen sich die Parteien angesichts des
Faktums, daß der homo naturalis mit den Tieren bluts-
verwandt ist, — eine Lebenswelle neben anderen im
großen Reiche des Organischen — in zwei Gruppen zu
teilen: Ich nenne sie die sentimentalen Affenromantiker
und die reaktionären Demokraten, die das schlichte Faktum irgendwie aus der Welt schaffen wollen. Die sentimentalen Romantiker sind jene, die da sagen: Der Mensch
hat sich aus der Tierheit heraus ›entwickelt‹. Die reaktionären Demokraten sind jene, die dies bestreiten und
finden, daß neben freibeweglichen Daumen, Zwischenkiefer alles, ›was Menschengesicht trägt‹, auch noch je ein
Exemplar ›vernünftige Seele‹ besitze, die sich nicht aus
der Tierheit habe entwickeln können.

Aber gibt es Unsinnigeres als diese Antithese?

---

[1] Vgl. meine eingehende Analyse des Personbegriffs im II. Teil des ›Formalismus in der Ethik . . .‹.

Ernste Naturforschung zeigt nur das eine: Der Mensch = homo naturalis ist ein Tier, ein kleiner Nebenweg, den das Leben in der Klasse der Wirbeltiere und hier der Primaten genommen hat. Er hat sich also gar nicht aus der Tierwelt heraus ›entwickelt‹, sondern er war Tier, ist Tier und wird ewig Tier bleiben. Der Gottsucher und seine Wesensprädikate aber — das ist eine neue Wesensklasse von Dingen, ein Reich von ›Personen‹, das sich überhaupt nicht ›entwickelt‹ hat, so wenig sich die Farben, die Zahlen, der Raum und die Zeit und andere echte Wesenheiten ›entwickelt‹ haben. Dieses Reich öffnet sich an bestimmten Punkten der lebendigen Welt und tritt hier in Erscheinung. Der homo naturalis aber hat sich ebensowenig aus der Tierheit ›entwickelt‹, da er eben Tier war, ist und bleibt. Wo wären denn die Merkmale, die dem Naturforscher erlaubten, den Menschen überhaupt dem Tier als neue Wesenheit entgegenzusetzen, dem Tier als solchen, so wie man die Pflanze dem Tier entgegensetzt und nicht nur der kleinen Ecke innerhalb der höheren Tierwelt, die da die Primaten sind, und für die Friedenthal durch seine Impfungen Blustverwandtschaft mit dem ›Menschen‹ feststellte? Welcher alberne Hochmut treibt Herrn Haeckel, seinen Körper und seine ›Assoziationszentren‹ für etwas anderes anzusehen als für einen Tierkörper und eine Tierseele? Welcher Hochmut reitet ihn, sich einzubilden, er habe sich über die Tierwelt hinaus ›entwickelt‹; er dürfe überhaupt auf die Tierwelt irgendwie ›zurücksehen‹ als auf einen ›überwundenen Standpunkt‹. Aber nein: Es ist nicht Hochmut, es ist nur klägliches Ressentiment, das zu dieser Formel geführt hat. Man empfindet dunkel: Es

gibt eine Idee vom Menschen, nach der der Mensch der
Ort ist für das Auftauchen und Insichttreten einer Ordnung der Dinge, die von aller Natur wesensverschieden
ist: Sie heißt Geist, Kultur und Religion! Aber dieser Idee
suggeriert man wie ein schlechter Zauberkünstler plötzlich dem aus der Anatomie, Physiologie, Psychologie ge-
wonnenen Begriff des ›Menschen‹; aber auch dies wieder nicht ganz und resolut! Täte man es resolut — natürlich hieße es dann: ›Mensch‹ bedeutet eine kleine Ecke
innerhalb der Klasse der höheren Wirbeltiere. Aber
man hält die toto coelo verschiedene Idee desjenigen
Menschen, die sich erst auf Grund von Kulturwert und
Gottesidee überhaupt bestimmen und abgrenzen läßt, fest
und amalgamiert sie mit dem Naturbegriff des Menschen
auf die widerlichste Weise. Und dieses scheußlichste
Zwitterding ist dann das logische Subjekt, das sich ›aus
der Tierheit entwickelt‹ haben soll. Anstatt das ›Tier‹
auf Grund dieses seines adeligen Sprößlings mit uns (auf
chinesische Art) zurück zu adeln, — als die Weltsphäre,
in der der Actus des Gottsuchens auf einer gewissen
Stufe zum Durchbruch kam, — entwertet man hierdurch den ›Menschen‹ als Kulturschöpfer und Gottsucher.
Man nennt es ›Hochmut‹, ›Größenwahn‹, wenn der ältere Mensch sein Dasein und Wesen auf Gott zurück-
führte. Aber man sieht nicht, daß Hochmut und Größenwahn gerade darin bestehen, daß man sich — ohne Hinblick auf Gott — überhaupt dem Tiere nur irgendwie
entgegenzusetzen wagt und sich dann einbildet, man
sei ein ›Mehr‹, das sich aus ihm ›entwickelt‹ habe, anstatt zu folgern, man sei ein Tier, das krank wurde und
›sich verlaufen‹ hat.

20

Von dieser radikalen Verirrung abgesehen, — auch der Weg, auf dem sich das Menschentier von der übrigen Tierwelt abspaltete, erscheint nach den gedankenreichen Arbeiten von Klaatsch[1] sehr verschieden von dem, den sich unsere englischen ›Fortschrittler‹ unter den modernen Biologen zurechtgelegt hatten. Nicht Neuanpassung an die Lebensverhältnisse und Kampf ums Dasein, sondern umgekehrt die Aufrechterhaltung zum Teil ältester Eigenschaften der Wirbeltierreihe (z. B. der fünffingrigen Hand) und Nichtanpassung, z. B. an das Bäumeklettern, durch das die höheren Affen ihre ursprünglich menschenähnliche Hand verloren haben, scheinen seinen Vorzug auszumachen. ›Dieses Kampfprinzip erscheint als ein ruinierendes Element, insofern es die Entwickelungsfähigkeit aufhebt — alle diese einseitig umgestalteten Formen bezeichnen Sackgassen — und es muß gerade als ein Hauptpunkt der Menschwerdung bezeichnet werden, daß unsere Ahnen glücklich den Segnungen des Kampfprinzips entgingen.‹ (S. 340.) ›Menschen wurden alle Primaten, welche die alte Hand behielten. Affen wurden alle Primaten, die den Daumen einzubüßen begannen.‹ (S. 350.) ›Um allen Mißverständnissen noch einmal gründlich vorzubeugen, sei hier ausdrücklich darauf hingewiesen, daß es sich nicht handelt um Abstammung gewisser Menschenrassen von Menschenaffen, sondern um eine Spaltung der gemeinsamen Vorfahrengruppen in Zweige, deren jeder sowohl Menschenrassen als auch Menschenaffen hat hervorgehen lassen. Ich habe wohl hin-

---

[1] Eine gute Übersicht gibt Hermann Klaatsch in der Vortragssammlung ›Die Abstammungslehre‹, Jena 1911, in seinem Aufsatz: ›Die Stellung des Menschen im Naturganzen‹.

reichend klar das Werden der Menschenaffen beleuchtet als umgewandelter, abgesunkener Formen. Es sind die letzten Abgliederungen dieser Art — mißlungene Versuche der Menschwerdung.« (S. 479.) Nicht also (wie z. B. Spencer annimmt — spezifische Anpassungen, sondern gerade der organologische Dilettantismus des Menschen behütete ihn, ein so fingerfertiger ›Spezialist‹ zu werden, wie die ihm nächstverwandten Affen. Dieser Zug des längsten ›Gedächtnisses‹ — schon in seiner anatomischen Struktur — und des ›Dilettantismus‹ scheint durch alle seine wesentlichsten Merkmale hindurchzureichen. Was dagegen bloß von seinen tierischen Genossen ›fortschritt‹, das verlor wieder die höheren Anlagen, deren Spuren bereits vorhanden sein mochten. Erst auf Grund des Mangels so spezifischer ›Anpassungen‹ in Organ und Funktionen an die Umwelt, wie sie seine nächsten Genossen besitzen, konnte sich eine Grundbedingung zu willkürlicher, freibeweglicher Anpassung, d. h. zu Verstand und Wahl, Sprache und Werkzeugsbildung im Menschen entfalten. Für die andere Grundbedingung der Menschwerdung aber, die intentionalen geistigen Akte, versagt alle naturalistische ›Erklärung‹.

Man nehme noch hinzu, daß bei den Ähnlichkeitsbeziehungen der verschiedenen Rassen zu verschiedenen Primatenarten und den Wanderungen, die geographisch wirklich und überhaupt möglich waren, die Annahme einer monophyletischen Entstehung des homo naturalis an Wahrscheinlichkeit immer mehr verloren hat. Hugo de Vries hat in seinem Buche über Mutationstheorie (siehe de Vries, Die Mutationstheorie: Versuche und Beobachtungen über die Entstehung von Arten im Pflanzenreich) den

20*

›homo sapiens‹ als das bekannteste Beispiel dafür ange-
geben, wie Linné mehrere scharf gesonderte Spezies zu
einer künstlichen Einheit verschmolzen hat. Klaatsch aber
urteilt: ›Auch der Vorgang der Menschwerdung rechnet
mit solchen Umgestaltungen, die an zahlreichen Individuen sich geltend machten. Man könnte versucht sein,
für diese Umbildungen, die teils zur Ausprägung von
Menschenaffen, teils zu solchen von Menschen führten,
lateinische Termini einzuführen, die eine ›Vermenschung‹
— ›Homination‹ und eine ›Veraffung‹ — ›Simiation‹
der gemeinsamen, noch indifferenten Propitheciformen
verdeutlichen. Simiation bestand in der Verlängerung der
Arme, Rückbildung der Daumen, Ausbildung großer Eck-
zähne, Homination bestand in der Umbildung des Greif-
fußes in den Kletter- und Stützfuß mit vergrößerter, nicht
gegenüberstellbarer Großzehe, Aufrichtung des Rumpfes,
Balancierung des Kopfes. Alles andere, wie die größere
Zunahme des Gehirns, sind Folgerscheinungen.

So wie die Menschenaffen-Vorfahren bereits Verschiedenheiten voneinander besaßen, als die Simiation eintrat,
so sind auch die Menschenformen nicht einander gleiche,
weil ebenfalls schon vor der Homination Verschiedenheiten sich angebahnt hatten. Hieraus ergibt sich zum
großen Teil eine Erklärung für die Rassenverschieden-
heiten der Menschheit.

Die Rassen gewinnen dadurch eine größere Bedeutung
als früher, und auch die Abneigung mancher Rassen gegen-
einander wird mehr verständlich. Die vielgepriesene
Gleichheit aller Menschen wird man kaum noch aufrecht
erhalten können. Praktisch hat diese Art von falscher
Humanität sich ja auch nur als schädlich erwiesen. (Her-

mann Klaatsch: Die Stellung des Menschen im Naturganzen, in den 12 gesammelten Vorträgen über die Abstammungslehre, Seite 480/481.)

»Die psychologischen Unterschiede zwischen dem Menschen und den Menschenaffen« sagt Huxley, »sind geringer als die entsprechenden Unterschiede zwischen den Menschenaffen und den niedrigsten Affen.« Auch Ernst Haeckel urteilt: »Die Weddas in Ceylon und die Akkas in Zentralafrika können ebensogut als besondere »gute Arten« des Genus homo unterschieden werden wie die Mittelländer, Mongolen usw. Die Unterschiede der Körperbildung in diesen verschiedenen Arten des Menschengeschlechts sind viel bedeutender als diejenigen, welche allgemein von den Zoologen zur Unterscheidung mehrerer Arten einer Tiergattung benutzt werden.« Wo bleibt dann die Einheit des homo naturalis? Wo bleibt die Einheit, von der die positivistische Philosophie besondere »Menschenrechte«, »Menschenvernunft« usw. so naiv auszusagen pflegt? Wollen wir den philosophischen Niederschlag der Entwicklungslehre richtig formulieren, so dürfen wir also nicht sagen: Sie hat gezeigt, daß es eine in der Sache gegründete definitorische Einheit des »homo naturalis« gibt und daß sich dieser also definierte Mensch »aus der Tierheit entwickelt habe«. Sondern wir müssen sagen: Tier und Mensch bilden in der Sache ein strenges Continuum. Eine auf bloße Natureigenschaften gegründete Scheidung von Mensch und Tier ist nur ein willkürlicher Einschnitt, den unser Verstand macht. Oder noch kürzer: »Es gibt keine natürliche Einheit des Menschen.« Ein dem Wesen und der Art — nicht dem Grade nach — Neues beginnt nicht beim homo naturalis, sondern das beginnt erst im gottbezogenen »historischen« Menschen, in jenem Menschen, der seine Einheit erst durch das empfängt, was er sein und werden soll: Eben durch die Idee Gottes und einer unendlichen vollkommenen Person.

Wenn wir trotz der offensichtlichen Tatsachen der Naturforschung, die eine echte Arteinheit des Menschen nicht aufweist, dennoch die »Einheit des Menschen« in Begriff, Bewußtsein und Gefühl unbedingt festhalten, ja auch die Ungläubigen dieses tun, so ist eben dies ein strenger Beweis dafür, daß der Kern unserer Einheitsidee gar nicht in der natürlichen Organisation der zusammengefaßten Wesen gegründet ist, sondern der letzte Grund unserer Einheitssetzung auf einem ganz anderen Grunde beruht. Diese Einheit beruht auf einem analogen Grunde mit dem, den Sir Henry Maine für die Einheit der amerikanischen Nation mit den Worten abgab: Sie sei darum »eine«, weil die Menschen, die sie als Kern ausmachen, einst von der Person eines Königs regiert wurden. Weil die Person Gottes die Rassen in Händen haltend und diese als sein Abbild gedacht werden, und weil wir sie in dieser gemeinsamen Richtung auf die Idee Gottes faktisch betrachten, — darum und darum allein sind sie uns in Gedanken und Gefühl eine Menschheit.

Dieses Resultat steht freilich im äußersten Widerspruch zu der kläglichen Reform eines ursprünglich nicht unedlen »Humanismus«, der seit unserer klassischen Periode die sog. »Weltanschauung« des »liberalen« Teiles unserer Gebildeten ist. Aber schon die Sprache sagt uns, wie diese Rede von »echter Menschlichkeit«, »wahrem Menschentum«, wie dieses satte, sich vor Tier und Gott gleichmäßig abschließende Sich-zur-Ruhe-setzen auf seinem »Menschentum« allem widerstreitet, was wir seit dieser Zeit gelernt haben. Herder, Schiller, W. v. Humboldt, Goethe — sie pflegten eben nicht wie eine realistische Zeit auch an die Botokuden zu denken, wenn sie von »Menschen« sprachen. Unser gegenwärtiger Sprachgebrauch (besonders durch Nietzsches Sprechweise gefördert, der mit dem »Menschlichen« auch gleich das »Allzumenschliche« in Gedanken verband) gebraucht den Ausdruck fast nur noch zur Entschuldigung. Jener »Humanismus«: er ist zu dem fast sicheren Zeichen aller metaphysischen Philistrosität geworden, zur Visitenkarte derer, die, wie Dante verächtlich von dem Papste sagt, vor dem ihn Virgil »vorübergehen« heißt, »Gott weder zu lieben, noch zu hassen vermochten«.

Es gibt im Menschen keine Regung und kein »Gesetz«, das nicht entweder auch in der unter ihm liegenden Natur vorkäme oder auch über ihm im Reiche Gottes, im »Himmel«: Und nur als ein »Hinüber« von dem einen dieser Reiche zum anderen, als »Brücke« und Bewegung zwischen ihnen hat er seine Existenz. Er kann — wie schon Pascal sah — sich nicht der Entscheidung begeben, wohin er sich gehörig fühlt. Denn auch diese Nichtentscheidung ist positive Entscheidung dafür, daß ein Tier, — und wenn ein Tier, — — ein entartetes Tier ist.

Das Feuer, die Leidenschaft über sich hinaus — heiße das Ziel »Übermensch« oder »Gott« — das ist seine einzige wahre »Menschlichkeit«.

3. Mensch und Geschlecht.

Bildungs-Damen — wenn sie unter sich sind — pflegen heute von irgend einer Frau zu sagen: Ach ja, sie ist ein

›herrlicher Mensch‹. Sie verleugnen ihr Geschlecht und machen sich das pure Menschentum zum Ziel. Aber sie vergessen: Nicht nur das Wort ›Mensch‹ kommt von ›männisch‹ (in vielen anderen Sprachen bedeutet das Wort für Mensch meist zugleich Mann, z. B. homo, homme)[1]. Auch die Idee eines Menschen, der Mann und Weib umfassen soll, ist nur eine männliche Idee. Ich glaube nicht, daß diese Idee in einer von Weibern beherrschten Kultur entstanden wäre. Nur der Mann ist so ›geistig‹, so ›dualistisch‹ und so — kindlich, die Tiefe des Unterschiedes zuweilen zu übersehen, den man den geschlechtlichen nennt. Gewiß, man braucht ein solches Wort: Aber seine Bedeutung ist und kann nie eine völlig neutrale sein. Sie ist selbst immer die männliche oder weibliche Idee von eben dem, was sie doch umfassen sollte. Jene Damen, die sich ›prachtvolle Menschen‹ nennen, zeigen damit nur, daß sie keine echten Weiber sind und — da es eben zum Wesen des Menschen selbst gehört, immer entweder männlich oder weiblich zu sein — daß sie nur verminderte ›Menschen‹ sind. In Zeiten, da man die Geschlechtsdifferenz als positiv wertvoll empfand, entstand der Ausdruck ›das Mensch‹, das eben durch seinen sächlichen Artikel andeuten sollte, das betreffende Weib sei eben kein echtes Weib und trage ›nur‹ die ›menschlichen‹ Merkmale. Ein Weib, das ein ›prachtvoller Mensch‹ sein will, es wird faktisch immer ein Affe des Mannes sein. Also lassen wir auch hier das ›Allzumenschliche‹.

---

[1] Vgl. zu dem hier Gesagten den Artikel ›Mensch‹ in Grimms Deutschem Wörterbuch.

INHALT DES ERSTEN BANDES.